孙钦善 著

论语注译

凤凰出版社

图书在版编目（CIP）数据

论语注译 / 孙钦善著. -- 南京 ： 凤凰出版社，
2024.5
ISBN 978-7-5506-3869-3

Ⅰ．①论… Ⅱ．①孙… Ⅲ．①《论语》－译文②《论
语》－注释 Ⅳ．①B222.2

中国国家版本馆CIP数据核字(2024)第071123号

书　　　名	论语注译	
著　　　者	孙钦善	
责 任 编 辑	张永堃	
装 帧 设 计	观止堂__未氓	
责 任 监 制	程明娇	
出 版 发 行	凤凰出版社(原江苏古籍出版社)	
	发行部电话025-83223462	
出版社地址	江苏省南京市中央路165号,邮编:210009	
照　　　排	江苏凤凰制版有限公司	
印　　　刷	江苏凤凰新华印务集团有限公司	
	中国江苏南京经济技术开发区尧新大道399号,邮编:210038	
开　　　本	850毫米×1168毫米　1/32	
印　　　张	12	
字　　　数	249千字	
版　　　次	2024年5月第1版	
印　　　次	2024年5月第1次印刷	
标 准 书 号	ISBN 978-7-5506-3869-3	
定　　　价	48.00元	

(本书凡印装错误可向承印厂调换,电话:025-68037411)

目 录

前　言

　　《论语》是以记载孔子言行为主，兼记孔子某些弟子言行的一部书。要从总体上了解《论语》，必须了解孔子其人；而要了解孔子其人，又必须以《论语》为主要依据。

一、孔子的时代和生平

　　孔子生活在春秋末期，那是一个社会大变革的时代。关于西周的社会性质，史学界历来存在争论，一派认为西周是封建领主制度，一派认为西周是奴隶制。因此关于春秋末期社会变革的内容，也就存在不同的看法，前一派认为是由封建领主制向封建地主制的转变，后一派则认为是由奴隶制向封建制的转变。我们认为，前一派的见解比较合理，不仅有大量文献资料作依据，而且为考古资料和某些少数民族社会调查材料所印证。

　　西周封建领主制社会主要有以下的特点：第一，土地由各级封建领主所占有。周天子是最高一级的领主，名义上是天下土地所有者，"溥天之下，莫非王土；率土之滨，莫非王臣"（《诗经·小雅·北山》），实际上王室只直接控制其所在地区畿中的土地，其余的土地用来分封诸侯，各国诸侯成为次一级的领主。诸侯占有由公室直接经营的土地，把其余的土地分授大夫。大夫占有"采邑"，成为再次一级的领主。贵族中大夫之下还有士，士享受田禄，不占有土地。第二,农奴是社会的主要生产者,他们被束缚在土地上,随土地一起被分封或分授。领主计夫授田,让农奴家庭得到一块份地,即所谓"私田",由他们自己耕种,以维持生活,保证劳动力的再生产。同时农奴要用自家的生产工具优先给封建领主耕种"公田",提供劳役地租(所谓"助")。此外还得服各种公役(徭役、兵役等),缴各种贡赋,受到超经济剥削。农奴对自家的宅地和份地只有使用权,不得买卖,所谓"田里不鬻"(《礼记·王制》)。他们有自己的家庭经济,有一定的身份自由,不像奴隶那样完全为奴隶主所占有。值得指出的是,西周农奴制还保留着原始农村公社躯壳的残余,封建领主利用残存的村社形式组织农奴的公田劳动和各种公役,因此实质上的封建领主对农奴的统治、剥削关系,又往往被形式上的原始民主关系假象所掩盖。这种两面性的特点从《诗经·豳风·七月》等文献中可以清楚地看出来。第三,在领主贵族中实行着严格的等级、宗法制度。由于分封关系所形成的经济、政治地位的不同,西周封建领主贵族分天子、诸侯、卿大夫、士四个等级,构成上对下控制、下对上服从的"王臣公,公臣大夫,大夫臣士"(《左传·昭公七年》)的关系。为了维系这样的等级关系,还利用由父系家长制演变而成的以血缘关系为基础的嫡长子继承制的宗法制,来确立政治、经济权力的世袭和分配。在宗法制度下,宗族分大宗、小宗。周天子的王位由嫡长子继承,称为天下的大宗,是同姓贵族的最高家长,也是政治上的共主,掌握着最高的权力;庶子有的分封为诸侯,对天子来说是小宗,在本国则为大宗,职位由其嫡长子继承。诸侯的庶子有的分封为卿大夫,对诸侯来说是小宗,在本家则为大宗,职位由其嫡长子继承。

具体情况如下图所示：

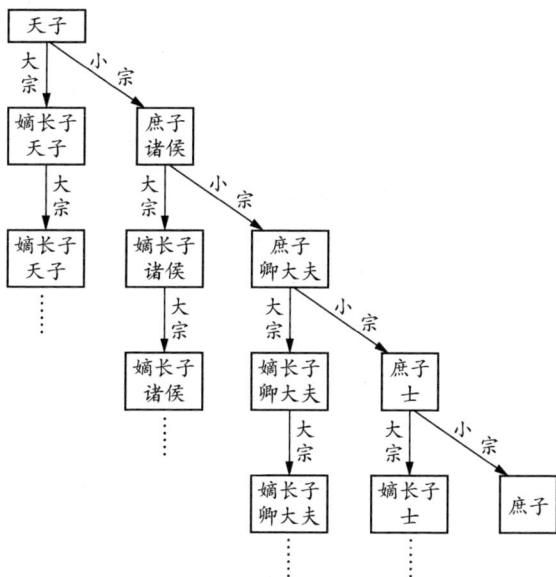

周代贵族宗法等级图

政统与血统密切结合的等级制度,是周代政治制度的突出特点。因此"孝"(孝敬父母,尤其是父系家长)、"悌"(尊重兄长)不仅是维系血缘关系的道德准则,也是维系等级关系、避免犯上作乱、维持稳定的政治原则。第四,敬神事人,实行礼治。礼乐在周代社会的上层建筑中占据重要地位,表现出礼治的特点。礼起源于祭祀,包括敬鬼神的种种礼节和仪式。后来扩展到人与人、人与自然的关系方面,形成一系列有关生产、生活的制度、公约、准则、习俗、仪节等,具有不成文的习惯法的性质。原始社会的礼没有阶级性,反映了人们之间的平等、民主关系。阶级社会的礼,基本内容反映了人的阶级关系、等级关系,具有阶级性。但也保留了一些全民性的公约、习俗等没有阶级性的内容。周代的礼对夏、商两代的礼有因有革，发展得最为完备，包括敬神、事人各方面，诚如孔子所说："丘闻之，民之所由生，礼为大。非礼，无以节事天地之神也；非礼，无以辨君臣上下长幼之位也；非礼，无以别男女父子兄弟之亲、婚姻疏数之交也。"(《礼记·哀公问》)周礼中虽然也有一些原始社会全民性礼俗的遗存，但中心内容是宗法等级制度的反映。如周礼中尊尊亲亲的基本原则，就是在人事方面维护"君君、臣臣、父父、子子"的等级名分(《论语》12·11，以下引《论语》只标序号，圆点前数字为篇次，圆点后数字为章次)。即使是周代对待鬼神的礼，也反映了人间宗法等级的内容。首先，各种祭礼因主祭人而异，有等级名分之别；其次，丧祭之礼目的在于"慎终追远"，使"民德归厚"(1·9)，直接服务于维护宗法等级制度。

随着生产力的发展，封建领主制的生产关系已经落后，直至腐朽，新的封建地主制逐渐代之而起。春秋时代就是这样一个大转变的过渡时期。

公田、私田之分的井田制，是西周封建领主制经济的基础，封建领主制的衰亡，正是从这个基础的动摇开始的。由于生产力的发展，农奴有余力开垦荒地自己占有，使计夫授田的制度受到破坏。同时农奴经营私田获益多，积极性越来越高，而对公田上的无偿劳动则消极怠工，甚至逃避，以致"公田不治"(《国语·晋语》)的恶果。这就迫使封建领主不得不改变剥削方式，将劳役地租改为实物地租。《春秋·宣公十五年》所载鲁国"初税亩"，就是这种改变的一例。"税亩"就是按亩收税，这是剥削方式的一次大变革，故同年《左传》说："初税亩，非礼也。谷出不过藉，以丰财也。"所谓"藉"，就是"先王制土，藉田以力"(《国语·鲁语下》)的劳役地租。

随着剥削方式的改变,人与土地的关系也开始变化。诸侯以下的领主对封地的关系由占有变为所有,从而转化为新兴地主。农奴对份地(私田)由使用变为占有,从而转化为佃农或自由农民。于是分封制和授田制便受到根本破坏。

经济关系的变化必然导致政治关系的变化。旧的封建领主上对下层层控制的等级关系逐渐崩溃,权力不断下移。如果用孔子的话来划分,西周是"礼乐征伐自天子出"的时期,春秋前期大国争霸是"礼乐征伐自诸侯出"的时期,而到春秋末期,大夫专国政,甚而家臣操权,就是礼乐征伐"自大夫出"乃至"陪臣执国命"的时期了(16·2)。

孔子(公元前552年—公元前479年,生年据《春秋公羊传》和《穀梁传》,《史记·孔子世家》不足据),名丘,字仲尼,鲁国陬邑(今山东曲阜东南)人。孔子的祖先本是宋国的贵族,其五代祖因避宫廷祸乱,由宋奔鲁,定居在鲁国。孔子的父亲叔梁纥是一个武士,虽跻身于贵族之列,但地位较低。孔子三岁时,父亲死去,他跟着母亲过着较艰苦的生活,曾说:"吾少也贱,故多能鄙事。"(9·6)鲁国是一个礼乐之邦,完整地保存着西周的文化传统。孔子自幼就受到周文化的熏陶,《史记·孔子世家》说孔子"为儿嬉戏,常陈俎豆,设礼容"。成年以后又以好礼、知礼闻名于鲁国,《左传·昭公七年》载孟僖子将死时,召其大夫,命嘱他的两个儿子孟懿子与南宫敬叔师事仲尼以学礼。

孔子在仕途上并不得意,年轻时曾做过小吏:一次任"委吏",管理仓库;一次任"乘田",掌管牛羊畜牧(见《孟子·万章下》)。为实现自己的政治理想,孔子不得不在仕宦上谋出路,他不仅在鲁国活动,而且周游过其他一些国家。鲁昭公二十五年(公元前517年),季氏逐昭公,昭公避难于齐。孔子也离开鲁国到了齐国。齐景公向孔子问政,孔子答以"君君、臣臣、父父、子子"(12·11),告诫他为政之要,首在整顿宗法等级制度。齐景公想以尼谿田封孔子,遭到齐国大夫晏婴的反对。齐国革新派不满孔子兴礼乐的主张,想加害于他,使他不得不返回鲁国。鲁定公初年,大夫季氏(桓子)专鲁国之权,其家臣阳虎(《论语》作阳货)又轻季氏,处于"陪臣执国命"的状况。孔子不仕,从事教育,整理《诗》《书》《礼》《乐》,学生越来越多。

定公八年(公元前502年),阳虎作乱失败,叛鲁奔齐,孔子开始出仕,由中都宰而为司空,又升为司寇。孔子出任司寇约在定公九年、十年之际。司寇主管司法,位与三卿(司徒、司马、司空)并列,有相当的实权,得以利用自己的职位为实现尊王忠君的政治思想做一些事情。在外交方面,孔子主张诸侯平等,共尊周王,反对大国恃强称霸。定公十年(公元前500年)夏,鲁定公与齐景公在夹谷(在今山东莱芜境内)相会,孔子任鲁君相礼(司仪)。他不畏强齐,灵活地利用礼仪作有力的外交斗争,保护了鲁君的安全,维护了鲁国的尊严,并迫使齐国归还了他们侵占的汶阳之田。这就是著名的鲁国以弱胜强的夹谷之会。在内政方面,孔子采取了不少"张公室,抑私门"的措施,"堕(huī)三都"就是一次重大的策划。定公十二年(公元前498年),孔子由于与以季桓子为首的鲁国三家执政大夫关系比较融洽,便利用他们与家臣的矛盾(如定公八年阳虎据费邑叛季孙氏,定公十年侯犯据郈邑叛叔孙氏),相机提出拆毁费、郈、成三城的建议，得到季孙氏、叔孙氏、孟孙氏三家的同意。《公羊传·定公十二年》载："孔子行乎季孙，三月不违，曰：'家不藏甲，邑无百雉之城。'于是帅师堕郈，帅师堕费。"同年《左传》还具体记载了堕费时遇到邑宰公山不狃反抗的情况。孔子堕三都，名义上是削弱家臣的势力，改变"陪臣执国命"的局面，实际上最终目的在于"张公室，抑私门"，打击操纵国政的大夫的势力，改变"礼乐征伐自大夫出"的局面。孔子的用心被成邑之宰公敛处父觉察，他一向忠于孟孙氏，便对孟懿子说："堕成，齐人必至于北门。且成，孟氏之保障也。无成，是无孟氏也。子伪不知，我将不堕。"（《左传·定公十二年》）于是孟懿子改变态度，使堕成没能成功。

由于政治上不可调和的矛盾，孔子与鲁国三家关系的破裂势在必然，因此很快为季桓子所疏远。正如前引《公羊传》所说，孔子与季孙的关系，仅仅"三月不违"，当堕三都的意图暴露以后，就难以为继了。时值季桓子接受了齐国馈赠的歌伎舞伎，迷恋于声色，三日不听朝政，孔子便毅然离开鲁国，到别的国家寻找实现政治理想的机会，于是开始了周游列国的生涯。其时大约在定公十二年末、十三年初。

孔子出游，首先到了卫国。卫国与鲁国情况相近，也是一个传统的礼乐之邦，国中贤者很多，孔子的弟子在那里做官的也不少，并且人口兴旺，具备了富强、教化的基础（13·9），因此孔子对卫国抱有希望。但是国君卫灵公好征战而不尚礼教，与孔子思想相悖，孔子只得离开，其时约在定公十五年末。孔子离开卫国，前往陈国，途经宋国时，曾受到宋国司马桓魋的威胁，不得不伪装而过（见

《孟子·万章上》)。孔子到陈国，依靠司城贞子，做了陈侯周的臣(见《孟子·万章下》)。但也曾遭遇困厄，"在陈绝粮，从者病，莫能兴"(15·2)。以后又曾去过蔡国，往来于陈、蔡之间，终未得志。孟子曾说："君子之厄于陈、蔡之间，无上下之交也。"(《孟子·尽心下》)约于鲁哀公六年(公元前489年)孔子由陈国回到卫国，时卫出公辄继卫灵公即位已有四年之久，执政大夫孔文子(圉)留孔子从政，孔子拟给卫出公提出正名分的建议，但终未得到实权，只是得到一些俸禄而已，因此孟子在总结孔子的仕官生涯时说："孔子有见行可之仕，有际可之仕，有公养之仕。于季桓子，见行可之仕也；于卫灵公，际可之仕也；于卫孝公(疑即卫出公)，公养之仕也。"(《孟子·万章下》)鲁哀公十一年冬，孔子反对孔文子用兵攻卫大叔疾，将离卫，应鲁人之召而归鲁(见《左传·哀公十一年》)。鲁国以国老待孔子，虽遇事多有征询，又不听用其言。孔子也不求仕，专心于古代文献的整理工作，但是维护周道的立场老来弥坚。孔子刚一回到鲁国，就标举"周公之典"来反对季康子"以田赋"。鲁哀公十四年春，鲁国西狩获麟。传说麟为"仁兽"，非盛世不现，而此麟出非其时，故遭被捕之祸，孔子非常悲伤，叹道："吾道穷矣！"(见《左传·哀公十四年》)他所修的寓褒贬以讥当世、使"乱臣贼子惧"的《春秋》(见《孟子·滕文公下》)，便就此住笔。同年六月，齐国陈成子(恒)弑其君。孔子再三请求鲁国伐齐，讨陈成子"无道"之人。又过了两年，至鲁哀公十六年，孔子就离开人世了(《左传》)。

综观孔子的一生，出身于没落贵族之家，生长于礼乐文化之邦，面对当时的变革潮流，立场似乎颇为保守。他到处推行自己的政治主张和理想,结果却是到处碰壁,落得一个不合时宜的结局。但是决不可因此而简单否定孔子。孔子批判当世的出发点,需要具体分析。孔子的社会实践是多方面的,他的思想博大精深,有积极的成果,也有消极的成分,需要实事求是,具体分辨。究竟应该怎样认识、评价孔子? 只有依据《论语》,并参考其他可靠文献,全面、客观分析他的思想,才能得出正确的结论。

二、孔子的思想及其对中国历史和现实的影响

孔子的思想,博大精深,形成了一个体系,这个体系有个核心,就是"仁"。樊迟问仁,孔子说:"爱人。"(12·22)仁是一种普遍的爱,但并不是一视同仁的爱,而是有亲疏远近之别的有差等的爱。孔子说:"入则孝,出则弟,谨而信,泛爱众而亲仁。"(1·6)这句话清楚地说明了仁爱的层次。首先,仁爱以维护宗法血缘关系的孝悌为根本内容。孔子的弟子有若也曾说过:"孝弟也者,其为仁之本与?"(1·2)孝指孝敬父母,弟(悌)指尊重兄长,可见仁的基点是家族亲情之爱。其次,仁爱以维护贵族等级关系为主要原则。颜渊问仁,孔子说:"克己复礼为仁……非礼勿视,非礼勿听,非礼勿言,非礼勿动。"(12·1)礼的中心内容是宗法等级制度,克己复礼就是要用等级名分来约束自己,各安其位,不得僭越,以维系"君君、臣臣、父父、子子"(12·11)的宗法等级关系的和谐状态。再其次,仁爱要求体恤别人,奉行推己及人的"忠恕"之道。仲弓问仁,孔子说:"己所不欲,勿施于人。"(12·2)这是从消极防范一面说的,即所谓"恕"。子贡问:"有一言而可以终身行之者乎?"孔子说:"其恕乎! 己所不欲,勿施于人。"(15·24)至于忠,是从积

极施与一面说的，孔子曾说："夫仁者，己欲立而立人，己欲达而达人。能近取譬，可谓仁之方也已。"(6·30)这里不仅说明了"仁"的内涵中的忠的一面，而且说明了行仁的方法在于就近从自身体察，然后推及于人。忠和恕是仁的同一内涵的两面说法，所以孔子又说："吾道一以贯之。"曾参解释道："夫子之道，忠恕而已矣。"(4·15)最后，仁爱的最高、最广目标是广济博施，泛爱大众。孔子认为，如果"博施于民而能济众"，那就是超越"仁"，达到更高层次的"圣"，连尧、舜都难以做到(6·30，又14·42说君子"修己以敬""修己以安人""修己以安百姓。修己以安百姓，尧舜其犹病诸")。由此可见，孔子"仁"的思想，既以宗法等级的人际关系为基本内容，又包含了人道、泛爱的成分。这两方面互相矛盾的内容不是简单硬凑在一起的，而是有着当时现实矛盾的基础。我们知道，西周农奴制还保留着原始氏族公社的躯壳，封建领主利用残存的原始氏族公社形式组织农奴的公田劳动和各种公役，因此实质上的统治、剥削关系，又往往被形式上的原始氏族社会的某些平等、民主关系假象所掩盖。同样，以血缘关系为基础的嫡长子继承的宗法制，也保留着原始社会后期父系家长制的躯壳，而内涵却已发生本质变化。同时，周代的礼制中，除了反映领主等级关系的中心内容外，也有不少原始社会礼俗的遗存。孔子"仁"的思想的两面性，正是当时现实社会这种两面性的反映。

"仁"除了仁爱的含义之外，还包括"敏于事而慎于言"(1·14)的内容，这是孔子观察人、评价人的一条重要道德标准，主要是要求表里如一、言行一致、重在实践。如"巧言令色鲜矣仁"(1·3)，"仁者先难而后获"(6·22)，"仁者,其言也讱","为之难,言之得无讱乎"(12·3),"刚、毅、木、讷,近仁"(13·27)。孔子之所以把重实践列入仁学的内容,一方面为了识别和反对表里不一的伪君子和只说不做的空谈家,另一方面也为了提倡实践,修身、齐家、治国、平天下,对自身负责,为社会尽责。

孔子"仁"的思想具有两面性,一方面存在维护贵族宗法等级制度的历史局限;另一方面他看到现实私有制社会人际关系的自私自利、压迫欺诈,极为忧虑,向往原始公有制社会人际关系的平等、民主、人道、和谐,珍惜美好的传统,怀抱"大同"的理想,借助这些来针砭现实的弊病。就其改造社会弊端的目的来看,的确有不自觉的前瞻意识,闪烁着理想主义的光辉,展示着人类社会的未来,这正是孔子仁学思想中带有永恒价值的可贵之处。总之,孔子的仁学实际是人学。他重视人,爱惜人才;强调人性,尊重个人意志,"三军可夺帅也,匹夫不可夺志也"(9·26);强调人要自重自律,修养完美的人格;强调人要积极用世,追求充实的人生;强调推己及人,实现和谐的人际关系。这是一种积极的人道主义、人本思想、民本思想、人文情怀,不少内容已经积淀、凝固成中华民族的优秀品德和文化基因,是人类精神文明的宝贵财富。

以上谈了孔子的思想核心,下面再来分析孔子思想的各个侧面。

在经济方面,孔子反对按田亩数量征收军赋(所谓"以田赋"),维护"周公之典",即建立在井田制上的军赋制度"丘甲法"。从历史进程来看,孔子的立场似乎是保守的。但孔子是从反对苛征暴敛、主张轻赋的角度来反对这一变革的,如当时他说:"君子之行也,度(衡量)于礼,施取其厚,事举其中,敛从其薄,如是则以丘(井田制按丘出赋的丘甲法)亦足矣。若不度于礼而贪冒无厌,则虽以田赋,将又不足。"(《左传·哀公十一年》)有若建议鲁哀公用"彻"法(什一税),反对行什二之税,主张与百姓共富足,说:"百姓足,君孰与不足?百姓不足,君孰与足?"(12·9)直接承袭了孔子的上述思想。孔子还反对统治者挥霍无度,主张"节用";反对滥兴徭役贻误农时,主张"使民以时"(1·5)。

他还称赞吴国具有变革思想的大夫子产"其养民也惠","其使民也义"(5·16)。孔子主张"因民之所利而利之",即因势利导组织百姓脱贫致富(20·2)。他还主张在"庶矣"(人口兴旺)的基础上使百姓"富之"(13·9),并且达到没有贫富悬殊的均平(16·1)。还应该指出,传说中的中国古代井田制生产方式,从形式上看,涵盖了原始社会末期的农村氏族公社制(当即马克思在《政治经济学批判·序言》中所说的"亚细亚生产方式")和封建领主制。其共同特点是都有"公田"和"私田"的存在。"私田"用途似乎未变:如农村氏族公社制的私田,是公社分给社员家庭的农田(包括宅基地及其周围的园田),归社员耕种,收获用以维持社员家庭生活,保证生产劳动力的再生产;领主制的"私田",是领主授给农奴家庭的农田,用以维持农奴家庭的生活,保证供其剥削的劳动力的再生产。但"公田"的内涵却发生了本质变化:农村氏族公社制的公田,是共有资产,由社员分摊耕种,收获归公社所有,用于公益事业的开销;而封建领主制的公田,是领主的私产,借农奴之力耕种,收获归领主所有,属于劳役地租。孔子之后,孟子提倡井田制,主旨在于维护农夫"私田"份地("百亩之田"和"五亩之宅")的"恒产",抑制土地兼并,保证耕者有其田，并主张实行井田制"助"法较低的税率，以减轻农夫的负担，维持社会安定。

在政治方面，孔子向往远古公有制的大同社会，《礼记·礼运》载："孔子曰：'大道之行也与三代之英，丘未之逮也，而有志焉。大道之行也，天下为公，选贤与能，讲信修睦。故人不独亲其亲，不独子其子，使老有所终，壮有所用，幼有所长，矜寡孤独废疾者皆有所养，男有分，女有归。货恶其弃于地也，不必藏于己；力恶其不出于身也，不必为己。是故谋闭而不兴，盗窃乱贼而不作，故外户而不闭，是谓大同。'"但是他认为大同社会实现起来非常难，连尧舜都感到吃力，如说："博施于民而能济众"，"尧舜其犹病诸"（6·30），故对此自己始终只能作为理想来寄托。然而他认为"三代之英"即夏商周三代圣人大禹、商汤、文王、武王、成王、周公等所创造的盛世，并不是不可以企及的，因此，所谓"小康"就成了孔子实际追求的目标，他说："今大道既隐，天下为家，各亲其亲，各子其子，货力为己。大人世及以为礼，城郭沟池以为固。礼义以为纪，以正君臣，以笃父子，以睦兄弟，以和夫妇，以设制度，以立田里，以贤勇知，以功为己。故谋用是作，而兵由此起。禹、汤、文、武、成王、周公由此其选也。此六君子者，未有不谨于礼者也。以著其义，以考其信，著有过，刑仁讲让，示民有常。如有不由此者，在势者去，众以为殃，是谓小康。"（《礼记·礼运》）孔子追求三代，尤其以恢复"礼乐征伐自天子出"的西周为直接、具体的目标，他梦想周公（7·5），欲从周礼（3·14）；期望"齐一变，至于鲁；鲁一变，至于道"（6·24），就是说，以齐国那样强大的国力，加上鲁国所保存周代礼乐，恢复天下一统的周道（西周盛世）。

孔子的治国思想是君明，臣贤，以民为本，和平外交。他主张君主圣明，有威严而不专横，举贤纳谏，"使臣以礼"（3·19）。主张"臣事君以忠"（3·19），敢于直谏；为官正直清廉，"行不由径（不走邪道）"（6·14）。主张治理国政要做到"足食，足兵，民信之"，足食关系到富，足兵关系到强，其中老百姓的信任比粮食、军备都重要："民无信不立"（12·7）。他还强调要使"天下之民归心"（20·1）。在外交上严华夷之限，维护先进文明，认为"微管仲，吾其被发左衽矣"（14·17），就是说，如果没有管仲辅佐齐国强大，抵挡东夷的入侵，那么我们就会亡国亡族，披头散发，左开衣襟，随从夷狄的习俗。但也反对以大欺小，以强凌弱，主张"修文德"以招徕远人（16·1）。

关于治国方法，孔子主张"为政以德"（2·1），以德治礼治为主导。他不反对以政令、刑罚为代表的法治，但认为只能居于辅助地位。孔子说："道之以政，齐之以刑，民免而无耻；道之以德，齐之以礼，有耻且格。"（2·3）又说："礼乐不兴，则刑罚不中；刑罚不中，则民无所措手足。"（13·3）孔子还说过："政宽则民慢，慢则纠之以猛。猛则民残，残则施之以宽。宽以济猛，猛以济宽，政是以和。"（《左传·昭公二十年》）这里谈的是法治宽严适度的道理，说明他并不反对法治，只是强调要调剂宽严，以求恰当。至于有人说宽猛相济是镇压人民起义的两手对策，则属附会之词，因为孔子此话就是就《左传》所记"郑国多盗，取人于萑苻之泽"而发的，针对的明显是社会治安问题。

在教育方面，孔子有丰富的实践经验，并且形成了完整的思想理论。他主张德育为先，全面发展："行有余力，则以学文"（1·6）；"志于道，据于德，依于仁，游于艺"（7·6）。

告诫偏重学问的子夏："女为君子儒，无为小人儒。"（6·13）主张"有教无类"（15·39），并亲自实行："自行束脩以上，吾未尝无诲焉"（7·7），对于打破贵族对教育的垄断，使文化下移，起到积极作用。在教育方法上他总结出丰富有益的经验。他因材施教，针对学生的特点，甚至根据某个人在不同场合、不同时间的不同表现，进行恰如其分的教育，如子路、冉求提出同样一个问题："闻斯行诸?"孔子先后作了否定和肯定两种不同的回答，理由是："求也退，故进之；由也兼人，故退之。"（11·20）他"循循然善诱人"（9·11），注重启发式教育："不愤不启，不悱不发，举一隅不以三隅反，则不复也"（7·8）；他不仅强调举一反三，更称赞"闻一以知十"（5·9）。他强调"学"与"习"相结合："学而时习之"（1·1）；辩证对待"学"与"思"的关系："学而不思则罔，思而不学则殆"（2·15）；正确处理学与用的关系，重视实践，提倡"多闻""多见"（7·28）；强调学以致用，以用促学："仕而优则学，学而优则仕"（19·13）；反对不学无术，盲目蛮干，如指责子路让还未学成的子羔做费邑之宰是"贼夫人之子"，并厌恶子路"有民人焉，有社稷焉，何必读书，然后为学"这种以干代学的狡辩（11·23）。他倡导严谨老实的学风，主张"知之为知之，不知为不知，是知也"（2·17），"多闻阙疑，慎言其余"，"多见阙殆，慎行其余"（2·18），"学而不厌，诲人不倦"（7·2）。他为人师表，而又谦虚谨慎，主张"不耻下问"（5·15），以众为师："三人行必有我师焉。"（7·22）总之，在孔子的教育思想中，凝结着他丰富的实践经验，颠扑不破的真理俯拾皆是。

在哲学方面，孔子提倡中庸之道，说："中庸之为德也，其至矣乎!"（6·29）又说："君子之中庸也，君子而时中。"

（《礼记·中庸》）中庸就是在承认事物存在两面性的前提下，随时折中、平衡，力戒偏颇。其中包含着丰富的全面、辩证的观点和行为合度的思想。如"无可无不可"（18·8），"叩其两端而竭焉"（9·8），"过犹不及"（11·6），"事举其中"（《左传·哀公十一年》），"刑罚不中，则民无所措手足"（13·3），"乐而不淫，哀而不伤"（3·20），"温而厉，威而不猛，恭而安"（7·38），"惠而不费，劳而不怨，欲而不贪，泰而不骄，威而不猛"（20·2），等等。孔子提倡中庸，强调执中，但并不拘泥、固执，又强调权变，如说："可与立，未可与权。"（9·30）孔子权变的实例很多，如说："奢则不孙，俭则固。与其不孙，宁固。"（7·36）"不得中行而与之，必也狂狷乎！狂者进取，狷者有所不为也。"（13·21）与中庸相关，孔子还讲"和"。"和"就是在承认事物存在矛盾和差异的前提下进行调和，以达到一个合理、恰当的度。如说："君子和而不同，小人同而不和。"（13·23）众口相应、唱和叫和，调五味叫和，谐五音也叫和，这是"和"的本义，加以引申，协调事物的矛盾、差异也叫和。"同"则不是如此，"同"指等同，完全抹杀矛盾，泯灭差别。可见"和"是对立统一的辩证法，"同"是否认矛盾的形而上学。有若下面的话忠实地反映了孔子"和"的思想，他说："礼之用，和为贵。先王之道，斯为美，小大由之。有所不行，知和而和，不以礼节之，亦不可行也。"（1·12）礼的本质在区别等级，但礼的推行以和为贵；既有差别，又能调和，社会就不致分崩离析。当然，孔子讲"和"也有其局限，主要表现为维护以"礼"为代表的贵族等级制度，但并不能因此而否定孔子"和"的哲学思想的合理内核。"和"本是先秦存在的一种可贵的思想观念，如《国语·郑语》有这样的话："和实生物,同则不继。"就是说,只有存在差别的调和,万物才能生生不已,不断发展;如果完全等同没有差别,就难以为继,不会有发展。

天命鬼神观念也属哲学思想。有人说孔子是无神论者,孔子所说的天就是自然的天,孔子正确看待人与自然的关系。这种说法根据不足。实际上孔子既是宿命论者,又是有神论者。他认为天位居众神之上,是神中的最高主宰,所以说"获罪于天,无所祷也"(3·13),意思是说如果得罪了上天,就没有可值得祷告的神了,即使祷告也无济于事。孔子所谓的天,是有意志的神,并非自然的天,它具有至高无上的权威,无须亲自开口发号施令,就能主宰一切,指挥一切,如说:"天何言哉?四时行焉,百物生焉,天何言哉?"(17·19)。他认为天命不可违抗,因此君子"畏天命"(16·8)。即使符合道义的事,能否行得通也由天定,因此说:"道之将行也与,命也;道之将废也与,命也。"(14·36)孔子很少讲论天道,并不是因为他不信天命,而是因为天道神秘莫测,不便领会、难以言说罢了。他认为只有身经复杂的人生阅历之后,才能认知天命,所以说"五十而知天命"(2·4),而且知天命又与学习占筮书《周易》有关,如说:"加我数年,五十以学《易》,可以无大过矣。"(7·17)孔子把人生经验与知天命联系起来,实际上是在一定程度上把天命与不以主观意志为转移的客观规律联系起来,表现出对客观规律的敬畏,对天命的神秘性已有所突破,但离否定宿命论相距尚远。"子不语怪、力、乱、神"(7·21),孔子不讲神怪,情况与不讲论天命一样。其实孔子很强调对鬼神的虔诚:"祭如在,祭神如神在。"(3·12)至于说"敬鬼神而远之"(6·22),"未能事人,焉能事鬼","未知生,焉知死"(11·12),固然有重人事、轻鬼神之意,但这些话也含有人事切实、鬼神难明的意思,并不足以说明孔子不迷信鬼神。孔子的鬼神观念,与周人的思想是一致的,其迷信程度不像殷人那么深,正如《礼记·表记》所说:"殷人尊神,率民以事神,先鬼而后礼。""周人尊礼尚施,事鬼敬神而远之,近人而忠焉。"这只能说孔子的鬼神观念有进步,但离无神论相距尚远。

关于人与自然的关系,孔子有珍惜自然资源的环保意识,遵守取物有节的古训或公约,如"节用而爱人"(1·5),"子钓而不纲,弋不射宿"(7·27),《大戴礼·曾子大孝》:"草木以时伐焉,禽兽以时杀焉。夫子曰:'伐一木,杀一兽,不以其时,非孝也。'"儒家学派多如此,如《孟子·尽心上》说:"亲亲而仁民,仁民而爱物。"贾谊《新书·礼》:"不合围,不掩群,不射宿,不涸泽,豺不祭兽,不田猎,獭不祭鱼,不设网罟……取之有时,用之有节,则物蕃多。"《礼记·王制》也有类似记载。

孔子在认识论方面,强调主客观的统一,间接经验与直接经验的结合,非常重视实践。他承认人的天赋有差别,甚至认为有"生而知之"的天才,但主张知识主要是通过后天勤奋学习、实践获得的,如说:"生而知之者,上也;学而知之者,次也;困而学之,又其次也;困而不学,民斯为下矣"(16·9),"我非生而知之者,好古,敏而求之者也"(7·20),"君子食无求饱,居无求安,敏于事而慎于言,就有道而正焉,可谓好学也已"(1·14)。他曾自述通过学习、实践,随着年龄增长,认识能力不断提高的过程和阶段:"吾十有五而志于学,三十而立,四十而不惑,五十而知天命,六十而耳顺,七十而从心所欲,不逾矩。"(2·4)不仅反映了人生实践经验不断积累的规律性,更可贵的是追求由必然王国达到自由王国的最高境界。

孔子的伦理思想,包括修身、齐家、治国、平天下的诸多内容,主要集中在他的核心思想中,前面已作分析。

从以上的分析不难看出,孔子的思想虽然不免存在历史局限,但主流是积极的,值得我们借鉴;甚至有不少内容还延续在我们的现实生活当中,需要我们珍惜、守护,发扬光大。

以上概况分析孔子思想体系并横向分析孔子思想各个侧面的积极意义。下面再纵向考察孔子及其思想的历史和现实影响。

从孔子的实际思想来看,其历史和现实影响的主流是积极的,堪称中国文化的正能量。

孔子死后,儒学得到继续发展,战国时期存在着激烈的儒法斗争,以致酿成秦始皇的焚书坑儒。秦朝的反儒有很大的片面性,其完全否定儒家思想的价值,纯粹"以法为教""以吏为师",甚至残酷地焚书坑儒,以致巩固不了自己的统治,二世即亡。汉承秦制,汉初即有人总结秦亡的历史教训,建议统治者重视儒学,借以治国。如陆贾向汉高祖晓以居马上可以得天下,居马上不可以治天下的道理,认为"文武并用,长久之术也","秦任刑法不变",以致速亡,建议高祖用《诗》《书》礼乐辅之以刑罚进行统治(《史记·郦生陆贾列传》)。至汉文帝时,贾谊总结秦亡的原因说:"仁心不施而攻守之势异也。"(此据清卢文弨抱经堂校本所据宋建宁府陈八郎书铺刻本《新书·过秦上》,他本"仁心"或作"仁义",非是)建议兴礼乐,改秦法,实现长治久安,"然孝文帝初即位,谦让未遑也"(《史记·屈原贾生列传》)。至汉武帝时，董仲舒把儒学抬到至高无上的地位，在对策中建议"推明孔氏，抑黜百家"(《汉书·董仲舒传》)。但是他的建议并未完全为武帝所接受，正如皮锡瑞《经学历史》第四章所说："武帝罢黜百家，表章六经，孔教已定为一尊矣，然武帝、宣帝皆好刑名，不专重儒。"宣帝不重儒，有《汉书·元帝纪》为证，有如下记载：元帝为太子时，"见宣帝所用多文法吏，以刑名绳下，大臣杨恽、盖宽饶等坐讥讪刺语为罪而诛，尝侍燕从容言：'陛下持刑大深，宜用儒生。'宣帝作色曰：'汉家自有制度，本以霸王道杂之，奈何纯任德教，用周政乎！'"其实霸道王道相杂而用，不限于汉朝，可以说贯穿于汉以后的整个封建社会中。但在意识形态领域，儒家又始终处在正宗地位，所谓"独尊"的含义，不过如此而已。而且倡王道，反霸道，把两者绝对化是孟子的思想。在孔子的思想中，并不完全否定霸道，孔子称赞管仲相齐桓公称霸诸侯，一匡天下，增强了国家实力，抵御夷狄内侵，保卫了中国的先进文明，"民到于今受其赐"(14·17)。此外，如前所述，孔子不排斥法治，他主张兴礼乐教化，辅之以刑罚，这与"以霸王道杂之"亦颇相似，只是孔子强调必须以王道为主。孔子思想对中国悠久古代社会的影响，积极方面是主流，体现在明君贤相、清官廉吏、仁人志士、民族英雄身上，表现为励精图治、选贤与能、兼听纳谏、改恶从善、倡廉肃贪、克己奉公、刚正不阿、执法如山、兴利除弊、勤政爱民、精忠报国、积极用世、忧国忧民等政绩和美德，闪烁着自强不息、人道、民本、尚德、贵知、重和、均平、为公、大同等思想光辉，流传着"杀身成仁""舍生取义""先天下之忧而忧，后天下之乐而乐""人生自古谁无死，留取丹心照汗青""天下兴亡，匹夫有责""苟利国家生死以,岂因祸福避趋之"等无数震撼人心的至理名言和道德风范。中国长期的封建社会出现过一些太平盛世,这些治世的出现,首先是人民斗争的结果,但也是与统治者善于总结历史经验教训、调整封建关系分不开的。有一种事实不容忽视,即他们在总结经验教训、调整关系时,以孔子为代表的儒家思想每每起着重要的指导作用。汉初的情况已如前述,又如唐代以唐太宗和魏徵为代表的君臣论治也是明显一例。当时魏徵"耻君不及尧舜,以谏争为己任",提醒唐太宗重视隋朝灭亡的教训:"惟人载舟覆舟所宜慎,奔车朽索其可忽乎",不可"安不思危,治不念乱,存不虑亡"。规劝、晓谕唐太宗"偃革兴文,布德施惠,中国既安,远人自服";敬待君子,疏远小人;"偏听则暗,兼听则明","思闻得失只可恣其陈道";等等。并且多引孔子之言以为证(见《旧唐书·魏徵传》)。由此可见儒家在历史上的进步性是十分明显的。

　　有一种言论,认为儒家思想阻碍科学技术的发展,实难服人。第一,中国古代科学是先进的,这种情况不可能与当时社会的主导思想儒学背道而驰。第二,中国古代有成就的科学家多数信奉儒家。第三,以孔子为代表的儒家重视教育,重视知识,提倡独立思考,发挥人的创造才能,学风又谨严扎实,有利于促进科学发展。

　　由于种种原因,中国资本主义未能得到充分发展,成为一个成熟的社会阶段。有人把此归罪于儒家思想的阻挠,认为儒家否定自由竞争,此论实难说通。首先,观念不是万能的,作为上层建筑的思想意识可以反作用于经济基础,但不能起决定作用。情况恰恰相反,正是因为经济领域里的资本主义萌芽没有发展壮大,才没有动摇封建正统思想。其次,中国儒学绝非与资本主义不兼容,资产阶级政治家、思想家确实吸收过孔子思想。在西方,十七八世纪资产阶级启蒙思想家用理性万能的学说反宗教、反封建,进入了所谓理性时代。孔子的思想确实是理性时代的重要思想来源之一,当时的思想家非常推崇孔子的学说,甚至以不同于神学的孔子作为他们启蒙运动的旗帜。在中国近代史,康有为的改良变法思想,孙中山的三民主义也吸收过孔子的学说。当然袁世凯称帝、张勋复辟等也鼓吹过孔教,这固然说明了儒学的复杂性,但孔教旨在歪曲、利用,不等于儒学。

三、孔子及其创建的儒学彰显了中国文化的世界影响力和话语权

孔子是我国古代最有影响力的伟大思想家、教育家、政治家。1999 年被联合国教科文组织定为世界十大文化名人之一,在不少西方人编的世界十大文化名人录也是如此。故而就其实际影响而言,孔子不仅属于中国,也属于世界。

孔子及儒学对东方的影响,久远而巨大,人们所熟知的东亚儒学文化圈就是一个鲜明的例证,这里毋需详加介绍,谨补充有关近年北大编纂《儒藏》一例:当韩国、日本和越南学者听到北大编《儒藏》的消息后,提出他们国家也有丰富的儒学著作,希望能一起参加编纂。北大《儒藏》编纂与研究中心闻知后,立即表示热烈欢迎,建议有关各国成立本国的《儒藏》编纂机构,参与合作,共襄此事。于是《儒藏》编纂成为包括"海外编"的大规模国际合作项目。

对西方来说,早在文艺复兴时期,当时启蒙思想家就

曾吸收孔子重理性、道德、人生的人本主义思想来反专制、反宗教。朱谦之教授有一部名著《中国哲学对欧洲的影响》，对孔子及儒学在西方的影响，作了详细研究、介绍。剑桥大学教授李约瑟（Needhem）讲演稿《中国文明》说："当余发现十八世纪西洋思潮多系溯源于中国之事实，余极感欣忭。彼十八世纪西洋思潮潜流滋长，固为推动西方进步思想之根据，十七世纪中叶耶稣会教友，群将中国经籍译成西文，中国儒家人性本善之哲学乃得输入欧洲。吾人皆知彼启蒙时期之哲学家，为法国大革命及其后诸种进步运动导其先河者，固皆深有感于孔子之学说，而曾三复致意焉。不论个人表现与人类真正性格距离至何种程度，吾人对于社会进步之理想，唯有依赖人性本善之学说，方有实现之望，而此种信心，吾人固曾自中国获得也。"德国哲学时代的先驱者，在斯宾诺莎以外，更重要的却是学贯中西的大哲学家、德国古典哲学的先导莱布尼茨。赖赫淮恩在《中国与欧洲》一书中说："莱布尼茨实为承认中国文化大足贡献西方文化发展的第一个人。他的《单子论》极其和中国儒释道三教的德性论相同……莱布尼茨和中国的哲人一样，深信实际世界有其统一性，精神上有日新又新的进步，所以非常乐观。"1697 年他用拉丁文出版了一部《中国最近事情》，卷首云："全人类最伟大的文化和文明，即大陆两极端的二国，欧洲及远东海岸的中国，现在是集合在一起了。"他说："欧洲文化的特长是数学、思辨的科学及军事学，然而一说到实践的哲学，则欧人到底不及中国。我们从前谁也不曾想到，在这世界上有凌驾我们的民族存在，却是事实上，我们却发现了中国民族了。"沃尔弗受莱布尼茨影响，是德国启蒙思潮的开创者，他对于中国文化的观察，即所著《中国的实践哲学》一书，当然很值得我们注意。此书可分为三大部分：第一，叙述中国的政治道德，即实践哲学的发达史，尤其注意孔子在中国的地位。第二，儒教与基督教的比较，即以中国实践哲学的原理"自然性"或"理性"来和基督教的原理"神之恩惠"相对照，以明其性质的差别。第三，讲明中国人的道德原理和作者所持的道德原理相同。法国伏尔泰赞美儒教，所以反对欧洲对于中国的传教行为，由他看来，欧洲的基督教根本就不能统一。相反，中国四千年来，即有最单纯的宗教，也就是最好的宗教。伏尔泰居然以中国为模范，从事欧洲社会的自我批判。伏尔泰极端赞美中国文化，首先是赞美孔子的格言"己所不欲，勿施于人"，认为这是基督所未曾说到，基督不过禁人行恶，孔子则劝人行善。他尤推赏孔子"以直报怨，以德报德"的格言，以为"西方民族，无论如何格言，如何教理，无可与此纯粹道德相比拟者。孔子常说仁义，若使人们实行此种道德，地上就不会有什么战争了"。所以孔子实为至圣至贤的哲学家，人类的幸福关系于孔子的一言半句。法国狄德罗钦佩孔子的理性教。他赞美孔子学说简洁可爱，赞美儒教只须以"理性"或"真理"便可以治国平天下，暗地里以此否定基督教存在的理由。他在《百科全书》中简单介绍中国《五经》，并举出孔子教的根本概念共24种格言，以为孔教不谈奇迹，不言灵感，纯粹不脱伦理学政治学的范围。他的结论："孔子是否为中国的苏格拉底或阿那克萨哥拉（Anaxagoras）是很难决定的。这个问题和中国语言的造诣有关，依据前章对于孔子作品一部分的介绍，孔子谓为自然及其原因之研究者，不如谓其努力于人世及其习俗的研究。"朱谦之在《中国哲学对欧洲的影响》中总结说："在 18 世纪的欧洲，无论在法国发生的政治革命和在德国产生的哲学革命，本质上都是站在资产阶级哲学上，反对封建，反对中世纪宗教，不同之点，只是前者倾向于唯物论，后者倾向于观念论。以关于孔子哲学的认识而论，前者以孔子近于唯物论和无神论，后者以孔子近于观念论和辩证法。孔子评价虽不相同，而无疑同为当时进步思想的来源之一。……所谓东西文化接触是文明世界的强大推动力，以孔子为例，我们可以得到证明。"

孔子及其思想对西方的影响，还可举出一些例子，如：

法国大革命中的雅各宾派领袖罗伯斯庇尔，在他起草的 1793 年的《人权和公民权宣言》中引用孔子的格言。他写道："自由是属于所有的人做一切不损害他人权利之事的权利；其原则为自然，其规则为正义，其保障为法律；其道德界线则在下述格言中：己所不欲，勿施于人。"

英国诗坛领袖蒲伯说，孔子推崇理智，知天乐命，写诗赞曰："东方有孔子，挺立如高峰。教人以为善，切实且有用。"

英国著名的政治家兼散文家天朴尔说："孔子是杰出的天才，博于学，长于德，美于行，爱国爱民。词句典雅，巧譬善喻。孔子哲理，所讲的都是私人道德、公众道德、政治道德和经济道德。"

二十世纪前期，世界著名的和平主义者英国大哲学家罗素，称赞扬奉行儒家文化的中华民族说："中国从来没有像西方国家那样，强迫别人接受自己的文化，中国统治别人的欲望，明显比白人弱得多。中国人的天性，态度是宽容和友好，以礼待人并望得到回报。"

英国史学家韦尔斯认为：孔子的教导取得巨大成果，

世界上没有一个国家像中国那样有讲礼节和自我约束的普遍传统。

美国芝加哥大学东方哲学教授顾立雅在《欧美人士看孔子》一书中指出:"启蒙运动开始时,孔子成为欧洲的名人。一大批哲学家,包括莱布尼茨、沃尔夫、伏尔泰,以及一些政治家和文人,都用孔子的名字和思想来推行他的主张。……在欧洲,以法国为背景的民主理想发展中,孔子哲学起到相当重要的作用,通过法国思想,它又间接影响了美国民主的发展。"

当人类跨入二十一世纪之前,1988 年在巴黎召开了首届诺贝尔奖获得者国际会议,议论的主题是"面向二十一世纪"。在会议的新闻发布会上,瑞典 1970 年物理学奖获得者汉内斯·阿尔文博士提出:"人类要生存下去,就必须回到二十五个世纪以前,去汲取孔子的智慧。"成为会议得出的重要结论之一。应该说这是西方有识之士,回顾二十世纪,针对人与自然、人与人关系的种种错综复杂的矛盾和危机而发出的强烈呼声。

联合国教科文组织与中国孔子基金会于 1989 年 10 月 7 日至 10 日在北京、曲阜举办了"孔子诞辰 2540 周年纪念与学术讨论会",在开幕式上联合国教科文组织总干事代表泰勒博士致辞,他说:"二十五个世纪以前,一位非凡的人——孔子诞生了,他的思想决定了继他以后人类中有相当一部分人的命运……如果人们思索一下,孔子的思想对当今世界的意义,人们很快便会发现:人类社会的基本需要,在过去的 2540 年里,其变化之小是令人惊奇的。不管我们取得了进步也好,还是缺乏进步也好,当今一个成功、昌盛的社会,在很大程度上仍立足于孔子所阐述的许多价值观念。孔子推崇家庭和建立一个美满家庭所需要的互爱互尊。家庭单位是建立在父母子女、兄弟姐妹之间的那种基本关系的基础之上的。同样,这种关系的纽带也存在于朋友之间,乃至于存在于一国的领袖与该国的公民之间。这种关系尤其体现在互爱互尊和克己。而我们的世界急切地需要这些。"

以上情况足以说明,孔子及其创建的儒学,彰显了中国优秀传统文化的世界影响力和话语权,不仅对中国文化做出伟大贡献,也对人类文化做出伟大贡献。

四、《论语》的成书流传和整理

《论语》是以记载孔子言行为主,并且兼记孔子某些弟子及时人言行的一部书。其中以记言为主,故谓之"语"。"论"是论纂、论辑的意思。《论语》全名的含义,就是经过编纂的语录。班固《汉书·艺文志》说:"《论语》者,孔子应答弟子、时人及弟子相与言而接闻于夫子之语也。当时弟子各有所记,夫子既卒,门人相与辑而论纂,故谓之《论语》。"此说本刘歆《七略》,符合《论语》一书的实际情况。

《论语》是一部语录汇编,出于众手,成书有一个过程。《论语》的内容先被一条一条地记录下来,记录者有孔子的弟子,有孔子的再传弟子,也有孔门以外的人,但以孔门弟子为主,这几种情况都可在《论语》中得到例证。这些零散的记录,集腋成裘,不断积累,最终编成《论语》。《论语》没有严格的编纂体例,每一条就是一章,集章为篇,章与章、篇与篇之间并无严密的关系,只是大致以类相从,并且偶尔有重复的章节出现。

关于《论语》的最后编定者,前人有几种说法:《汉书·艺文志》泛称为孔子门人；郑玄认为"仲弓、子夏等所撰定"（《经典释文·序录》引）。柳宗元《论语辨》上篇于此有辨，云："吾意曾子弟子之为之也，何哉？且是书载弟子必以字，独曾子、有子不然。由是言之，弟子之号之也。然则有子何以称子？曰：孔子之殁也，诸弟子以有子为似夫子，立而师之。其后不能对诸子之问，乃叱避而退，则固尝有师之号矣。今所记独曾子最后死，余是以知之。盖乐正子春、子思之徒与为之尔。或曰：孔子弟子杂记其言，然而卒成其书者，曾氏之徒也。"（《增广注释音辨唐柳先生集》卷四）此说近于史实，后人多采纳。据此，则《论语》的成书约在战国初年。

据《汉书·艺文志》和何晏等《论语集解·论语序》，《论语》传到汉代，出现三种本子，即今文《论语》两家：《齐论语》和《鲁论语》；古文《论语》一家：《古文论语》。与《齐论》《鲁论》有关，西汉末年又出现了张禹《论语》。张禹，字子文，仕元帝、成帝两朝，哀帝建平二年（公元前5年）卒。张禹善《论语》，成帝为太子时张禹即为他授《论语》，即位以后仍以张禹为师，禹为《论语章句》献之。《论语序》说："安昌侯张禹，本受《鲁论》，兼讲《齐》说，善者从之，号曰《张侯论》，为世所贵，包氏、周氏章句出焉。"（《论语注疏》，日本宫内厅书陵部藏南宋蜀刻邢昺本，以下引《论语序》同）可见《张侯论》是今文《齐》《鲁》二家的集成者。据各种记载，《张侯论》实际是以《鲁论》为底本，并未变乱《鲁论》的篇章，兼采《齐论》之善，整理出的一个新本子。这个本子很重要，实为今传《论语》的祖本。《古文论语》二十一篇，《汉书·艺文志》注："出孔子壁中，两《子张》。"《论语序》说："鲁共王时，尝欲以孔子宅为宫，坏得《古文论语》……分《尧曰》下章'子张问'以为一篇,有两《子张》,凡二十一篇。篇次不与《齐》《鲁论》同……《古论》唯博士孔安国为之训解,而世不传。至顺帝时,南郡太守马融亦为之训说。"《古文论语》不仅篇次与《齐论》《鲁论》异,文字亦多异。1973年河北定县八角廊汉墓(据考证,墓主为中山怀王刘修)出土的汉简中,有《论语》一书,残简的篇幅为今本《论语》的一半。据十支尾题残简所题各篇章数、字数,多与今本不同,正文文字亦多与今本不同,用假借字较多。从避讳情况看,只避汉高祖名讳,不避惠、文、武、昭诸帝名讳,可见是汉初的抄本。至于与《鲁论》《齐论》《古论》三个系统的关系,学者看法不一,尚难定论。至东汉末,又出现了郑玄的校注本,《论语序》说:"汉末,大司农郑玄,就《鲁论》篇章,考之《齐》《古》,为之注。"郑玄本实际上亦借阶于张禹本。郑注本唐以后不传,敦煌遗书中存有残卷,新疆也出土过唐卜天寿所抄郑玄《论语注》残本。《论语集解》中存有郑玄的注语,但为数不多。《经典释文》中保存了不少郑玄本的文字和郑玄校、注之说。郑玄注的辑佚之作始于宋代,清代更多。

至魏,产生了一个重要的《论语》集注本,这就是何晏等人所撰的《论语集解》。此书奏上朝廷时所写《论语序》,历述《论语》的成书和流传(如前所引),及至郑玄的注本后云:"近故司空陈群、太常王肃、博士周生烈皆为义说,前世传受师说,虽有异同,不为训解。中间为之训解,至于今多矣,所见不同,互有得失。今集诸家之善,记其姓名。有不安者,颇为改易,名曰《论语集解》。光禄大夫关内侯臣孙邕、光禄大夫臣郑冲、散骑常侍中领军安乡亭侯臣曹羲、侍中臣荀觊、尚书驸马都尉关内侯臣何晏等上。"这里说明几

029

点：第一，《论语集解》所集"诸家之善说"除了前述汉代的包咸、周氏、孔安国、马融、郑玄之说外，还包括魏时的陈群、王肃、周生烈之说；第二，所谓"有不安者，颇为改易"，指诸家之说有不妥的，何晏等人以己意加以改动；第三，《论语集解》的撰者共有五人，何晏殿后。何晏结衔居末，除表示位尊之外，也不无表示其在《论语集解》编著工作中的决断作用的意思。故《论语》著者的题署，往往独举何晏以为代表。《论语集解》创古籍注释中的集解之体，较为集中地保存了《论语》的汉、魏古注。凡注中征引他人之说，确如序所称"记其姓名"。凡不标举姓名者皆何晏等人之新注，即序称"有不安者，颇为改易"的部分。这一部分注重训解和串释，有补阙纠谬之功；而因何晏为玄学家，又难免有援道释儒之弊，但这种情况并不多，仅偶尔见之。

至南北朝，产生了一个重要的《论语》注疏本，即皇侃《论语义疏》。皇侃（488—545），梁吴郡人，少好学，师事贺场，尽通其业。尤明《三礼》《孝经》《论语》。梁武帝大同十一年卒，年五十八。所著《论语义》十卷，与《礼记义》并见重于世，学者相传。《论语义疏》在何晏等《论语集解》基础上作疏，既疏解正文，又疏解注文，其中吸收了晋兖州别驾江熙《集解论语》（见《隋书·经籍志》）的成果及其他通儒的解释。其书首要的原则是不破何晏等《集解》之说，但亦不妨列异说。就注释而言，皇疏内容丰富，援据详博，并酌存异说，很有参考价值。至于底本文字，无论是本文还是注文，都与后来通行的邢疏本有较大差异，此由阮元十三经注疏中的《论语》校勘记可知。皇、邢两本《集解》之异文，各有短长，须具体分析、判断，难以笼统论之。而且这种不同反映了不同的版本依据，故皇疏本的版本价值亦甚为宝贵。皇侃《论语义疏》的价值不限于《论语》本身，它也是南北朝义疏之作完整流传至今的唯一的一部书，对于研究义疏体著作有重要意义。

至唐，主要有贾公彦《论语疏》，见《旧唐书·经籍志》及《新唐书·艺文志》著录，但早已失传。

至北宋，邢昺重新为《论语》作疏，其书流传不废，影响亦大。邢昺（932—1010），字叔明，曹州济阴人。太宗太平兴国初，擢九经及第。真宗咸平二年（公元999），始置翰林侍讲学士，以昺为之。受诏与杜镐、舒雅、孙奭、李慕清、崔偓佺等校定《周礼》、《仪礼》、《公羊、穀梁春秋传》、《孝经》、《论语》、《尔雅》义疏，及成，并加勋阶，官至礼部尚书。真宗大中祥符三年卒，年七十九。邢昺《论语注疏》（又称《论语正义》）在注释上颇如《四库提要》所云："今观其书，大抵翦皇氏之枝蔓而稍傅以义理，汉学宋学兹其转关。"邢疏在内容上虽有"翦皇氏之枝蔓"的特点，但对何晏《集解》之外的旧说不明加标引，则失之笼统，有泯灭援据之嫌。不存异说，亦乏参考之资。至于所据何晏《集解》底本，渊源有自，有唐开成石经古本可证（仅限正文）。就异文而言，与皇疏底本互有短长，须参酌而定，不可或缺。

南宋最有代表性的《论语》注本是朱熹的《论语集注》。朱熹于宋孝宗隆兴元年（1163），辑诸家解释《论语》之说为《论语要义》，其书不传。至乾道八年（1172），复取程颢、程颐、张载、范祖禹、吕希哲、吕大临、谢良佐、游酢、杨时、侯仲良、尹焞等十一家之说，成《论孟精义》，并自为之序。后稍有补充，淳熙七年（1180）刻版于豫章郡，更其名曰《论孟要义》。《论孟精义》又曾改其名曰《论孟集义》（见李方子

《朱子年谱》）。今传刊本仍称《论孟精义》，其中《论语》二十卷，《孟子》十四卷。《论语集注》《孟子集注》即采摘此书精华并兼取古注分别撰成。又于各家异同疑似须加剖析者分别撰成《论语或问》《孟子或问》。故《论语精义》《论语集注》《论语或问》三书关系非常密切，应互相参读。《论语集注》虽采《论语精义》的精华而撰成，但《论语精义》并不因此而可废，其体例、内容自有特色，独具价值。关于此两书的关系、特点和价值，朱熹本人颇有论述，见《朱子语类》卷十九。根据朱熹本人的论述，并细究《论语集注》的内容，此书有以下特点：第一，不废古注。《论语集注》于何晏《论语集解》诸家之说多援以为据，只是不标姓名而已。第二，多集宋人之说，标其姓氏或兼名字，《集注》之名主要指此而言。除《精义》所引十一家外，《集注》引有更多家数，如曾文清（几）、苏氏（轼）、黄氏（祖舜）、洪氏（适）、晁氏（说之）、刘侍读（敞）、李氏（郁）、邹氏（浩）、张敬夫（栻）、吕伯恭（祖谦）、胡氏（寅）、吴氏（棫）等。第三，兼下己意，并存异说。《论语集注》虽集众家之说，但在一般情况下不于一处注释罗列众家不同之说，朱熹是经过自己案断与选择的，他说："某于《论》《孟》，四十余年理会，中间逐字称等，不教偏些子。"可见他注《论语》是通过自己的理解来决断的，力求平稳而不偏颇。对于复杂问题则存异说以供读者参考，并且一般先者为主，带有倾向性。第四，注释内容包括注音、训诂、考据，兼重义理分析。《集注》注重训诂，并且条例谨严。训解力求简明通俗，也是朱注的特点。朱注亦重考据，不乏引据考辨。至于义理分析，亦是朱注之长，不过有的切合原意，有的借题发挥，牵强附会。后者如发挥其天理人欲的思想，时有所见，但这种情况不应夸大，以抹杀其义理分析的成绩。第五，正文版本与校勘。《集注》的《论语》正文与邢疏所据《集解》本为同一系统，但在分章上有改动。朱熹对《论语》正文不轻加改动，怀疑有误在注中出校。总之，《集注》的价值在注释，而不在校勘上。当然《集注》在注释上也有错误，后人特别是清代学者多所纠正。

由于程朱理学的影响，科举读本的规定，加之朱熹《论语集注》本身的学术价值，《集注》盛行于元明两代，其时并未再产生更有影响的《论语》整理注释本。

至清，随着考据学的发展，《论语》产生了不少新的整理成果，主要在三方面：一是辑佚之作，即钩稽已佚的《论语》古本、古注，《玉函山房辑佚书》所收甚多，此外尚有单本。二是校勘考异之作，如翟灏《四书考异》（《皇清经解》本，其中《论语考异》二十卷）、冯登府《论语异文考证》（藏修堂丛书本、芋园丛书本）、阮元《论语注疏校勘记》（《皇清经解》本、《十三经注疏》附）、叶德辉《日本天文本论语校勘记》（光绪癸卯自刻本）等。三是以注释为主要内容兼及考证、校勘的综合整理之作。此类著作主要是针对邢昺的《论语注疏》和朱熹《论语集注》两书而发的。由于语言文字学和考据学的发展，清人对唐宋人的疏感到不满，一是嫌其粗疏和有误，一是嫌其"疏不破注"原则之褊狭，因此，往往作补疏或新疏，对邢昺的《论语注疏》也是如此。由于汉学宋学之争，朱熹的《论语集注》也成为汉学家批评、驳正的对象，产生了许多著作；而尊宋学者又维护《论语集注》，也产生了不少辅翼补证之作。刘宝楠的《论语正义》二十四卷，是集清代同治以前整理研究《论语》成果之大成的著作。此书的编著过程，刘宝楠之子刘恭冕在《后叙》中所言颇详，云："先君子发策得《论语》，自是屏弃他务，专精致思，依焦氏作《孟子正义》之法，先为长编，得数十巨册，乃荟萃而折中之，不为专己之学，亦不欲分汉宋门户之见，凡以发挥圣道，证明典礼，期于实事求是而已。既而作宰畿辅，簿书繁琐，精力亦少就衰，后所阙卷，举畀恭冕，使续成之……及乙丑（同治四年，1865）之秋而后写定。"按，十八卷至二十四卷（即《卫灵公》第十五至《论语序》）为刘宝楠之子刘恭冕所补。此书内容详博，体例谨严。《论语正义》训诂、考据、校勘、分析义理兼重，而价值主要表现在注释方面，尤以训诂、考据见长，引证博赡，不限于众家之说，援据书证亦富，在清人诸经新疏中当属佼佼者之列，堪称《论语》整理研究的经典之作，参考价值甚高。

《论语正义》以后，又产生了一部《论语》整理研究的集大成之作，这就是近人程树德的《论语集释》。程树德（1877—1944），清末进士，不求仕进，公费留学日本，研习法律。回国后任北京大学教授、清华大学兼任教授。七七事变后，隐居著述，贫病而终。《论语集释》四十卷，1942年脱稿，历时九年。作者编撰此书期间，正值患脑血栓而导致瘫痪，1939年（己卯）秋写的自序有云："余自癸酉（1933）冬患舌强痿痹之疾，足不能行、口不能言者七年于兹矣，而精力之强，不减平昔。意者天恐吾投身祸乱以枉其才，故假疾以阻其进取，又悯其半生志事无所成就，故复假之以精力，使得以著述终其身耶？……著者以风烛残年，不惜汗蒸指皲之劳，穷年矻矻以为此者，亦欲以发扬吾国固有文化。"据其子程俊英于1983年为《新编诸子集成》本《论语集释》所撰《前言》云，实际上他"以'目难睁不能视，手颤抖不能书'的病弱残躯，自己口述，由亲戚笔录"而成。此书分考异、音读、考证、集解(何晏《集解》为主,邢疏有可采者亦附此)、唐以前古注、集注(朱熹内注为主)、别解、余论、发明、按语十项,集中了大量的校释、考证材料,征引书籍六百八十种,还包括了《论语正义》之后的新成果。

杨树达(1885—1956)的《论语疏证》是今人的一部有价值的《论语》疏解之作。关于此书的宗旨、内容、体例及研究方法,《凡例》有明确说明。如第一条云:"本书宗旨在疏通孔子学说,首取《论语》本书之文前后互证,次取群经诸子及四史为证,无证者则阙之。老、庄、韩、墨说与儒家违异,然亦时可以发明孔子之意者,赋诗断章,余窃取斯义尔。"第二条云:"证文次第,以训解字义、说明文句者居前,发明学说者次之,以事例为证者又次之,旁证推衍之文又次之。大致由浅入深,由近及远,取便学者之通晓而已。同类之证,则以书之前后为次。"第四条云:"古书往往因袭前人,如《韩诗外传》多本《荀子》,《淮南》时采《吕氏春秋》是也。本书列证务录其本源,而因袭者则附注于条末。"第八条云:"本书训说大致以朱子《集注》为主,其有后儒胜义长于朱说者,则取后儒之说。心有未安,乃下己意焉。"以上所引数条足以体现《论语疏证》一书的体例和特点,其他尚有细节的规定,不一一引述。1948年陈寅恪为《论语疏证》所写的序对此书的治学方法有所总结,云:"及读先生是书,喜曰:先生治经之法,殆与宋贤治史之法冥会,而与天竺诂经之法形似而实不同也。夫圣人之言必有为而发,若不取事实以证之,则成无的之矢矣。圣言简奥,若不采意旨相同之语以着之,则为不解之谜矣。既广搜群籍,以参证圣言,其文之矛盾疑滞者,若不考订解释,折衷一是,则圣人之言行终不可明矣。今先生汇集古籍中事实语言之与《论语》有关者，并间下己意，考订是非，解释疑滞，此司马君实、李仁甫《长编》考异之法，乃自来诂释《论语》者所未有，诚可为治经者辟一新途径，树一新模楷也。"此说甚有见地，唯云"乃自来诂释《论语》者所未有"，尚欠允当，实前人注疏之作已在用此法，特别是刘宝楠的《论语正义》不乏其例，只是不像《论语疏证》这样集中、突出而已。应该说杨氏疏证《论语》，在方法上受了前人的启示，在材料上亦有所承袭，当然他本人发展、创新之功也是很明显的。《论语疏证》是一部甚有参考价值的书，但其引证的材料相当宽泛，读起来要鉴别源流、亲疏。所谓源流，指《论语》中的话与引证材料的关系：或引证材料为源，为《论语》所本；或《论语》之言为源，为引证材料所本。所谓亲疏，指引证材料与《论语》之言在意义、事理上的远近关系：有的贴近，有的疏远。只有这样才能分清主次，抓住要领。而在引证材料中，又以《论语》本证为最重要，作者在《凡例》中一再强调这一点，是有道理的。

《论语》新注、今译的著作不少，杨伯峻的《论语译注》、钱穆的《论语新解》较为突出。

五、《论语注译》的出版、修订与体例

拙著《论语注译》1990 年收入全国高校古委会《古代文史名著选译丛书》，由巴蜀书社初版。2011 年又随《丛书》转由凤凰出版社出了修订版。先后历时已有 32 个年头。《论语注译》自出版以来，承蒙读者和专家肯定，给予好评，还一再受到古籍出版领导部门向社会推荐，笔者倍感欣慰，深受鼓舞，一直抱有与时俱进，适时修订，不断完

善，以回报社会的愿望。现在利用自修订版出版以后十多年来新积累的《论语》研读成果，对全书进行订补，著成《论语注译》新修订本。此次修订的原则是传承旧作，保持特色，不避雷同；锐意进取，开拓创新，追求优异。兹将新修订本体例说明如下：

一、《论语》正文以中国线装书局2001年影印日本宫内厅书陵部藏南宋蜀刻本邢昺《论语注疏》为底本，个别文字及分章参校他书酌定，均予以说明。

二、正文每篇各章仿杨伯峻先生《论语译注》的做法，标以序号，以便标举参照和检索。序号圆点前一阿拉伯数字表示篇次，后一阿拉伯数字表示章次，如2·1，2表示第二篇《为政》，1表示《为政》篇的第一章。杨先生的做法，系在哈佛燕京学社引得编纂处所编《论语引得》原有范式基础上的创新。

三、书名定为《论语注译》，不是为避重名书籍而标新立异，而是为了体现古文献解释或辅助阅读的规律，即解释或辅助阅读，应紧扣原文，而不可游离原文，故以随文所作之注为主，以相对独立的翻译为辅，先后为次。

四、注释除了注明生僻字词及人物、史实、典制、名物等具体内容之外，还多方取证，据以分析思想内容，力求做到训诂、考证和义理辨析相结合，尤其注意运用材料互证，特别是以《论语》前后互证的方法，以求准确阐明孔子话语和思想的本意。对于分歧的异说，首先，力求辨明是非以存其是；其次，对于于义两通而尚难遽定孰符原意的异说，则不强行取舍，并存以供参考。

五、译文力求做到"信、达、雅"。坚持准确的直译，在准确、通达的基础上进一步锤炼，以求译文语言的典雅。

译文也是阅读原文的辅助工具,力求紧密对应原文,匹配注释,起到串解原文的作用。

六、每篇篇题之下作一简要题解。

七、书末附录,收入自著《怎样读〈论语〉》,谨供阅读《论语》参考。

学 而 第 一

本篇包括十六章，内容以论学和道德修养为主，兼及论政，开宗明义，表现了孔子既是教育家又是思想家的双重身份。

1·1 子曰①："学而时习之②，不亦说乎③？有朋自远方来，不亦乐乎④？人不知而不愠⑤，不亦君子乎⑥？"

【注释】 ① 子：古时男子的尊称。《论语》中的"子曰"的"子"皆用来称孔子，等于说先生。② 时习：按时复习。《国语·鲁语下》有这样的话："士朝而受业，昼而讲贯，夕而习复。"习不仅为了巩固所学，还能悟出新意，参见2·11"温故而知新"。③ 说：通"悦"。④ "有朋"句：孔子认为，会友既有益于切磋学问，又有益于观摩道德，因此说乐。参见《周易·兑》："象曰：君子以朋友讲习。"《礼记·学记》说："独学而无友，则孤陋而寡闻。"⑤ 知：了解。愠(yùn)：怒。⑥ 君子：《论语》使用"君子"一词，或指有地位之人，或指有修养之人，此指后者。这句话也与学有关，孔子认为，君子学习是为了充实自己，小人学习是为了显示自己，因此只有君子才能做到"人不知而不愠"。参见 1·16、14·24、14·30、15·19。又《荀子·劝学》："古之学者为己，今之学者为人。君子之学也以美其身，小人之学业也以为禽犊(指馈赠之物)。"亦可参。

【翻译】 孔子说："学了以后而又按时复习，不也是很高兴的吗？ 有朋友从远方来相会，不也是很快乐的吗？ 人家不了解自己而自己又不恼火，不也是君子吗？"

1·2 有子曰①："其为人也孝弟②，而好犯上者③，鲜矣④；不好犯上，而好作乱者，未之有也⑤。君子务本，本立而道生⑥。孝弟也者，其为仁之本与⑦！"

【注释】 ① 有子：孔子的学生，名若。《论语》中对孔子的学生多数称字，只有对曾参和有若尊称"子"。② 其：假设之词，若。弟(tì)：同"悌"，敬从兄长。③ 好(hào)：喜好。下同。④ 鲜(xiǎn)：少。⑤ 未之有也：意即"未有之也"。古汉语中否定句的代词宾语，提到动词之前。⑥ 道：道理，法则。⑦ "孝弟"句：仁，一种很高的道德规范，具有丰富的内涵，诸如爱人、忠恕、克己复礼、谨言、慎行等，由本章可知，孝悌是维系以血缘为纽带的父系家长制嫡长子继承的封建宗法关系的基本品德。孝悌既为"仁"之根本，反映了"仁"用来调和、维护封建宗法等级关系的本质特征。与：同"欤"，表疑问或反问、感叹的语气词。

【翻译】 有子说："假如为人孝顺父母，敬从兄长，却喜好冒犯长上的，极为少有；不喜好冒犯长上，却喜好造反作乱的，从未有过。 君子致力于根本，根本确立了，那么道就会随之产生出来。 孝悌这个东西，大概就是仁道的根本吧！"

1·3　子曰："巧言令色①，鲜矣仁。"

【注释】 ① 令色：好的脸色。这里指假装和善。孔子一贯反对以伪善取悦于人。参见 5·25、15·27。

【翻译】 孔子说："花言巧语，态度伪善，必然缺德少仁。"

1·4　曾子曰①："吾日三省吾身②：为人谋而不忠乎？ 与朋友交而不信乎？ 传不习乎③?"

【注释】 ① 曾子：孔子的学生，名参（shēn），字子舆，南武城（故址在今山东临沂费县西南）人。② 三省（xǐng）：从三方面反省。这里的"三"字指下面提到的三件事。按，《论语》中"三""六""九"等数字，多为实指，而非泛指，参见 1·11 及 4·20"三年（指居丧期间）无改于父之道"，7·8"举一隅不以三隅反"，7·25"子以四教"，8·4"君子所贵乎道者三"，9·4"子绝四"，14·28"君子道者三"，16·4"三友"，16·5"三乐"，16·6"三愆"，16·7"三戒"，16·8"三畏"，16·10"九思"，16·13"问一得三"，17·8"六言""六蔽"，17·6"能行五者于天下"，17·6"三疾"，17·21"三年之丧"，18·1"三仁"，19·9"三变"，20·2"尊五美，屏四恶"等。③ 传：指老师的传授。

【翻译】 曾子说："我每天从以下三方面自我反省：替人谋划事情有没有不曾尽忠竭诚？ 与朋友交往有没有不曾信实相待？ 老师传授的学业有没有不曾认真复习？"

1·5　子曰："道千乘之国①，敬事而信②，节用而爱人③，使民以时④。"

【注释】 ① 道：治理。千乘（shèng）：一千辆兵车。古时四匹马拉的一辆兵车称乘，国家的军赋以乘计，故拥有车乘的多少，能反映一个国家的大小和强弱。孔子时代的"千乘之国"已不算诸侯大国，故子路有"千乘之国，摄乎大国之间"的话（11·24）。② 敬：严肃谨慎。事：指政务。③ 用：财政。人：人民。爱人：即惠民，参见5·16、20·2。费用取之于民，故此句将"节用"与"爱人"对举。《荀子·富国篇》说："足国之道，节用裕民……节用以礼，裕民以政。"也可与此句互参。④ 以时：按时，指不违农时。

【翻译】 孔子说："治理拥有千辆兵车的国家，办事严肃认真，讲话恪守信用，节约用度，惠爱人民，役使老百姓要在农闲时节。"

1·6　子曰："弟子入则孝①，出则弟，谨而信②，泛

爱众而亲仁③，行有余力④，则以学文。"

【注释】　① 弟子：即子弟。"弟子"二句：参见 13·20 "宗族称孝焉，乡党称弟焉"。② 谨而信：《论语》中经常将事和言对举，这里"谨"就事而言，"信"就言而言。"谨而信"，即 1·5"敬事而信"之意。③ 仁：指仁人。④ 行：指品行修养，礼义实践。从末两句可以看出孔子把德育放在首位。

【翻译】　孔子说："年少子弟在家就应孝顺父母，出外就应尊敬兄长，谨慎从事，言而有信，博爱民众，亲近仁人，躬行实践之后尚有余力，就用来学习文化技能。"

1·7　子夏曰①："贤贤易色②，事父母能竭其力，事君能致其身，与朋友交言而有信：虽曰未学，吾必谓之学矣。"

【注释】　① 子夏：孔子的学生，姓卜，名商。孔子的学生中有所谓"四科（指业务专长）十哲"，子夏即居其中，属"文学"科（见11·3）。他尤以整理文献见长，曾因偏重文化知识而忽视道德修养，受到孔子的告诫："女为君子儒，无为小人儒。"（6·13）本章内容倒说明子夏是重视实际道德表现的。② "贤贤"句：第一个"贤"字为崇重之意，第二个"贤"字为德行之意。易：轻，轻视。色：容色，指表面的态度，做作的表情。全句是说重视实际的好品行，轻视矫揉造作的表面容态。此句即反对"巧言令色"之意，下面三句都是"贤贤易色"的具体表现。

【翻译】 子夏说："重视实际的德行，看轻表面的容态，侍奉父母能竭尽全力，效力君主能奉献自身，与朋友交往说话算话：这样的人虽自称未曾学文习礼，我一定说他学习过了。"

1·8 子曰："君子不重则不威，学则不固①。主忠信，无友不如己者，过则勿惮改②。"

【注释】 ① 固：固执。与"勿固"（9·4）、"疾固"（14·32）之固同义。又解为固陋之义，亦通。②"主忠信"以下三句与上文不连贯，又见9·25，疑系错简于此。

【翻译】 孔子说："君子不庄重就没有威仪，学习以后，就不会再自以为是，顽固不化。恪守忠诚信实，不要跟不如自己的人交朋友，犯了过错就不要怕改正。"

1·9 曾子曰："慎终追远①，民德归厚矣。"

【注释】 ① 终：老死。慎终：指敬慎地处理父母的丧事。追远：指祭祀祖先。古代宗法社会以血缘亲族关系为纽带，故"慎终追远"关系到世俗民风，参见1·2"孝弟也者，其为仁之本与"，8·2"君子笃于亲，则民兴于仁"。

【翻译】 曾子说："敬慎地办理父母的丧事，虔诚地追祭历代的祖先，老百姓的道德就会趋向敦厚了。"

1·10 子禽问于子贡曰①："夫子至于是邦也②，必闻其政，求之与，抑与之与?"子贡曰："夫子温、良、恭、俭、让以得之③。夫子之求之也，其诸异乎人之求之与④?"

【注释】① 子禽:陈亢的字。19·25 载陈亢与子贡的对话，径称孔子为仲尼，可见他不是孔子的学生。陈亢屡对孔子有疑，参见 16·13、19·25。子贡:孔子的学生，姓端木，名赐。在"四科十哲"中属"言语"科(见 11·3)。② 夫子:古人对男子的一种敬称。皇侃《论语义疏》:"《礼》:身经为大夫者，得称为夫子。孔子，鲁大夫，故弟子呼为夫子也。"后遂沿袭为对老师的称呼，或用以专指孔子。③ 俭:约束。④ 其诸:表示不肯定的推测语气。

【翻译】 子禽问子贡说: "孔夫子每到一个国家，必定得知那个国家的政治情况，是请求来的呢，还是人家自愿告诉他的呢? "子贡说: "先生温和、善良、敬慎、拘谨、谦让，全凭这些而得到的。 先生这种求得的方法，大概不同于别人求得的方法吧? "

1·11 子曰:"父在，观其志①;父没，观其行;三年无改于父之道②，可谓孝矣。"

【注释】① 其:指代儿子。志:意念。父亲在世，不得有所专行，故只能观察其意念是否与父亲志同道合。参见 11·20"有父兄在，如之何其闻斯行之"句。② 三年:指三年守丧期间。参见 14·40"高宗谅阴，三年不言"，"君薨，百官总己，以听于冢宰三年"。17·21"三年之丧，期已久矣"。道：指政道，包括制度和措施。参见19·18。

【翻译】 孔子说："父亲在世的时候，要观察儿子的意念志向如何；父亲死去以后，要观察儿子的实际作为如何；如果守丧三年期间不改变父亲传下来的政道，就可以说是尽到孝了。"

1·12 有子曰："礼之用，和为贵①。先王之道②，斯为美③，小大由之④。有所不行，知和而和，不以礼节之，亦不可行也。"

【注释】 ① 礼：区别尊卑贵贱的等级制度及与之相应的礼节仪式。用：施行。和：和谐，调和。贵：尚。礼的根本作用在于区别差异，故《荀子·乐论》说"礼别异"；《礼记·乐记》说"礼者为异""礼者别宜"。但是片面强调差别，又易产生离心离德，甚而导致分崩离析，如《乐记》所说"礼胜则离"。因此儒家的礼治观点总是幻想让人们在等级森严的前提下和睦相处，因此强调"礼之用，和为贵"。② 先王：指前代圣明的君王。③ 斯：此。美：善。④ 由：遵循。 本章有子的话，与2·14孔子的话"君子周而不比，小人比而不周"及13·23孔子的话"君子和而不同，小人同而不和"，意思是相同的，可以参见。

【翻译】 有子说："礼的施行，以和谐为贵。 先代圣王的治道，好就好在这里，大事小事无不遵循这一原则。

如果有行不通的时候，只知和谐为贵而一味求和，不以礼仪加以节制，那也是不可行的。"

1·13 有子曰："信近于义，言可复也①。恭近于礼，远耻辱也②。因不失其亲，亦可宗也③。"

【注释】 ①"信近"句：近：附。见《说文解字》《广韵》。复：因循，实践。朱熹《论语集注》："复，践言也。"杨伯峻据童第德举示的《左传》例句以证成其说，见《论语译注》。孔门认为，信守的诺言如果合乎义，则属大信，故可实践；而死守不合义的小信，则是不可取的。如13·20"言必信，行必果，硁硁然小人哉"，17·8"好信不好学，其蔽也贼"，《孟子·离娄下》："大人者，言不必信，唯义所在。"②"恭近"句：即孔子所说"恭则不侮"之意。孔子又认为，恭敬而不以礼节之，就易过分，变成"足恭"，是可耻的，参见5·25以及8·2"恭而无礼则劳"。③"因不"句：因：亲。因不失其亲：即亲亲之意。参见8·2"君子笃于亲"，18·10"君子不施其亲"。宗：尊。

【翻译】 有子说："许下的诺言如果合乎义，这样的诺言就是可实践的了。恭敬如果合乎礼，就能远远避开耻辱了。亲近的人中不曾漏掉自己的亲族，那也是可尊崇的。"

1·14 子曰："君子食无求饱①，居无求安，敏于事而慎于言，就有道而正焉②，可谓好学也已。"

【注释】 ① 无：同"勿"。饱：满足。② 有道：有德有才之人。

【翻译】 孔子说："君子饮食不贪求满足，居住不贪求安适，做事勤敏，说话谨慎，就教于有德多才之人来端正自己，这样就可以说是好学的了。"

1·15 子贡曰："贫而无谄，富而无骄，何如？"子曰："可也。未若贫而乐①，富而好礼者也②。"

子贡曰："《诗》云：'如切如磋，如琢如磨③。'其斯之谓与？"子曰："赐也，始可与言《诗》已矣，告诸往而知来者④。"

【注释】 ① 贫而乐：6·11孔子称赞颜回说："贤哉，回也！一箪食，一瓢饮，在陋巷，人不堪其忧，回也不改其乐。"认为这是贫而乐的典范。② 孔子这里的话，可与 14·10 互参。③ 诗句出自《诗经·卫风·淇奥》。《尔雅·释器》："骨谓之切，象谓之磋，玉谓之琢，石谓之磨。"《诗经》中以治器之法喻治学、修身之精益求精。④ 诸：之。往：过去。来：未来。往、来泛指事物的两个方面。此句可与 5·9"赐也闻一以知二"互参。

【翻译】 子贡说："贫穷却不谄媚，富有却不骄横，怎么样？"孔子说："可以了。只是还比不上贫穷却怡然自乐，富有却谦逊好礼呢。"

子贡说："《诗》说'像制造骨器玉器一样，反复切磋琢磨'，大概就是说的这类精益求精的事吧？"孔子说："赐呀，现在总算可以跟你谈论《诗》了，告诉你一个方面，你能推知另一个方面啦。"

1·16 子曰："不患人之不己知①，患不知人也②。"

【注释】 ① 患：忧虑，担心。此句是孔子的一贯思想，如1·1"人不知而不愠"，14·30"不患人之不己知，患其不能也"，15·19"君子病无能焉，不病人之不己知也"。② 知人：了解别人。知人与举贤有关，参见2·19、12·22。亦与自我修养有关，如1·8"无友不如己者"，4·17"见贤思齐焉，见不贤而内自省也"。

【翻译】 孔子说："不忧虑别人不了解自己，而忧虑自己不了解别人。"

为 政 第 二

本篇包括二十四章,论及政治、教化、学习、修养。孔子主张德治、礼治,因此认为政与学密不可分,政治必须以教化为根本,从政必须以学习、修养为前提。

2·1　子曰:"为政以德①,譬如北辰居其所而众星共之②。"

【注释】　① 德:指道德和惠爱。全句既指当政者用道德修养自身,又指用道德、惠爱治理民众。② 北辰:北极星。《尔雅·释天》:"北极谓之北辰。"天球北极为天球赤道之极,故又称赤极。由于地球自转的关系,天体的视运动以赤极为枢组旋转,故赤极又称天枢。孙诒让《周礼正义》疏《考工记·匠人》"夜考之极星"云:"然天中之极无可识别,则就近极之星以纪之,谓之极星。沿袭既久,遂并称星为北极,又谓之北辰。然则北极者,以天体言也;北辰者,以近极之星言也。……《论语·为政篇》云'譬如北辰居其所而众星共之',此亦谓天极。而曰北辰者,举星以表极,许氏谓'即指赤道极'是也。"居:罗振玉藏敦煌本《论语集解·为政》作"君"(全章作"子曰:'为政以德,譬如北辰,君其所而□□□□'"），李方《敦煌〈论语集解〉校证》校云："'君'，诸本作'居'，底本当因形而讹。"窃疑敦煌本此处"君"字不误，保存了《论语》的原貌。《说文解字》："君，尊也。""君其所"即"恭己正南面"（15·5）、整肃自我尊居统治之位的意思，完全可以讲通，作"居"则当为据形近臆改或讹传之文（相反，"君"训"尊"，不是常诂，故将"居"臆改为"君"的可能性不大）。又，定州汉墓竹简《论语》有"君"误作"居"之旁证，如其《宪问》"……（按，此处阙文今传诸本作"阙党童子将命，或"）问之曰：'益者与？'子曰：'吾见其君……（按，此处阙文今传诸本作"于位也，见其与先生并行也，非求益者也，欲速成者也"）'"，"君"亦训"尊"，用为动词，"君于位"，即尊于位的意思，亦即忝居尊位、不谦逊之意。故简本"君"字保存了《论语》的原貌，而作"居"反当为臆改或讹传之文，因为"居于位"须增字解释方能讲清楚，如《论语集解》云："童子隅坐无位，成人乃有位"，将"位"字凭空解释为"成人之位"。因此有充分理由断定，"居其所"之"居"，当为"君"之误，然为慎重计，仍不改底本正文，仅出校说明。共：同"拱"。杨伯峻《论语译注》："与《左传·僖公三十二年》'尔墓之木拱矣'的'拱'意义相近，环抱、环绕之意。"因天枢不动，而众星环绕其旋转，故说"北辰居其所而众星共之"。这里以北辰喻统治者，以众星喻被统治者。 本章可参见2·3、12·17、12·19、13·11、13·3、15·5、17·4。

【翻译】 孔子说："当政者运用道德和恩德来治理国政，就好像北极星安居其所而其他众星井然有序地环绕着它。"

2·2 子曰："《诗》三百①，一言以蔽之②，曰：'思无邪③。'"

【注释】 ①《诗》：《诗经》。三百：概举成数而言。《诗经》实存三百零五篇，连同有题无辞的六篇笙诗，共三百一十一篇。② 言：用于语言文字的计数单位，或指一个字，或指一句话，此指后者。蔽：覆盖，引申为概括。③ 思无邪：此语出自《诗·鲁颂·駉》，"思"原为表示感叹的语助词，孔子借用此语来评价《诗经》思想内容的纯正。按《诗经》的思想内容并非全都符合统治者的礼义，其中有不少大胆表露爱情和反对剥削压迫的诗作，但经过孔子整理，在主题上加以歪曲解释，横生出善者美之，恶者刺之的"美刺说"，于是统统变成"可施于礼义"（《史记·孔子世家》）的了。这样，"思无邪"的总评价便自然产生出来。

【翻译】 孔子说："《诗》三百余篇，用一句话来总括它，就是'思想主旨纯正无邪'。"

2·3 子曰："道之以政①，齐之以刑②，民免而无耻③；道之以德，齐之以礼，有耻且格④。"

【注释】 ① 道：同"导"，训导。政：法制，禁令。② 齐：整治，整顿。刑：刑罚。③ 免：逃避。《说文解字·兔部》："免，兔逸也。"段玉裁注："引申之，凡逃逸者皆谓之免。"④ 格：至，来，引申为归服。16·1"修文德以来之"。"格"与"免"相对，有旁证可参，《礼记·缁衣》："夫民，教之以德，齐之以礼，则民有格心；教之以政，齐之以刑，则民有遁心。"

【翻译】 孔子说："用政令来训导人民，用刑罚来整饬人民，人民就会逃避制裁而无羞耻心；用道德来训导人民，用礼教来整饬人民，人民就会有羞耻心而归顺。"

2·4 子曰："吾十有五而志于学①，三十而立②，四十而不惑③，五十而知天命④，六十而耳顺⑤，七十而从心所欲，不逾矩⑥。"

【注释】 ① 有：同"又"。古人十五岁为入学之年，《礼记·王制》"立四教"，郑玄注引《尚书传》曰："年十五始入小学，年十八入大学。" ② 立：指立足于礼，就范于礼。参见8·8"立于礼"，20·3"不知礼，无以立也"，《左传·昭公七年》："礼，人之干也，无礼，无以立。" ③ 惑：疑惑。不惑：9·29及14·28皆有"知者不惑"的话。④ 知天命：晓得天命不可抗拒而听天由命。孔子是宿命论者，他知天命与学《易》有关，参见7·17。关于孔子及其弟子的天命思想，可参见6·10、9·1、12·5、14·36、16·8、20·3等。⑤ 耳顺：善于听人之言。《集解》引郑玄注："耳闻其言而知其微旨。"知言关系到知人。20·3"不知命，无以为君子也；不知礼，无以立也；不知言，无以知人也"三句话，与本章第四句、第二句、第五句恰成对应。⑥ "七十"二句：是说对外界已经达到自然适应的境地。从心：随心。一说从同"纵"。逾：超越。矩：曲尺，画方形或直角的用具。引申为法度，常规。

本章孔子自述他自己进德修业的过程和认识能力提高

的阶段,其中虽然杂有宿命论的神秘成分,但在一定程度上也反映了人生经验不断积累的正常规律。

【翻译】 孔子说:"我十五岁立志学习,三十岁能依照礼仪立足于人世,四十岁能辨惑解疑,五十岁能乐天知命,六十岁能闻言知心,七十岁能随心所欲,而又从不越出规矩。"

2·5 孟懿子问孝①。子曰:"无违②。"

樊迟御③,子告之曰:"孟孙问孝于我,我对曰:'无违。'"樊迟曰:"何谓也?"子曰:"生,事之以礼④;死,葬之以礼,祭之以礼。"

【注释】 ① 孟懿子:鲁国大夫,为鲁国权势较大的"三家"之一,姓仲孙,名何忌,"懿"是谥号。② 违:违背。据下文,这里具体指违礼。③ 樊迟:孔子的学生,名须,字子迟。④ 事:侍奉。

【翻译】 孟懿子问什么是孝。孔子说:"不要违背。"

一次,樊迟为孔子驾驭马车,孔子告诉他说:"孟孙向我问怎样才算是孝,我回答说:'不要违背。'"樊迟说:"这话是什么意思?"孔子说:"父母活着的时候,按照礼仪来服侍他们;死了以后,按照礼仪来安葬他们,按照礼仪来祭祀他们。"

2·6 孟武伯问孝①。子曰:"父母唯其疾之忧②。"

【注释】 ① 孟武伯:孟懿子的儿子,姓仲孙,名彘,武是谥号。② 其:指代儿子。这句是说做儿子的不会做出违背礼义的事让父母担忧,父母为儿子担忧的只有疾病之类非由人定的事。参见12·21"一朝之忿,忘其身,以及其亲,非惑与?"

【翻译】 孟武伯问什么是孝。 孔子说: "父母对儿子,只为他的疾病担忧。"

2·7 子游问孝①。子曰:"今之孝者,是谓能养。至于犬马②,皆能有养;不敬,何以别乎?"

【注释】 ① 子游:孔子的学生,姓言,名偃,字子游,吴人。在"四科十哲"中,属"文学"科。② 至于:连词,犹即使是,即便是。

【翻译】 子游问什么是孝。 孔子说: "如今所讲的孝,只是指能养活父母而言。 即使是犬马之类,都能为人所养;如果对父母不敬,用什么来区别孝顺与供养呢? "

2·8 子夏问孝。子曰:"色难①。有事,弟子服其劳,有酒食,先生馔②,曾是以为孝乎③?"

【注释】 ① 色:指敬爱和悦的容色态度。《礼记·祭义》："孝子之有深爱者必有和气,有和气者必有愉色,有愉色者必有婉容。" ② 先生:年长者。馔(zhuàn):吃喝。③ 曾:岂,难道。

【翻译】 子夏问什么是孝。 孔子说:"保持敬爱和悦的容态最难。 遇有事情,子弟们代父老效劳,遇有酒食,让给父老享用,难道这样就算是孝了吗?"

2·9 子曰:"吾与回言终日①,不违②,如愚。退而省其私③,亦足以发④,回也不愚。"

【注释】 ① 回:颜回,孔子的学生,字子渊,鲁国人。在"四科十哲"中,属"德行"科,为孔子所喜爱的最聪慧、最有修养的一个学生。② 不违:不违拗,指不表示异议。参见11·4"于吾言无所不说(悦)"。③ 退:指散学退还。私:独处。这里指独自钻研和自我实践。④ 亦足以发:参见5·9"闻一以知十"。亦:尚,犹。发:发挥,发明。

【翻译】 孔子说:"我整天给颜回讲学,他从不表示疑异,像是一个愚呆的人。 等退学之后,观察他的独自钻研和实践,还能充分发挥所学的内容,颜回并不愚笨啊。"

2·10 子曰:"视其所以①,观其所由②,察其所安③,人焉廋哉④? 人焉廋哉?"

【注释】 ① 以：为。② 由：经由，经历。③ 安：习。《吕氏春秋·乐成》：“三世然后安之。”高诱注：“安，习也。”④ 焉：安，怎样。廋（sōu）：隐藏。下句话与此句完全相同。按，一句话重复表达，表示强调或肯定无疑的语气，参见5·5、5·9、6·10、6·11、6·25、6·28、8·21、10·25、14·16、17·19等。 本章是说只要从一个人的现实的作为、以往的经历以及养成的习性全面观察，就会抓到这个人的本质。《孟子·尽心上》：“行之而不著焉，习矣而不察焉，终身由之而不知其道者，众也。”《大戴礼·官人》：“考其所为，观其所由，察其所安。”皆可与此互参。

【翻译】 孔子说：“视察他的所作所为，观察他的一贯经历，考察他的癖性习惯，一个人怎么能伪装得了呢？一个人怎么能伪装得了呢？”

2·11 子曰：“温故而知新，可以为师矣①。”

【注释】 ① 这句话强调学不重在积累，而贵在发明。《荀子·致士篇》：“师术有四，而博习不与焉。”《礼记·学记》：“记问之学，不足以为人师。”可与此互参。

【翻译】 孔子说：“温习旧的知识，却能有新的领悟，这样的人便可做老师了。”

2·12 子曰：“君子不器①。”

【注释】 ① 不器：不要像各有其用的器皿一样，用固定的功能来局限自己。《集解》引包咸注："器者各周其用，至于君子，无所不施。"孔子称子贡像一个瑚琏之器，虽可贵而非全才（见5·4）；鄙视"今之从政者"为"斗筲之人"（13·20）；而孔子本人却以"博学而无所成名"（9·2）、"何其多能"（9·6）见称于世。

【翻译】 孔子说："君子不要像器皿一样自限其用。"

2·13 子贡问君子。子曰："先行其言而后从之①。"

【注释】 ①"先行"句：强调实践要先于言语。1·14"敏于事而慎于言"，12·3"为之难，言之得无讱乎"。《礼记·坊记》："故君子约言，小人先言。"《大戴礼记·曾子立事》：君子"微言而笃行之，行必先人，言必后人"。可与此互参。从：随。之：指已实践之言。

【翻译】 子贡问什么是君子。 孔子说："先实践所要说的话，然后再把话说出来。"

2·14 子曰："君子周而不比①，小人比而不周。"

【注释】 ① 周：合。比：齐同。周、比的基本意义皆为密、合、亲，比不一定专用为贬义，如《诗经·大雅·皇矣》："王此大邦，克顺克比。"《国语·晋语》中叔向有"君子比而不别"的话。但是这里将二字对举，分别用于君子和小人，则意义有别。《集解》引孔安国注："忠信为周，阿党为比。"王引之《经义述闻》也说："以义合者，周也；以利合者，比也。"这种解释可与15·22(君子)"群而不党"互参，当然可通。但此二字的解释又可参考13·23"君子和而不同，小人同而不和"，"周"即"和"，"比"即"同"。两说均可通，译文据后说。

【翻译】 孔子说："君子亲厚调和却不混同，小人混同却不亲厚调和。"

2·15 子曰："学而不思则罔①，思而不学则殆②。"

【注释】 ① 罔：无知的样子，这里即无知之意。 ② 殆：疑。与2·18"多见阙殆"之"殆"同义。此句可与15·31互参。

【翻译】 孔子说："只学习而不思考，就会茫然无知；只思考而不学习，就会疑惑不解。"

2·16 子曰："攻乎异端①，斯害也已②。"

【注释】 ① 攻：治，专心研习。异端：杂学、邪说。一说指事物的两个极端，如"过"与"不及"等，亦可通(参见9·8、11·16)。② 斯：此。害：祸害。也已：语气词连用，表示肯定。这种用法《论语》中多见，如 1·14、6·30、8·1、8·11、8·20、9·11、9·23、9·24、12·6、17·26、19·5。只有一处似为例外，如 17·5"末之也已"，似乎是说"没有地方去就算了"，"已"解释为"止"；但是"已"字解为语气词，意谓"实在没有地方去了啊"，则为穷途末路之叹，亦通，且此种表达句法，《论语》有内证，如 9·11"虽欲从之，末由也已"。有人解"攻"为攻击，"也"为停顿语气词，"已"为终止（如孙奕《示儿编》），非是。

【翻译】 孔子说："攻治杂学邪说，这是一种祸害啊。"

2·17 子曰："由①！诲女知之乎②？知之为知之，不知为不知，是知也③！"

【注释】 ① 由：孔子的学生仲由，字子路，又称季路，卞（今山东泗水县东五十里）人。在"四科十哲"中，属"政事"科。② 诲：教导。女：汝。之：指所教的内容。③ 知：同"智"，明智。

【翻译】 孔子说："由！ 教导你的内容都晓得了吧？晓得就是晓得，不晓得就是不晓得，这才是明智啊！"

2·18 子张学干禄①。子曰："多闻阙疑②，慎言其余，则寡尤③；多见阙殆④，慎行其余，则寡悔。言寡尤，行寡悔，禄在其中矣。"

【注释】 ① 子张：孔子的学生颛孙师，字子张，陈人。
参见19·15注①。干：求。禄：官俸。干禄即求仕之意。
② 阙：同"缺"。③ 尤：过。④ 殆：疑。与上文"疑"字互文
见义。

【翻译】 子张向孔子学求仕。 孔子说："多多听闻，
有疑问之处空缺勿论，其余有把握的部分，谨慎地发表意
见，这样就能减少过错；多多观察，有疑问之处空缺勿
论，其余有把握的部分，谨慎地付诸实施，这样就能减少
悔恨。 发言过错少，行动悔恨少，官职俸禄就在那里
面了。"

2·19 哀公问曰①："何为则民服?"孔子对曰：
"举直错诸枉②，则民服；举枉错诸直，则民不服。"

【注释】 ① 哀公：鲁君，姓姬，名蒋，鲁定公之子，继定
公即位，在位二十七年。"哀"是谥号。② 直：正直。这里指
正直之人。错：置。诸："之于"的合音兼义词。枉：屈曲。
这里指邪曲之人。

【翻译】 鲁哀公问道："怎么做才能使人民服从
呢?"孔子回答说："选用正直的人，把他们放在邪曲的
人上面，人民就会服从；选用邪曲的人，把他们放在正直
的人上面，人民就不会服从。"

2·20 季康子问①:"使民敬、忠以劝②,如之何?"子曰:"临之以庄,则敬③;孝慈④,则忠;举善而教不能,则劝。"

【注释】 ① 季康子:季孙肥,鲁哀公时的正卿,颇有权势。"康"是谥号。② 以:连词,同"与"。劝:勤勉。③"临之"句:临:莅临,监临。引申为统治、治理。参见15·33"不庄以莅之,则民不敬"。④ 孝慈:对父母而言。《国语·齐语》:"不慈孝于父母。" 本章反映了孔子主张统治者身体力行,以道德治民的思想。

【翻译】 季康子问道:"要使人民恭敬、忠诚和勤勉,应该怎么办?"孔子说:"当政者对待人民庄重,人民就会恭敬;对待父母孝慈,人民就会忠诚;选用贤能之人,教育无能的人,人民就会勤勉。"

2·21 或谓孔子曰①:"子奚不为政②?"子曰:"《书》云:'孝乎惟孝,友于兄弟,施于有政③。'是亦为政,奚其为为政?"

【注释】 ① 或:有人。谓孔子曰:对孔子说。《论语》中凡"谓……曰"的句型,均为"对……说"之意,参见3·6、5·9、6·13、7·11、9·2、17·10、18·10、19·25等。只有9·21"子谓颜渊曰"是例外,系评说颜渊,故须于"颜渊"后点断,作"子谓颜渊,曰"。② 奚:何,为什么。③ 以上三句是《尚书》佚文。后被采入伪古文《尚书·君陈》,作"孝恭惟孝，友于兄弟，克施有政"。施：延及。有政：当政者。"有"字无意义，为名词词头。孔子主张"为政以德""道之以德"，故引《尚书》此语，说明不在位的人如果笃行道德，就能影响在位者以道德治国，这也就等于亲自从政了。

【翻译】 有人对孔子说："您为什么不从事政治？"孔子说："《尚书》说：'尽孝父母，友爱兄弟，以此影响当政者。'这也就是从事政治了，为什么定要做官才算从事政治呢？"

2·22 子曰："人而无信①，不知其可也。大车无輗②，小车无軏③，其何以行之哉④？"

【注释】 ① 而：若。② 大车：古代用牛拉的车。輗（ní）：大车辕端与横木相接的关键。③ 小车：古代用马拉的车。軏（yuè）：小车辕端与横木相接的关键。④ 其：指示代词，此处表远指，犹"彼""那"。

【翻译】 孔子说："人如果没有信用，不晓得那怎么可以。大车没有安装辕端连接横木的輗，小车没有安装辕端连接横木的軏，那靠什么行车呢？"

2·23 子张问："十世可知也？"子曰："殷因于夏礼①，所损益可知也②；周因于殷礼，所损益可知也。其或继周者，虽百世可知也③。"

【注释】 ① 殷：商朝。商王盘庚从奄（今山东省曲阜市）迁都于殷（今河南省安阳市小屯村），故商又称为殷。因：因袭。② 损益：减少与增加。③ 这句是说周礼完美无缺，可传之百世。参见3·14、6·24、7·5。

【翻译】 子张问道："今后十代的情况可以知道吗？"孔子说："殷代沿袭夏代的礼仪制度，增减之处可得而知；周代沿袭殷代的礼仪制度，增减之处可得而知。如有继承周代而当政者，即使以后百代也是可以知道的。"

2·24 子曰："非其鬼而祭之，谄也①。见义不为，无勇也。"

【注释】 ① 鬼：《集解》引郑玄注："人神曰鬼。"人神指死去的祖先，与天神、地祇并称。谄：谄媚。郑玄注曰："非其祖考而祭之者，是谄求福。"《左传·僖公十年》："神不歆非类，民不祀非族。"《礼记·曲礼下》："非其所祭而祭之，名曰淫祀。淫祀无福。"此为种族宗法关系在祭礼上的反映。

【翻译】 孔子说："不是自己的祖先却去祭祀他，这是谄媚。遇见正义的事却不去做，这是没有胆量。"

八佾第三

本篇包括二十六章,内容皆与礼、乐有关,有的反对僭礼,有的论礼的实质,有的论礼与政的关系,有的谈祭礼,有的谈射礼,有的谈乐……实为《论语》中的礼乐专篇,比较集中地反映了孔子的礼乐思想。

3·1 孔子谓季氏①:"八佾舞于庭②,是可忍也③,孰不可忍也?"

【注释】 ① 谓季氏:评论季氏。《论语》中凡是"谓……"的句型,均为"评论……"之意,参见3·25、5·1、5·2、5·3、5·16、13·8等。而与"谓……曰"句型有别,参见2·21注①。季氏,具体所指,前人说法不一。杨伯峻《论语译注》有辨,说:"根据《左传·昭公二十五年》的记载和《汉书·刘向传》,这季氏可能是指季平子,即季孙意如。据《韩诗外传》,似以为季康子,马融注则以为季桓子,恐皆不足信。"② 佾(yì):古代乐舞的行列,一行八人叫一佾。按照礼的规定,天子用八佾,诸侯用六佾,大夫用四佾,士用二佾。季氏为大夫,应用四佾,却用了八佾,这是对天子礼的僭越,故受到孔子的反对。又,《左传·昭公二十五年》记载："将禘于襄公，万（舞）者二八，其众（指六佾中的其余四佾）万于季氏。"可见季氏是挪用了鲁公的舞队来僭越天子之礼。庭：堂阶之前，门屏内之地。③ 忍：容忍。

【翻译】 孔子论到季氏，说："他用天子规格的八列舞乐队在庭院奏乐舞蹈，如果这种事可以容忍的话，还有什么事不能容忍的呢？"

3·2 三家者以《雍》彻①。子曰："'相维辟公②，天子穆穆'，奚取于三家之堂？"

【注释】 ① 三家：鲁国当政的三卿：仲孙、叔孙、季孙。三家同出鲁桓公，又称三桓。雍：或作"雝"，《诗经·周颂》的一篇。《毛诗序》："《雝》，禘太祖也。"郑玄注："太祖谓文王。此成王祭文王彻馔时所歌诗。"《周礼·乐师》："及彻，率学士而歌彻。"郑玄注："彻者歌《雍》，是天子祭宗庙，歌之以彻祭也。"② 相（xiàng）：助祭者。辟公：诸侯。

【翻译】 仲孙、叔孙、季孙三家，祭祖时撤除祭品也唱着《雍》诗来撤除祭品。 孔子说："《雍》诗云'助祭的是诸侯，天子肃穆地在主祭'，这歌辞有哪一点内容适用于三家祭祖的厅堂呢？"

3·3 子曰："人而不仁①，如礼何？人而不仁，如乐何？"

【注释】 ① 而：若，如果。此句与 2・22"人而无信"句型相同。 本章讲仁和礼乐的关系。《集解》引包咸注："言人而不仁，必不能行礼乐。"其说是。

【翻译】 孔子说："人如果不仁，怎样对待礼呢？ 人如果不仁，怎样对待乐呢？"

3・4 林放问礼之本①。子曰："大哉问②！礼，与其奢也，宁俭③；丧，与其易也④，宁戚⑤。"

【注释】 ① 林放：鲁人。见《论语集解》引郑玄注。② 大哉问：与 12・21"善哉问"句型相同，"大"修饰"问"，是说能从大处提问。③ 全句参见 7・36。④ 易：弛，铺张。《尔雅・释诂》："弛，易也。"郭璞注："相延易。"可知"易""弛"可互训。⑤ 戚：哀伤。孔子主张任何感情都不可过分，过分了就会违礼，哀也是如此，应"哀而不伤"（3・20），故深得孔子之传的子游也说"丧致乎哀而止"（19・14）。 《礼记・檀弓上》："子路曰：'吾闻诸夫子：丧礼，与其哀不足而礼有余也，不若礼不足而哀有余也。祭礼，与其敬不足而礼有余也，不若礼不足而敬有余也。'"可与此章互参。 此章说明孔子为救当时礼仪徒具形式之偏，甚至不惜在实际内容上矫枉过正。

【翻译】 林放问礼的本质。 孔子说："问得高啊！就礼而言，与其奢侈，宁可俭省；就丧礼而言，与其大讲排场，宁可悲哀过度。"

3·5 子曰："夷狄之有君①，不如诸夏之亡也②。"

【注释】 ① 夷狄：概指四周的少数部族国家。② 诸夏：中原夏族（华族）各国。亡（wú）：同"无"。 此章孔子慨叹中原各国多有僭越，致使君主地位动摇，不像夷狄的君主有尊严。孔子并非一味鄙薄夷狄之国，认为它们已具有一定程度的礼仪，参见13·19。

【翻译】 孔子说："连夷狄皆有君主，不像中国的君主已经名存实亡了。"

3·6 季氏旅于泰山①。子谓冉有曰②："女弗能救与③？"对曰："不能。"子曰："呜呼！曾谓泰山不如林放乎④？"

【注释】 ① 旅：祭，一般指祭山。季氏祭泰山为僭越行为。《礼记·王制》："天子祭天下名山大川。五岳视三公，四渎视诸侯。诸侯祭名山大川在其地者。"《礼记·曲礼下》："天子祭天地，祭四方，祭山川，祭五祀（户、灶、中霤、门、行），岁遍。诸侯方祀，祭山川，祭五祀，岁遍。大夫祭五祀，岁遍。"据此，泰山应为鲁君所祭，而季氏为大夫，只应祭五祀。② 冉有：孔子的学生冉求，字子有，当时仕于季氏。③ 救：禁止。④ "曾谓"句：是说难道以为受祭的泰山还不如林放懂得礼仪，是会接受这种非礼的祭祀吗？按古人认为山川之神有灵，对于祭者、祭品是有选择的，参见6·6。林放是鲁国懂得礼仪之人,已见3·4。曾:难道,见2·8注③。

【翻译】 季氏将要祭祀泰山。 孔子对冉有说:"你不能阻止吗?"冉有答道:"不能。"孔子说:"哎呀! 你们难道以为泰山就那么容易上当,还不如林放懂得礼吗?"

3·7 子曰:"君子无所争①,必也射乎②! 揖让而升下,而饮③,其争也君子。"

【注释】 ①"君子"句:参见15·22"君子矜而不争"。② 射:射箭,此指乡射礼。③"揖让"句:此句断句有歧异:一种即本书所采之说,出自王肃,《集解》引王肃曰:"射于堂,升及下皆揖让而相饮。"皇侃《论语义疏》及《经典释文》从之。另一种为其他人之说,断作"揖让而升,下而饮"。王说为是。这里的"升""下",指升降堂阶,据《仪礼·乡射礼》,在堂上举行射礼时,升降堂阶前皆揖让,升降堂阶后皆饮酒。

【翻译】 孔子说: "君子没有可争的事情,如果有,那一定是举行射礼比赛射箭的时候吧! 那时节,作揖辞让后才上下堂阶,上下堂阶后又共相饮酒,那种相争啊,不失为君子。"

3·8 子夏问曰：“‘巧笑倩兮①，美目盼兮②，素以为绚兮③。’何谓也？”子曰：“绘事后素④。”曰：“礼后乎⑤？”子曰：“起予者商也⑥！始可与言《诗》已矣。”

【注释】 ① 倩：面颊美好。② 盼：眼珠黑白分明。③ 绚：文采。以上三句诗，前两句见《诗经·卫风·硕人》，第三句当是佚句。④ 后素：前人有两种解释，第一说为“后于素”之意，素指素地（白底子），与《礼记·礼器》所云“白受采”同。第二说为“以素为后”，即后以白色勾勒。《集解》引郑玄曰：“凡绘画先布众色，然后以素分布其间，以成其文。言美女虽有倩盼美质，亦须礼以成之。”其根据有《周礼·冬官·考工记》：“画缋之事后素功。”以第一说为长，全祖望《经史问答》说：“盖《论语》之素乃素地，非素功也。谓有其质而后可文也。何以知之？即孔子借以解《诗》而知之。夫巧笑、美目是素地也；有此而后可加粉黛簪珥衣裳之饰，是犹之绘事也，所谓绚也。故曰绘事后素。而因之以悟礼，则忠信其素地也，节文度数之饰是犹之绘事也，所谓绚也。”⑤ 礼后：礼居美质之后。参见3·3、17·11、14·12“文之以礼乐”。⑥ 起：启发。 此章说明孔子既强调礼的本质，又重视礼的形式。这一章也是孔门借题发挥，为我所用，附会解《诗经》的典型例子。

【翻译】 子夏问道：“‘微笑的面颊美好动人啊，美丽的眼睛黑白分明啊，洁白的底子上绘文采啊。’这几句诗是什么意思？”孔子说：“采绘后于白底子。”子夏说：“那么礼是不是居于美质之后呢？”孔子说：“启发我的是卜商你啊！ 从此可以跟你谈论《诗经》了。”

3·9 子曰:"夏礼吾能言之,杞不足征也①;殷礼吾能言之,宋不足征也②。文献不足故也③,足则吾能征之矣。"

【注释】 ① 杞(qǐ):国名,为夏禹后代所建,故城在今河南杞县。征:本为繁体字"徵",证明。② 宋:国名,为商汤后代所建,故城在今河南商丘南。③ 文献:文,指典籍;献,指贤才,即通晓历史掌故之人。

【翻译】 孔子说:"夏代的礼我能讲得出,但是杞国不足以为证;殷代的礼我能讲得出,但是宋国不足以为证。这是因为两国的典籍和贤才都不够用,如果够用,那么我就能借以证明了。"

3·10 子曰:"禘自既灌而往者①,吾不欲观之矣。"

【注释】 ① 禘(dì):祭名,这里指大禘,即王者禘其祖之所自出,以其祖配之。《礼记·礼运》:"孔子曰:'于呼哀哉!我观周道,幽、厉伤之。吾舍鲁何适矣?鲁之郊禘非礼也,周公其衰矣。'"正是因为鲁君多僭用禘礼,故孔子不忍卒观。灌:本作"祼"(guàn),以酒灌地而求神的灌祭。古代祭祀,用活人(一般为幼小男女)代受祭者,这样的人叫尸。禘祭共向尸献酒九次,第一次献酒叫祼。

【翻译】 孔子说:"禘祭中从第一次献酒以后的仪式,我不想再看了。"

3·11 或问禘之说①。子曰:"不知也。知其说者之于天下也,其如示诸斯乎②?"指其掌。

【注释】 ① 说:说法,理论。 本章孔子对禘祭的理论装着不知而又强调了解它的重要,这是对鲁君僭用禘礼的讳言和不满。② 诸:"之于"的合音兼义词。

【翻译】 有人问关于禘祭的说法。 孔子说:"不晓得。 晓得禘祭原委的人,对于了解天下事来说,或许能像把它们展现在这里一样清楚吧? "边说边指着自己的手掌。

3·12 祭如在①,祭神如神在。子曰:"吾不与祭,如不祭②。"

【注释】 ① 祭:指祭鬼(祖先),故与下句祭神对举。此句及下句,要求如见鬼神,是强调态度虔诚。可参考《礼记·玉藻》:"凡祭,容貌颜色,如见所祭者。"《礼记·祭义》:"致齐(斋)于内,散齐于外。 齐之日,思其居处,思其笑语,思其志意,思其所乐,思其所嗜。 齐三日,乃见所为齐者。 祭之日,入室,僾然必有见乎其位;周还出户,肃然必有闻乎其容声;出户而听,忾然必有闻乎其叹息之声。" ②"吾不"二句:是说只有孔子自己对祭祀能竭诚为之,而时人往往玩忽此事,虽然祭祀了,如同没有祭祀一样。《礼记·祭统》:"是故君子之祭也。 必身亲莅之,有故则可使人也。"当时使人摄祭的情况一定比较普遍,故孔子有此感慨。

【翻译】 祭祀祖先就好像祖先在跟前一样,祭祀神就好像神在跟前一样。 孔子说:"我不亲自参加祭祀,就如同不曾祭祀一样。"

3·13　王孙贾问曰①:"'与其媚于奥,宁媚于灶②',何谓也?"子曰:"不然。获罪于天,无所祷也③。"

【注释】 ① 王孙贾:卫灵公的大臣。《太平御览》卷五二九引郑玄注说:"王孙贾自周出仕于卫。"本书14·19说:"王孙贾治军旅。"② "与其"二句:奥:屋内西南角叫奥,为室内最尊贵的处所。古人认为其处有神,地位比较尊贵。灶:指灶神,为五祀之一,见3·6注①。灶神的地位比奥神低。③ "获罪"二句:孔子认为天居众神之上,为最高主宰,故这样说。 本章反映了孔子的天命鬼神思想。

【翻译】 王孙贾问道: "'与其献媚于一室之主的奥神,宁可献媚于比他低下的灶君',这话说得如何?"孔子说:"不对。 如果得罪了老天爷,那就没有什么神可以祈祷的了。"

3·14　子曰:"周监于二代①,郁郁乎文哉②! 吾从周。"

【注释】 ① 监:同"鉴",借鉴。二代:指夏、商二代。② 文:完美。《礼记·乐记》:"礼减而进,以进为文。乐盈而反,以反为文。" 孔子认为周礼借鉴于夏商二代,是最完美的,参见2·23。

【翻译】 孔子说: "周代的礼仪制度借鉴于夏商两代,丰富啊完美之至! 我赞同周代的。"

3·15　子入太庙①,每事问。或曰:"孰谓鄹人之子知礼乎②? 入太庙,每事问。"子闻之,曰:"是礼也。"

【注释】 ① 太庙:古代开国之君叫太祖,太祖之庙叫太庙。周公旦为鲁国的始封之君,周公的庙就是鲁国的太庙。《论语集解》引包咸曰:"太庙,周公庙。孔子仕鲁,鲁祭周公而助祭。" ② 鄹(zōu):又作"陬",孔子的出生地。《史记·孔子世家》:"孔子生鲁昌平乡陬邑。"据说故地在今山东曲阜东南十里的西鄹集。鄹人:指孔子的父亲叔梁纥。叔梁纥曾治鄹邑,故《左传·襄公十年》称"陬人纥",杜预注云:"纥,陬邑大夫,仲尼父叔梁纥也。"孔颖达疏云:"古称邑大夫,多以邑冠人。"《潜夫论·志氏姓》也说:"伯夏生叔梁纥,为鄹大夫。"孔子素以知礼闻名,故入太庙每事问引起人们的怀疑,其实这是对周公庙祭礼敬重的表现。《集解》引孔安国曰:"虽知之,当复问,慎之至也。"刘宝楠《论语正义》说:"鲁祭太庙,用四代礼乐,多不经见,故夫子每事问之,以示审慎。"虽已及其意,但尚未说透。孔子之所以对周公庙的祭礼敬重之至,是因为这里的礼最为纯正,而鲁国的群公庙则多僭礼,不足为法,参见3·10、3·11。

【翻译】 孔子进太庙,每件事都要问一问。 有人说:

"谁说鄹人叔梁纥的儿子懂得礼呢？ 到了太庙，每件事都要问一问。"孔子听到后，说："这是礼节啊。"

3·16 子曰："射不主皮①，为力不同科，古之道也。"

【注释】 ① 皮：指箭靶子。箭靶子叫侯，有用皮做的，有用布做的。侯的中心即射的目标叫正鹄。射不主皮：《集解》引马融曰："射有五善焉：一曰和，志体和；二曰和容，有容仪；三曰主皮，能中质（的）；四曰和颂，合雅颂；五曰兴武，与舞同。……言射者不但以中皮为善，亦兼取和容也。"《仪礼·乡射礼》："礼，射不主皮。主皮之射者，胜者又射，不胜者降。"郑玄注云："不主皮者，贵其容体比（合）于礼，其节比于乐，不待中为隽也。"可见不主皮就是不以能否射中靶子为主。凌廷堪《周官乡射五物考》谓盖至春秋之末，射但主中，礼容乐节不复措意，故孔子叹之，强调古之不主皮之射。此说可参。 本章在射的问题上表现出孔子尚德不尚力的思想，参见14·5、14·33。

【翻译】 孔子说："射礼的比箭不以能否射中靶子为主，因为各人的力气不相同，这是古老的规则。"

3·17 子贡欲去告朔之饩羊①。子曰："赐也！尔爱其羊，我爱其礼。"

037

【注释】 ① 告朔：这里指诸侯告朔之礼。每年秋冬之交，周天子把下一年的历书颁给诸侯，历书规定了有无闰月及每月初一的日子，这叫做"颁告朔"，或只称"告朔"。诸侯把得到的历书藏于祖庙，每逢月初一，杀一只活羊祭于祖庙，叫做"告朔"或"告月"。祭祖庙之后，回朝听政，叫做"视朔"或"听朔"。在礼崩乐坏的情势下，鲁国告朔之礼渐废，鲁君往往不亲临。到此时，子贡甚至想把告朔用的祭羊也免去，更反映了此礼坏废的严重。饩(xì)羊：活羊。牲生叫作饩。

【翻译】 子贡想免去每月初一告祭祖庙用的一只活羊。 孔子说："赐呀！ 你吝惜那只羊，我爱惜那个礼。"

3·18 子曰："事君尽礼，人以为谄也①！"

【注释】 ①《集解》引孔安国曰："时事君者多无礼，故以有礼者为谄。"按，当时礼坏，多有简省，故时人把"事君尽礼"与"事君数"(4·26)误混，而加以否定。

【翻译】 孔子说： "服事君主尽到礼节，别人却以为是在谄媚呢！"

3·19 定公问①："君使臣，臣事君，如之何?"孔子对曰："君使臣以礼，臣事君以忠。"

【注释】 ① 定公：鲁君，名宋，昭公之弟，继昭公即位，在位十五年。"定"是谥号。

【翻译】 鲁定公问道："君主使用臣下，臣下服事君主，该怎么样？"孔子回答说："君主按照礼来使用臣下，臣下用忠心来服事君主。"

3·20 子曰："《关雎》①，乐而不淫②，哀而不伤。"

【注释】 ①《关雎》：《诗经》的第一篇，这里指乐章而言。刘台拱《论语骈枝》："《诗》有《关雎》，《乐》亦有《关雎》，此章特据《乐》言之。古之乐章皆三篇为一。……《仪礼》合乐，《周南》：《关雎》、《葛覃》、《卷耳》；《召南》：《鹊巢》、《采蘩》、《采苹》，而孔子但曰'《关雎》之乱'（见8·15），亦不及《葛覃》以下，此其例也。乐亡而诗存，说者遂徒执《关雎》一诗以求之，岂可通哉？乐而不淫者，《关雎》《葛覃》也；哀而不伤者，《卷耳》也。《关雎》，乐妃匹也；《葛覃》，乐得妇职也；《卷耳》，哀远人也。"②淫：过分。 本章反映了孔子在控制情感方面的中庸思想。

【翻译】 孔子说："《关雎》这一乐章，欢乐而不过分，悲哀而不伤情。"

3·21 哀公问社于宰我①。宰我对曰："夏后氏以松。殷人以柏。周人以栗，曰使民战栗。"子闻之，曰："成事不说，遂事不谏，既往不咎。"

【注释】 ① 社：土神，这里指社主，即土神的牌位。《经典释文》:"'社'如字。郑(玄)本作'主',云:'主,田主,谓社也。'"社是国家的象征,社主是土神的凭依,对外作战载木主而行,这木主就是社主。说见俞正燮《癸巳类稿》。社主与社树(土神神坛所栽的标志树)有别,后人往往混而为一,辨见刘宝楠《论语正义》。宰我:孔子的学生,名予,字子我,在"四科十哲"中属"言语"科。孔子对宰我的答复的不满,主要有两点:第一,言之无据,不符事实;第二,"使民战栗"的说法,违背了德政、爱民的思想。

【翻译】 鲁哀公向宰我询问社主的事。 宰我回答说:"夏代用松木做。 殷代用柏木做。 周代用栗木做,意思是使人民望而生畏,战战兢兢。"孔子听到后,说:"既成的事情不再劝说了,终了的事情不再谏阻了,已经过去的事情不再怪罪了。"

3·22 子曰:"管仲之器小哉①!"

或曰:"管仲俭乎?"曰:"管子有三归②,官事不摄③,焉得俭?"

"然则管仲知礼乎?"曰:"邦君树塞门④,管氏亦树塞门。邦君为两君之好,有反坫⑤,管氏亦有反坫。管氏而知礼⑥,孰不知礼?"

【注释】 ①管仲:春秋时齐国人,名夷吾,曾做齐桓公的相,使齐国称霸诸侯。事迹详《史记·管晏列传》。《论语》中数次提到他,孔子对他既有肯定,又有否定。②三归:前人众说纷纭,清人郭嵩焘释为市租,较妥。其《养知书屋文集》卷一《释三归》云:"此盖《管子》九府轻重之法,当就《管子》书求之。《山至数篇》曰:'则民之三有归于上矣。'三归之名,实本于此。是所谓三归者,市租之常例之归之公者也。桓公既霸,遂以赏管仲。《汉书·地理志》《食货志》并云,桓公用管仲设轻重以富民,身在陪臣,而取三归。其言较然明显。《韩非子》云'使子有三归之家',《说苑》作'赏之市租'。三归之为市租,汉世儒者犹能明之,此又一证也。"③ 摄:兼。④ 树:立。塞门:屏,立在门前或门内用来遮蔽内外的短墙,犹如后世的照壁(或称影壁)。《论语集解》引郑玄注:"君别内外,于门树屏以蔽之。"⑤ 反坫(diàn):献酬饮毕,回放酒爵之坫,在两楹之间。坫为用土堆成的放置器物的台子。⑥ 而:如。

【翻译】 孔子说:"管仲的器量太小啦。"

有人问道:"管仲节俭吗?"孔子说:"管仲有权收取市租,官员从不兼职,怎么算得上节俭呢?"

又问:"那么管仲懂得礼节吗?"孔子说:"国君当门立照壁,管仲也当门立照壁。 国君为进行两国君主间的友好交往,堂上设有用于献酬后回放酒杯的台子,管仲也有这种台子。 管仲如果算知礼,还有谁不知礼呢?"

3·23 子语鲁大师乐①,曰:"乐其可知也:始作,翕如也②;从之③,纯如也④,皦如也⑤,绎如也⑥,以成。"

【注释】 ① 语(yù):告诉。大(tài)师:乐官之长。

② 翕（xī）：盛。8·15"师挚之始，《关雎》之乱，洋洋乎盈耳
哉"。如：形容词语尾，如同"然"。③ 从（zòng）：同"纵"。
④ 纯：和谐。⑤ 皦（jiǎo）：明晰。⑥ 绎：延续。

【翻译】 孔子告诉鲁国太师音乐的奥妙，说道："音
乐本是可以通晓的：开始演奏，繁盛强烈；放开以后，纯
一和谐，皦皦清晰，绎绎不绝，从而完成。"

3·24 仪封人请见①，曰："君子之至于斯也，吾未尝不得见也。"从者见之。出曰："二三子何患于丧乎②？天下之无道也久矣，天将以夫子为木铎③。"

【注释】 ① 仪：地名。《集解》引郑玄曰："仪盖卫邑。"
封人：边界守官。见：谒。② 丧（sàng）：失掉官位。③ 木铎
（duó）：木舌的铜铃。古时施政时摇木铎。

【翻译】 仪地的边界守官请求谒见孔子，说道："凡
是来到此地的君子，我从来没有不得谒见的。"孔子的随
从弟子让他谒见了孔子。他见后出来说："诸位先生为什
么要为失掉官位而忧虑呢？天下无道的情况已经持续得很
久了，上天将要起用孔子，借他来澄清政治，号令
百姓。"

3·25 子谓《韶》①："尽美矣，又尽善也②。"谓《武》③："尽美矣，未尽善也。"

【注释】 ① 韶:舜时的乐曲名。② 美:好。指艺术形式而言。善:指思想内容而言。③ 武:周武王时的乐曲名。孔子一贯推崇《韶》乐,见7·14、15·11。他认为舜"以圣德受禅"(《集解》引孔安国语),故其乐不仅形式美,内容也好。而周武王以武力征伐灭商,违反了"尚德不尚力"(14·5、14·33、17·23)、"胜残去杀"(13·11)的原则,故其乐形式"尽美",内容却"未尽善"。孔子对《韶》乐、《武》乐的评价与吴公子季札的观点是一致的,反映了当时的正统思想,参见《左传·襄公二十九年》季札观周乐。

【翻译】 孔子论到《韶》乐,说:"声音美极了,内容也好极了。"论到《武》乐,说:"声音美极了,内容却未好到无以复加。"

3·26　子曰:"居上不宽①,为礼不敬②,临丧不哀③,吾何以观之哉④?"

【注释】 ① 宽:宽厚,指行德政。17·6孔子答子张问仁说:"能行五者(恭、宽、信、敏、惠)于天下为仁矣","宽则得众"。20·1也有"宽则得众"的话。孔子认为行德政,人民就会"有耻且格"(2·3),"格"就是统治者得众的表现。宽与猛相对,《左传·昭公二十八年》载孔子主张为政要宽猛相济。②《左传·僖公十一年》载史过说:"礼,国之干也;敬,礼之舆也。不敬则礼不行,礼不行则上下昏,何以长世?"又成公十三年载孟献子说:"礼,身之干也;敬,身之基也。"③ 临丧:哭丧,吊丧。④ 何以:用什么。观之:指观察人。孔子主张观人"观其行"(1·11、5·10),上述三点皆属行为。全句意谓有上述表现的人不足观。

【翻译】 孔子说:"居上位而不宽厚,行礼时而不敬慎,吊丧时而不悲哀,我还凭什么来观察这种人呢?"

里 仁 第 四

　　本篇包括二十六章,多言道德修养,论及仁、道、孝、义、利、言、行、事君、交友等内容,尤其以论仁为主。

4·1　子曰:"里仁为美①。择不处仁②,焉得知?"

【注释】　①里:居处。这里作动词用,与下文的"处"互文见义。②择:指择居。处(chǔ):居住。孔子非常重视周围环境的影响,择居实际与交友、修身有关。参见4·25、5·3、15·10。《孟子·公孙丑上》:"孟子曰:'矢人(造箭的人)岂不仁于函人(造铠甲的人)哉?矢人惟恐不伤人,函人惟恐伤人。巫、匠亦然。故术不可不慎也。孔子曰:'里仁为美。择不处仁,焉得智?'"《荀子·劝学篇》:"故君子居必择乡,游必就士,所以防邪辟而近中正也。"均受孔子这一思想的影响,可以互参。

【翻译】　孔子说:"居住在仁德之地为好。择居而不住仁德之地,怎能算是明智呢?"

4·2 子曰："不仁者不可以久处约①,不可以长处乐。仁者安仁②,知者利仁③。"

【注释】 ① 约:贫困。孔子认为"君子固穷,小人穷斯滥矣"(15·2),君子"贫而乐"(1·15、6·11)。② 安:习,参2·10注③。《集解》引包咸曰:"唯性仁者自然体之,故谓安仁。"甚确。③ 利:顺从。安仁、利仁,可与6·23"知者乐水,仁者乐山。知者动,仁者静"互参。水性动,动者顺势;山性静,静者安定。

【翻译】 孔子说: "不仁的人不可以长久处在贫困的境遇,也不可以长久处在安乐的境遇。 有仁德的人安于仁,聪明的人顺从仁。"

4·3 子曰:"唯仁者能好人,能恶人。"

【注释】 本章说明孔子的好恶是以仁作标准的,并不是无原则的。参见13·24、15·28。

【翻译】 孔子说: "只有有仁德的人才能正确地去喜爱人,才能正确地去厌恶人。"

4·4 子曰:"苟志于仁矣,无恶也。"

【翻译】 孔子说: "假如已立志修养仁德了,就不会再有邪恶了。"

4·5 子曰：“富与贵，是人之所欲也，不以其道得之，不处也①。贫与贱，是人之所恶也，不以其道得之，不去也②。君子去仁，恶乎成名③？君子无终食之间违仁④，造次必于是⑤，颠沛必于是⑥。”

【注释】 ①“富与”三句：其道：据下文“去仁”“违仁”云云，此指仁义之道。7·16“不义而富且贵，于我如浮云”，即不义而得富贵不处之意。7·12又说：“富而可求也，虽执鞭之士，吾亦为之；如不可求，从吾所好。”可求的原则及所好的内容皆指仁义。②“不以”二句：据上下文，前一“不”字当为衍文，此二句即安贫乐道之意。译文据此。③ 恶（wū）：何。恶乎：于何处。乎，助词。④ 终食之间：一顿饭的时间。违：离开。⑤ 造次：仓猝，匆忙。是：此，指仁。⑥ 颠沛：困顿，挫折。 本章强调君子要时刻信守仁道，不要为富贵或贫贱所转移。孟子“富贵不能淫，贫贱不能移”（《孟子·滕文公下》）的话，当有本于此。

【翻译】 孔子说： “富有与尊贵，这是人们所渴望的，如果不按仁义之道得到了富贵，君子绝不居有。 贫穷和低贱，这是人们所厌恶的，如果行仁义之道却得到了贫贱，君子绝不逃避。 君子离开仁道，还能在哪方面成就自己的名声呢？ 君子没有在短暂时刻，哪怕是一顿饭的时间离开仁道的情况，紧急之时一定执着于仁道，困顿之时一定执着于仁道。”

4·6 子曰：“我未见好仁者，恶不仁者。好仁者，无以尚之①；恶不仁者，其为仁矣②，不使不仁者加乎其身。有能一日用其力于仁矣乎？我未见力不足者③。盖有之矣④，我未之见也。"

【注释】　①尚：同"上"，动词，高过。②矣：语气词，表示停顿，与"也"的这种用法相同。③"有能"二句：是说为仁虽难，但人人皆有能力为之，参见6·12、7·30。④盖：副词，大概，或许。

【翻译】　孔子说："我没有见到过喜好仁德的人和厌恶不仁的人。喜好仁德的人，那是至高无上的了；厌恶不仁的人，他行仁德，表现在不使不仁的东西加在自己身上。有肯一旦立志便致力于仁德的人吧？我没有见过这种力量不够用的人。或许有这种人吧，只不过我从来没有见到过。"

4·7　子曰："人之过也，各于其党①；观过，斯知仁矣②。"

【注释】　①党：类。②仁：《后汉书·吴祐传》引此文作"人"，于是有人认为此处"仁"同"人"，非是。《汉书·外戚传》《南史·张裕传》引此皆作"仁"。"仁"指仁德，仁人亦难免无过，但仁人之过，无论是从其过错性质来看，还是从其对待过错的态度来看，皆与不仁人之过迥别。因此孔子认为一个人的过错，亦可作为判断一个人是否具有仁德的根据，这里含有从反面看问题的辩证法。参见5·27、6·3、

7·17、7·31、13·2、15·30、19·8、19·21。

【翻译】 孔子说："人的过错，各属于一定类型；因此，观察人们的过错，便可知是否具有仁德了。"

4·8　子曰："朝闻道①，夕死可矣。"

【注释】 ① 闻：知。道：孔子所说的道，或指治道，或指学说，这里指后者。参见8·13"笃信好学，守死善道"。

049

【翻译】 孔子说："早晨悟到了真理，就是当晚死去也是可以的。"

4·9　子曰："士志于道，而耻恶衣恶食者，未足与议也①。"

【注释】 ① 未足：不足，不值得。议：谋划。　本章反映了孔子安贫乐道的思想。参见9·27。

【翻译】 孔子说："士人立志追求真理，却以穿戴不好、饮食粗恶为耻辱，这样的人不值得跟他共谋大事。"

4·10　子曰："君子之于天下也，无适也，无莫也①，义之与比②。"

【注释】 ①"无适"二句：适：适从，顺应。莫：不，不可。

即18·8"无可无不可"之意。② 之：助词，起宾语前置的作用。与：介词，以。比：紧靠，挨着。

【翻译】 孔子说："君子对于天下的事，不盲目适从，也不盲目否定，永远以义为依据。"

4·11 子曰："君子怀德，小人怀土；君子怀刑，小人怀惠①**。"**

【注释】 ① 本章的"君子"和"小人"，当为有地位的贵族和无地位的民众之别。 章旨可参4·16、14·2。又《孟子·梁惠王上》："无恒产而有恒心者，唯士为能。若民则无恒产（指田地）因无恒心。"

【翻译】 孔子说："君子关心道德，小人关心田土；君子关心法度，小人关心实惠。"

4·12 子曰："放于利而行①**，多怨。"**

【注释】 ① 放：同"仿"，依据。 章旨言见利忘义，会产生两种结果：对己患得患失，怨恨不已；对人竞相逐利，损人利己，招致怨恨。

【翻译】 孔子说："依据实际利益行事，定会多滋生或招惹怨恨。"

4·13 子曰："能以礼让为国乎，何有①？ 不能以礼让为国，如礼何②?"

【注释】 ① 何有：用反向语气表示不难，犹言有什么难的。《论语集解》："何有者，言不难。"黄式三《论语后案》、刘宝楠《论语正义》亦解为"不难之辞"。② 如何：奈何。如礼何：犹云奈何礼，怎样对待礼。此章孔子慨叹礼仪遭弃置、践踏。

【翻译】 孔子说："能够用礼让治国，这有什么难处呢？ 不能用礼让治国，又怎样对待礼仪呢？"

4·14 子曰："不患无位，患所以立①。不患莫己知，求为可知也②。"

【注释】 ① 所以立：用来立身的凭借。指礼，参见2·4注②。② 为可知：让别人可以了解自己的依据。指学识、本领，参见14·30"不患人之不己知，患其不能也"，14·35"下学而上达，知我者其天乎"。孔子并不主张默默无闻，但又不追求炫耀自己，因此说"古之学者为己（为充实自己），今之学者为人（为显示于人）"（14·24），并且能做到"人不知而不愠"（1·1）。 本章说明孔子主张把名位看得很淡，重在追求实际的修养和学识。

【翻译】 孔子说："不忧虑没有官位，忧虑借以立身的礼仪修养有差失。 不忧虑没有人了解自己，只追求可被别人了解的真才实学。"

4·15 子曰："参乎①！吾道一以贯之。"曾子曰："唯。"子出，门人问曰："何谓也？"曾子曰："夫子之道，忠恕而已矣②。"

【注释】 ① 参：曾参，见1·4注①。② 忠恕：是孔子待人的基本原则。忠就积极方面而言，即"己欲立而立人，己欲达而达人"（6·30）。恕就有所不为方面而言，即15·24所说："其恕乎！己所不欲，勿施于人。"

【翻译】 孔子说："参啊！ 我的学说有一个中心思想贯穿其中。"曾子说："是。"孔子出去以后，学生们问曾子说："这话什么意思？"曾子说："先生的学说，不过忠恕二字罢了。"

4·16 子曰："君子喻于义，小人喻于利①。"

【注释】 ① 利：孔子并非概不言利，只是反对见利忘义，参见14·12、16·10、19·1。

【翻译】 孔子说："君子晓得的是义，小人晓得的是利。"

4·17 子曰："见贤思齐焉，见不贤而内自省也。"

【翻译】 孔子说："见到贤人就想和他看齐，见到不贤的人就对照着自我反省。"

4·18 子曰："事父母几谏①，见志不从②，又敬不违，劳而不怨③。"

【注释】 ① 几(jī)：微。② 志：指父母之志。③ 劳：忧。参见《礼记·坊记》："子云：'从命不忿，微谏不倦，劳而不怨，可谓孝矣。'"《礼记·内则》："父母有过，下气怡色，柔声以谏。谏若不入，起敬起孝，说则复谏。"《礼记·祭义》："父母有过，谏而不逆。"均可与此互参。《礼记·曲礼下》："子之事亲也，三谏而不听，则号泣而随之。"

【翻译】 孔子说："侍奉父母对他们的过错稍加规劝。见其意向不听从规劝，又要恭敬如旧，不加违抗，即使担忧，也不怨恨。"

4·19 子曰："父母在，不远游，游必有方①。"

【注释】 ① 方：方向，去处。 本章参见《礼记·玉藻》："亲老，出不易方，复不过时。"

【翻译】 孔子说："父母在世，不离家远行，出行必须有一定的去处。"

4·20 子曰："三年无改于父之道，可谓孝矣。"

【注释】 本章文字重出，已见1·11。

4·21　子曰:"父母之年,不可不知也。一则以喜,一则以惧。"

【翻译】　孔子说:　"父母的年岁,不可不挂记在心。一方面因其年高而高兴,一方面又因其年高而忧惧。"

4·22　子曰:"古者言之不出,耻躬之不逮也①。"

【注释】　① 躬:自身。这里指自身实践。逮:及。本章可与1·14、4·24、12·3、14·20、14·27 诸章互参,都是强调不轻易说话,说到做到,言行一致。又《礼记·杂记下》:"有其言,无其行,君子耻之。"《礼记·缁衣》:"子曰:'……故君子寡言而行,以成其信。'"亦可与此互参。

【翻译】　孔子说:　"古时人话语不轻易出口,惟恐身体力行跟不上而感到羞耻。"

4·23　子曰:"以约失之者鲜矣①。"

【注释】　① 约:约束。指严于修身。参见6·27"约之以礼",9·11"约我以礼"。《集解》引孔安国说,以约为俭约,非是。孔子认为,如不注重修养,俭约亦难免有失,如4·2"不仁者不可以久处约"。

【翻译】　孔子说:　"由于严于律己而发生过失的,是很少有的。"

4·24 子曰:"君子欲讷于言而敏于行①。"

【注释】 ① 讷(nè):言语迟钝。 本章思想与 4·22
同,可参见。

【翻译】 孔子说: "君子想要在说话上谨慎迟钝,在
行动上勤快敏捷。"

4·25 子曰:"德不孤,必有邻。"

【注释】 旧说解此章有两种意见:一种认为德者不孤
立,必有同志为邻,如《集解》说:"方以类聚,同志相求,故必
有邻,是以不孤。"朱熹《论语集注》亦主此说。另一种认为
成德不孤,必有善邻影响,如皇侃《论语义疏》说:"言人有德
者,此人非孤,然而必有善邻里故也。鲁无君子者,子贱斯
焉取斯乎?"以第二种意见为长,参见 4·1、5·3。

【翻译】 孔子说: "有德者不孤立存在,必有善邻玉
成其美。"

4·26 子游曰:"事君数,斯辱矣①;朋友数,斯
疏矣②。"

【注释】 ①"事君"二句：参见11·22"所谓大臣者，以道事君。不可则止"。数（shuò）：频繁。斯：则。②"朋友"二句：参见5·17、12·23。

【翻译】 子游说："服事君主频繁无度，就会招来羞辱；与朋友相交频繁无度，就会遭到疏远。"

公冶长第五

　　本篇分章有异，杨伯峻《译注》参考何晏《集解》及朱熹《集注》之说，分为二十八章（《集解》把第十章"子曰：吾始于人也"以下又分为一章，凡二十九章。《集注》不从，又把第一、第二章并为一章，凡二十七章），今从之。本篇内容评论人物较多，其中以孔子门人为主，亦涉及其他人。论及修养、处世、政事等问题。

5·1　子谓公冶长①："可妻也②。虽在缧绁之中③，非其罪也。"以其子妻之④。

【注释】　① 公冶长：孔子的学生，一说齐人（《史记·仲尼弟子列传》），一说鲁人（《孔子家语·七十二弟子解》及《集解》引孔安国注）。皇侃《义疏》引范宁云："公冶长名芝，字子长。"② 妻：嫁与作妻。③ 缧绁（léi xiè）：捆绑犯人的绳索，这里指代监狱。④ 子：古时儿女皆称子，这里指女儿。

【翻译】　孔子谈论公冶长，说："可以嫁给他作妻子。虽然被关在监狱之中，并不是他的罪过。"于是把自己的女儿嫁给他。

5·2 子谓南容①:"邦有道,不废;邦无道,免于刑戮②。"以其兄之子妻之。

【注释】 ① 南容:孔子的学生,名适(kuò,同"括"),字子容,鲁人。《孔子家语·七十二弟子解》谓名绦(同"韬"),当是别名。王引之《春秋名字解诂》:"鲁南宫括,字子容。一名韬。括者,包容之称也。韬亦容受之称。……是容之为字,名括、名韬皆相应,其为一人无疑矣。"南容又称南宫适,见14·5。② 免于刑戮:虽刚正不阿,而又善于巧处乱世,故可免于刑戮,与公冶长比,略胜一筹。 本章通过对南容的评论表现了孔子的处世态度,参见5·21、14·1、14·3、15·7。

【翻译】 孔子谈论南容,说:"国家政道清明,任官不会被废置;国家政道昏乱,又能免遭刑罚。"于是把其兄的女儿嫁给他。

5·3 子谓子贱①:"君子哉若人! 鲁无君子者,斯焉取斯?"

【注释】 ① 子贱:孔子的学生,姓宓,名不齐,字子贱。相传曾做单父邑宰,以礼乐治邑,有善政,被后世奉为地方官的楷模。《吕氏春秋·察贤》:"宓子贱治单父,弹鸣琴,身不下堂而单父治。"《说苑》中的《杂事》《政理》两篇也有宓子贱治单父的一些记载。 本章是说宓子贱是受了周围君子的熏陶而成为君子的,参见4·1、4·25、15·10。

【翻译】 孔子谈论宓子贱,说:"此人是君子啊! 如果鲁国没有君子一类的人,他从哪里学取这样的好品德呢?"

5·4 子贡问曰:"赐也何如?"子曰:"女,器也。"曰:"何器也?"曰:"瑚琏也①。"

【注释】 ① 瑚琏(hú liǎn):古代祭祀时用来盛黍稷的器物。《论语集解》引包咸曰:"瑚琏,黍稷器也。夏曰瑚,殷曰琏,周曰簠簋,宗庙器之贵者也。" 本章是说子贡虽非全才,但也是可重用的专才。

【翻译】 子贡问道:"赐怎么样?"孔子说:"你是有用之器。"子贡说:"什么器物?"孔子说:"宗庙里盛黍稷的祭器瑚琏。"

5·5 或曰:"雍也仁而不佞①。"子曰:"焉用佞? 御人以口给②,屡憎于人。不知其仁③,焉用佞?"

【注释】 ① 雍:孔子的学生,姓冉,名雍,字仲弓。在"四科十哲"中属"德行"科。佞(nìng):巧嘴利舌,口才好。仁而不佞:有仁德却不善言辞。参见12·3、13·27。② 口给：应对敏捷，言辞博辩。给：完足。③ 不知其仁：佯称不知，实际讳称其未达到仁。孔子一贯反对佞，参见 11·23 "是故恶夫佞者"，17·18"恶利口之复邦家者"。

【翻译】 有人说："冉雍嘛，有仁德却没有口才。"孔子说："为什么要有口才呢？ 靠能言善辩对付人，常常被人家厌恶。 不晓得他是否称得上仁，但为什么一定要有口才呢？"

5·6　子使漆雕开仕①。对曰："吾斯之未能信。"子说。

【注释】 ① 漆雕开：孔子的学生，姓漆雕，名开，字子开。《韩非子·显学》把儒分为八派，漆雕氏居其一。 本章是说孔子为漆雕开的谦虚谨慎而高兴。

【翻译】 孔子让漆雕开去做官。 漆雕开回答说："我对此事还未能树立起信心。"孔子听了很高兴。

5·7　子曰："道不行，乘桴浮于海①，从我者，其由与？"子路闻之喜。子曰："由也好勇过我②，无所取材③。"

【注释】 ① 桴（fú）：用竹或木编成的当船用的小簰（排）。大簰叫筏。② 好勇过：《经典释文》据郑玄说，连下"我"字断句，作"好勇过我"，后人多从之。《经典释文》注另说曰:"一读'过'字绝句。"此说可从。好勇过,即好勇过头,不以礼为节制之意。孔子一贯反对"勇而无礼"或"勇而不仁""勇而无义",如8·2"勇而无礼则乱",14·4"勇者不必有仁",17·23"君子有勇而无义为乱,小人有勇而无义为盗",17·24"恶勇而无礼者"。③ 材:用。孔子认为子路有勇可恃,故加以赞扬。当见其沾沾自喜,好胜心切,故又加以抑止。由此既可见孔子对待"勇"的中庸之道,又可见孔子善于对学生因材、因时施教。

【翻译】 孔子说: "理想的治道不能实现,我将乘一小筏漂流海外,跟从我的人,大概是仲由吧? "子路听到后很高兴。 孔子又说: "仲由好勇过头,对他我无所取用。"

5·8 孟武伯问①:"子路仁乎?"子曰:"不知也②。"又问。子曰:"由也,千乘之国,可使治其赋也③,不知其仁也。"

"求也何如④?"子曰:"求也,千室之邑⑤,百乘之家⑥,可使为之宰也⑦,不知其仁也。"

"赤也何如⑧?"子曰:"赤也,束带立于朝⑨,可使与宾客言也⑩,不知其仁也。"

【注释】 ① 孟武伯:见2·6注①。② 不知:佯称不知,参见5·5注③。③ 赋:兵赋,包括兵员及军备,泛指军政。④ 求:冉求,孔子的学生,字子有,又称冉有,见3·6注②。⑤ 邑:古代居民聚落的通称,小者只有十家,大者可有上万家。这里千家之邑,亦属大邑,与都城相当,《左传·庄公二十八年》:"凡邑有宗庙先君之主曰都,无曰邑。邑曰筑,都曰城。"又这里千室之邑与百乘之家对举,邑当为公邑,与大夫之私邑相对,为国君所直辖。《公羊传·昭公五年》:"不以私邑累公邑。"⑥ 家:大夫的封地采邑,即私邑。百乘为其拥有的兵车数,与诸侯国之千乘相差一级。⑦ 宰:长吏皆可称宰,这里指邑长、家臣。⑧ 赤:孔子的学生,姓公西,名赤,字子华。⑨ 束带:整束衣带。古人平时缓带,低在腰部。在郑重的场合则束带,高在胸部。⑩ 宾客:国君上卿之类的大客叫宾,国君上卿以下的小客叫客,散文(单举)则通,对文(对举)则异。这里为泛指。与宾客言:指接待宾客,为外交礼宾之职。 本章说明孔子不轻以仁许人,可见仁是一种很高的道德标准。

【翻译】 孟武伯问道:"子路仁吗?"孔子说:"不晓得。"又问了一遍。 孔子说:"仲由嘛,拥有一千辆兵车的国家,可让他掌管军事,不晓得他是否达到了仁。"

又问:"冉求怎么样?"孔子说:"冉求嘛,千户居民的大邑,拥有百辆兵车的采邑,可让他做邑长,不晓得他是否达到了仁。"

又问:"公西赤怎么样?"孔子说:"公西赤嘛,穿着整齐的礼服在朝廷之上,可让他用外交辞令接待宾客,不晓得他是否达到了仁。"

5·9 子谓子贡曰:"女与回也孰愈①?"对曰:"赐也何敢望回②? 回也闻一以知十,赐也闻一以知二。"子曰："弗如也，吾与女③，弗如也。"

【注释】　① 愈：较好，胜过。② 望：比。③ 与：赞同。朱熹《论语集注》："与，许也。"甚是。《论语集解》引包咸曰："既然子贡不如，复云'吾与女俱不如'者，盖欲以慰子贡也。"此说于理难通，孔子作为老师决不会将自己与子贡连在一起跟颜回作比。　本章说明孔子评价人的聪明，把能否举一反三、引申发挥作为重要标准。参见2·9、7·8。

【翻译】　孔子对子贡说："你跟颜回两个人，谁强一些？"子贡回答说："我嘛，怎敢跟颜回比？　颜回，听到一件事能推知十件事，我呢，听到一件事只能推知两件事。"孔子说："不如他啊，我同意你的看法，不如他啊！"

5·10　宰予昼寝①。子曰："朽木不可雕也，粪土之墙不可圬也②，于予与何诛③？"子曰④："始吾于人也，听其言而信其行；今吾于人也，听其言而观其行。于予与改是。"

【注释】　① 宰予：即宰我，见3·21注①。昼寝：白天居于内室睡觉。参见《礼记·檀弓上》："夫昼居于内，问其疾可也（郑玄注：似有疾）。夜居于外，吊之可也（注：似有丧）。是故君子非有大故（注：大故谓丧忧）不宿于外；非致齐（斋）也，非疾也，不昼夜居于内（注：内，正寝之中）。"② 粪土之墙：用污秽之土筑的墙。《说文解字》："粪，弃除也。"粪的本义为扫除、除秽，引申义为所除之秽。此处"粪土"之"粪"，用其引申义，指秽。圬（wū）：建筑所用抹墙的工具叫圬，这里作动词用，指抹平、修饰。③ 诛：责。④ 子曰：此下孔子的话亦针对宰予昼寝而发，然与上文非连贯所言，故又标"子曰"。俞樾《古书疑义举例》卷二有"一人之辞而加曰字例"条，归纳了这种修辞特点，可参看。

【翻译】 宰予白天在内室睡大觉。 孔子说："腐朽的木头不堪雕刻，脏土筑的墙不堪修饰，对于宰予，有什么可责备的呢？ "又说："起初我对于人，听到他的话就相信他的行动；现在我对于人，听到他的话却要观察他的行动。 由于宰予，我改成这样的态度。"

5·11 子曰："吾未见刚者。"或对曰："申枨①。"子曰："枨也欲②，焉得刚？"

【注释】 ① 申枨（chéng）：孔子的学生，即《史记·仲尼弟子列传》中的申党，"枨""党"古音相近。② 欲：贪欲，见《说文解字》。孔子主张"欲而不贪"（20·2），申枨之欲恰属贪欲。

【翻译】 孔子说："我没有见过刚毅的人。"有人回答说："申枨就是嘛。"孔子说："申枨贪心，怎么能刚毅不屈？"

5·12 子贡曰："我不欲人之加诸我也，吾亦欲无加诸人①。"子曰："赐也，非尔所及也②。"

【注释】 ①"我不"二句：即12·2及15·24"己所不欲，勿施于人"之意。诸："之于"的合音兼义词。②"非尔"句：在12·2中孔子把"己所不欲，勿施于人"视作"仁"的内容，在15·24中又把"己所不欲，勿施于人"视作"终身行之"的"恕"道，而孔子不轻以仁许人，故这里说子贡尚未做到这一点。此处"非尔所及"是"非尔所已及"的意思，不是"非尔所能及"的意思，否则就与15·24中对子贡说的话相矛盾，在那里正是把"己所不欲，勿施于人"作为子贡终身努力的方向提出来的。

【翻译】 子贡说："我不愿别人强加给我的事，我也不愿强加给别人。"孔子说："赐呀，这不是你能做到的。"

5·13 子贡曰："夫子之文章①，可得而闻也；夫子之言性与天道②，不可得而闻也③。"

【注释】 ①文章：指文献典籍。皇侃《义疏》引太史叔明云："文章者，六籍是也。"此句与下文"夫子"句相对应，指孔子传授文献典籍的学问。②性：性命，即命运。《史记·孔子世家》引述此句作"夫子言天道与性命，弗可得而闻也已"。又《礼记·中庸》说："天命之谓性。"天道：当时多用来指决定人间吉凶祸福的天意，如《左传·昭公十八年》

载有子产的话："天道远,人道迩,非所及也。"昭公二十六年载有晏婴的话:"天道不谄。"《易传》中言天道者尤多。全句指孔子讲论命运与天道的情况。③"不可"句:是说孔子很少跟学生谈论命运与天道,故子贡"不可得而闻"。孔子很少谈论性命与天道,并不是说他不信天命,他实际是一个宿命论者,参见3·13、14·36、16·8、20·3等章。他很少谈论性命与天道,只是因为这个问题神秘莫测,不便言说罢了,例如他积累了丰富的人生阅历之后,"五十而知天命"(2·4),而且知天命又与学占卜用的《易》有关:"加我数年,五十以学《易》,可以无大过矣。"(7·17)

【翻译】 子贡说:"先生传授文献典籍的学问,我们可以听得到;先生谈论命运和天道的高见,我们听不到。"

5·14 子路有闻,未之能行,唯恐有闻①。

【注释】 ① 有(yòu):又。 本章反映了子路重于实践和急于实践的学习态度。在践言上也是如此,参见12·12。

【翻译】 子路有所闻,还未能付诸实践,惟恐另有所闻。

5·15 子贡问曰:"孔文子何以谓之'文'也①?"子曰:"敏而好学②,不耻下问③,是以谓之'文'也。"

【注释】 ① 孔文子:卫国大夫,名围,"文"是他的谥号。《逸周书·谥法解》说:"经纬天地曰文,道德博厚曰文,学勤好问曰文,慈惠爱民曰文,愍民惠礼曰文,锡民爵位曰文。"可能因为取"文"为谥者歧义很多,故子贡有疑,而问孔子。旧说孔文子有秽行,故子贡有疑而问,孔子不没其善,作了下文的回答,详见朱熹《论语集注》引苏氏曰(苏辙《论语拾遗》),宦懋庸《论语稽》等,亦可参。② 敏:勤勉。③ 下问:俞樾《群经平议·论语平议》云:"下问者,非必以贵下贱之谓,凡以能问于不能,以多问于寡,皆是。"

【翻译】 子贡问道:"孔文子为什么给他取谥曰'文'呢?"孔子说:"勤勉好学,不以对下请教为耻,因此给他取谥曰'文'。"

5·16 子谓子产① :"有君子之道四焉:其行己也恭②,其事上也敬,其养民也惠③,其使民也义④。"

【注释】 ① 子产:春秋时郑国大夫,姓公孙,名侨,字子产。在郑简公、郑定公时执政二十二年,重大措施有三:一是整顿等级制与井田制,《左传·襄公三十年》:"子产使都鄙有章,上下有服,田有封洫,庐井有伍(五家为伍)。"二是恢复井田按丘出军赋的旧法,《左传·昭公四年》:"郑子产作丘赋,国人谤之……子宽以告。子产曰:'何害?苟利社稷,生死以(由)之。且吾闻为善者不改其度,故能有济也。民不可逞,度不可改。《诗》曰:"礼义不愆,何恤于人言?"吾不迁矣。'"三是在鼎上铸刑书,叔向标榜礼治加以反对,子产回答以"吾以救世也",详见《左传·昭公六年》。叔向反对子产铸刑书,只涉及重礼治还是重法治的问题,并不足以说明刑书有破坏旧制的内容,与孔子抨击晋赵鞅铸刑鼎,著范宣子所为刑书,破坏了唐叔所受法度(见《左传·昭公二十九年》),根本不同。由以上三事,可见子产并不是一个革新的政治家。《论语》中孔子评及子产有三处,除此之外,另见14·8、14·9,皆为褒扬之词。② 行己:自我修养。"其行"句即15·5"恭己"之意。③ "其养"句:参见20·2"君子惠而不费""因民之所利而利之,斯不亦惠而不费乎"。又14·9称子产为"惠人"。④ "其使"句:参见20·2"(君子)劳而不怨""择可劳而劳之,又谁怨"。又1·5"使民以时",也是"使民也义"的内容。

【翻译】 孔子谈论子产,说:"他具备君子之道的地方有四点:他自我修养严肃认真,他服事君上恭敬谨慎,他抚养人民多用恩惠,他役使人民合乎道义。"

5·17 子曰:"晏平仲善与人交①,久而敬之②。"

【注释】 ① 晏平仲:春秋时齐国大夫,名婴,"平"是谥号。齐灵公、齐庄公、齐景公时执政。事迹见《晏子春秋》《史记·管晏列传》。② 之:旧说或指所敬之人,或指晏婴自己。以第二说为是,皇侃《义疏》本此句作"久而人敬之",文字未必是原貌,"人"字或后人妄加,但其理解是对的。这里用久而受人尊敬的效果说明晏婴之善交。4·26"(事)朋友数,斯疏矣",其意恰与此相反。又可参见12·23。

【翻译】 孔子说：“晏平仲善于跟别人交朋友，交往越久，别人越尊敬他。”

5·18　子曰：“臧文仲居蔡①，山节藻棁②。何如其知也③？”

【注释】 ① 臧文仲：鲁国大夫臧孙辰，“文”是谥号。历仕庄、闵、僖、文四朝。居：此处是使动用法，使……居住。蔡：大龟。古时占卜用龟，养于龟室。《周礼·春官·龟人》：“凡取龟用秋时，攻龟用春时，各以其物入于龟室。”② 山：雕刻为山。节：同“栉”（jié），柱上斗拱。藻：画藻为饰。棁（zhuō）：梁上短柱。《礼记·明堂位》：“山节藻棁，复庙重檐，天子之庙饰也。”③“何如”句：用疑问语气否定其知。《左传·文公二年》：“仲尼曰：‘臧文仲其不仁者三，不知者三。下展禽（不用柳下惠，见15·14），废六关，妾织蒲，三不仁也；作虚器（杜预注：“谓居蔡山节藻棁。有其器而无其位，故曰虚。”），纵逆祀（听夏父跻僖公），祀爰居（海鸟曰爰居，止于鲁东门外，文仲以为神，命国人祀之），三不知也。’”

【翻译】 孔子说：“臧文仲造了一间房子给大龟居住，柱上斗拱雕成山形，梁上短柱画着藻文。他的聪明怎么样呢？”

5·19　子张问曰：“令尹子文三仕为令尹①，无喜色；三已之，无愠色，旧令尹之政，必以告新令尹。何

如?"子曰:"忠矣。"曰:"仁矣乎?"曰:"未知②,焉得仁?""崔子弑齐君③,陈文子有马十乘④,弃而违之⑤。至于他邦,则曰:'犹吾大夫崔子也!'违之。之一邦,则又曰:'犹吾大夫崔子也!'违之。何如?"子曰:"清矣。"曰:"仁矣乎?"曰:"未知,焉得仁?"

【注释】 ① 令尹:楚官名,上卿执政者,相当于其他诸国的相。《尚书·益稷》伪孔传引薛瓒曰:"诸侯之卿,惟楚称令尹,余国称相。"子文:姓斗,名彀於菟,其身世见《左传·宣公四年》。② 知:有二解:第一,知晓,《集解》引孔安国说及朱熹《论语集注》皆如此。第二,同"智",郑玄主此说,见《经典释文》。作知晓解有文例可证,杨伯峻《译注》注此"未知"说:"和上文第五章'不知其仁',第八章'不知也'的'不知'相同,不是真的'不知',只是否定的另一方式,因此下文接着又说'焉得仁'。"③ 崔子:崔杼,齐国大夫。齐君:指齐庄公,名光。弑:居下位的人杀居上位的人叫做弑。"崔子弑齐君"一事,见《左传·襄公二十五年》。④ 陈文子:名须无,齐国大夫。有马十乘:有马四十匹。四马驾一车,故四马称一乘。十乘:代表其财富,《礼记·曲礼下》:"问大夫之富,数马以对。"⑤ 违:离开。之:指代齐国。 本章同样说明孔子能恰当地评价别人的长处,但绝不轻以仁许人。

【翻译】 子张问道:"令尹子文三次就任令尹,脸色不显得高兴;三次罢免令尹,脸色不显得怨怒,一定把旧时自己任令尹的施政之道无保留地告诉新到任的令尹。 这人怎么样?"孔子说:"可以说是忠诚无私了。"子张说："达到仁了吗？"孔子说："不晓得，怎么能算得上仁呢？"子张又问："崔杼犯上杀掉齐庄公，陈文子有马四十匹，毅然舍弃而离开齐国。到了别的国家，一看便说：'执政者跟我国的大夫崔子一路货色！'于是离开所到之国。到了另一个国家，一看便又说：'执政者跟我国的大夫崔子一路货色！'于是又离开所到之国。这人怎么样？"孔子说："可以说是清白无瑕了。"子张说："达到仁了吗？"孔子说："不晓得，怎么能算得上仁呢？"

5·20 季文子三思而后行①。子闻之，曰："再②，斯可矣。"

【注释】　① 季文子：鲁国大夫季孙行父，"文"是谥号。季文子历仕鲁国文公、宣公、成公、襄公，死于襄公五年。孔子生于襄公二十二年，与季文子不并世。三思：有二解，一指思考三次，一指思考多次，均可通。不过就孔子回答"再"来说，以前解为优，"再"是二，以此为准，则"一"为"不及"，"三"为过头。季文子素以谨慎多虑著称，《左传·文公六年》记有这样一件事："秋，季文子将聘于晋，使求遭（遇）丧之礼以行。其人（指随从）曰：'将焉用之？'文子曰：'备豫不虞，古之善教也。'求而无之，实难。过求，何害？"由此可见其有备无患的思想。② 再：两次。按，孔子并不反对多思，但惟恐因多虑而在行动上产生迟疑，故对时人有此告诫。这里在思与行的关系上反映了孔子"过犹不及"（11·16）的思想。

【翻译】 季文子遇事三思而行。 孔子听到，说："思考两次，也就可以了。"

5·21 子曰："宁武子邦有道则知^①，邦无道则愚。其知可及也，其愚不可及也。"

【注释】 ① 宁武子：卫国大夫宁俞，"武"是谥号。仕于卫成公。知：同"智"。 本章通过对宁武子的评论反映了孔子的处世态度，参见5·2。

【翻译】 孔子说："宁武子在国家政道清明的时候，便发挥其聪明才智；在国家政道昏乱的时候，便装着愚蠢傻笨。 他那种聪明的情况，人们是能够赶得上的，他那种装傻的情况，人们是赶不上的。"

5·22 子在陈^①，曰："归与！ 归与！ 吾党之小子狂简^②，斐然成章^③，不知所以裁之^④。"

【注释】 ① 陈：国名，妫姓，周武王灭商后所封。始封之君为胡公，名满，相传是舜的后代。建都宛丘(今河南省睢县)，拥有今河南开封以东、安徽亳州以北一带地方，公元前478年为楚国所灭。孔子周游列国，曾困于陈、蔡之间。② 狂：狂放。13·21"狂者进取"。简：大，指志大。③ 斐然：有文采的样子。章：花纹。④ "不知"句：有两种解释，一种以孔子为主语，如《史记·孔子世家》直作"吾不知所以裁之"。另一种以弟子为主语,如《集解》引孔安国曰:"孔子在陈,思归欲去,故曰:'吾党之小子狂简者,进取于大道,妄作穿凿以成文章,不知所以裁制,我当归以裁之耳。'遂归。"以后一种说法为是,孔子对弟子并非"不知所以裁之",他总是用礼来约束、修饬弟子的。如9·11颜回说:"夫子循循然善诱人,博我以文,约我以礼。"6·27孔子自云:"君子博学于文,约之以礼,亦可以弗畔矣夫。"这里"斐然成章",是说已达到"博学于文"。"不知所以裁之",是说弟子尚不知"约之以礼"。

073

【翻译】 孔子在陈国,说:"归去吧! 归去吧! 我这一伙学生,狂放不羁,志向高远,文采已斐然成章,可是还不晓得如何约束自身。"

5·23　子曰:"伯夷、叔齐不念旧恶①,怨是用希②。"

【注释】 ①伯夷、叔齐:商孤竹君的两个儿子。伯夷名元(或作允),谥夷。其父将死,遗命立其弟叔齐。父卒,叔齐让伯夷,伯夷曰:"父命也。"遂出走。叔齐也不肯立而出走。二人皆归西伯昌(周文王)。武王伐纣,他们反对"以暴易暴",曾拦车谏阻。周朝灭殷,统一天下,二人耻食周粟,饿死于首阳山。详见《史记·伯夷列传》。孔子称伯夷、叔齐为"古之贤人"(见7·15)。旧恶:宿怨旧恨。②怨:指自己的怨恨。7·15孔子谓伯夷、叔齐:"求仁而得仁,又何怨?"是用:是以,因此。希:少。

【翻译】 孔子说："伯夷、叔齐不记旧恨，怨恨因此很少。"

5·24　子曰："孰谓微生高直①？ 或乞醯焉②，乞诸其邻而与之③。"

【注释】 ① 微生高：《集解》引孔安国曰："微生姓，名高，鲁人也。"一说即尾生高，"微""尾"古音相近可通，如《尚书·尧典》"鸟兽孳尾"，《史记·五帝本纪》采引此语，"尾"作"微"。尾生高相传是一个守信的人物，据说他与一女子相约于桥下，女子未来，他一直等候，直至水涨被淹死。见《庄子·盗跖》《战国策·燕策》等。② 或：有人。醯（xī）：醋。③ 诸："之于"的合音兼义词。

【翻译】 孔子说："谁说微生高直率？ 有人向他要些醋，他不直说没有，却向他的邻居讨要后交给讨醋的人。"

5·25　子曰："巧言，令色，足恭①，左丘明耻之②，丘亦耻之。匿怨而友其人③，左丘明耻之，丘亦耻之。"

【注释】 ① 巧言、令色：参见1·3"巧言令色，鲜矣仁"。足恭：十足的恭敬。凡事十足而不加以节制，就难免过分而无当，这是孔子中庸思想的重要内容。孔子反对过分恭敬，奴颜婢膝，主张用礼加以节制，他曾说"恭而无礼则劳"

(8・2)。有子也曾说过："恭近于礼,远耻辱也。"(1・13)
② 左丘明:相传即《左传》的作者。③ 匿怨而友其人:《集解》引孔安国曰:"心内相怨,而外诈亲。"

【翻译】 孔子说:"花言巧语,态度伪善,奴颜婢膝,左丘明以此为耻辱,我也以此为耻辱。心底藏着怨恨,表面却与人友好,左丘明以此为耻辱,我也以此为耻辱。"

5・26 颜渊、季路侍①。子曰:"盍各言尔志②?"

子路曰:"愿车马衣(轻)裘与朋友共敝之而无憾③。"

颜渊曰:"愿无伐善④,无施劳⑤。"

子路曰:"愿闻子之志。"

子曰:"老者安之,朋友信之,少者怀之⑥。"

【注释】 ① 侍:指立侍。若坐侍,则称侍坐。② 盍:何不。③ 此句"衣"后原有一"轻"字,实为衍文(故用括号括起),唐以前的本子均无"轻"字。或后人据6・4"乘肥马,衣轻裘"而妄增。详考见钱大昕《金石文跋尾》、阮元《论语校勘记》、刘宝楠《论语正义》等。④ 伐:夸。《左传・襄公十三年》"小人伐其技以冯君子",杜预注:"自称其能曰伐。"贾谊《新书・道术》:"功遂自却谓之退,反退为伐。"⑤ 施劳:有二解,一说把劳苦之事施加于人,《集解》引孔安国曰:"不以劳事置施于人。"一说自夸其功劳,朱熹《集注》:"施亦张大之意。劳为有功。《易》曰'劳而不伐'是也。"杨伯峻《论语译注》：“《淮南子·诠言训》：‘功盖天下，不施其美。’这两个‘施’字意义相同，《礼记·祭统注》云：‘施犹著也。’即表白的意思。”两说均可通，译文据第二说。⑥“老者”三句：有二解，一为“老者”“朋友”“少者”对己而言，一为己对三者而言。以第二说为长。

【翻译】 颜渊、季路侍立于孔子身旁。孔子说：“何不各自谈谈你们的志向呢？”

子路说：“愿把自己的车马衣裘与朋友共同用坏也不悔恨。”

颜渊说：“愿不自夸好处，也不自夸功劳。”

子路说：“希望听一听先生的志向。”

孔子说：“对老者加以安抚，对朋友加以信任，对少者加以爱护。”

5·27 子曰：“已矣乎！吾未见能见其过而内自讼者也①。”

【注释】 ① 讼（sòng）：责。参见15·15“躬自厚而薄责于人”，15·30“过而不改，是谓过矣”，以及19·8、19·21。

【翻译】 孔子说：“算了吧！我没有见到能够发现自己的错误而作自我批评的人。”

5·28 子曰：“十室之邑，必有忠信如丘者焉，不

如丘之好学也。"

【翻译】 孔子说:"十户人家的小邑,一定有像我这样忠诚信实的人,但是都不像我这样好学。"

雍 也 第 六

　　本篇包括三十章,内容较为复杂,
论及政治、伦理、哲学、人性、人才等。
其中评论孔子门人的地方很多,尤以
论颜回为突出。本篇有几章反映了孔
子思想的重要方面,如6·18关于文
与质的关系,6·22关于鬼神,6·24
关于历史观,6·29关于中庸,6·30
关于仁与圣的区别,等等。

6·1　子曰:"雍也可使南面①。"

【注释】　① 雍:冉雍,见5·5注①。南面:泛指居官治
民之位。包咸、郑玄皆认为使南面系任诸侯治民(见《集解》
引),朱熹《集注》谓"有人君之度也",均不妥。王引之《经义
述闻》:"南面,有谓天子及诸侯者,有谓卿大夫者。雍之可
使南面,谓可使为卿大夫也,《大戴礼·子张问入官篇》'君
子南面临官',《史记·樗里子传》'请必言子于卫君,使子为
南面',盖卿大夫有临民之权,临民者无不南面。仲子之德,
可以临民。"凌廷堪《礼经释义》也有类似说法。　本章不仅
强调冉雍有治才,更强调其道德,因为孔子主张"恭己正南
面"(15·5)。

【翻译】 孔子说："冉雍嘛，可让他居官治民。"

6·2 仲弓问子桑伯子①。子曰："可也，简②。"仲弓曰："居敬而行简，以临其民③，不亦可乎？ 居简而行简，无乃大简乎？"子曰："雍之言然。"

【注释】 ① 仲弓：冉雍字，见5·5注①。子桑伯子：难以确考。刘宝楠《论语正义》认为即《庄子》书中的桑雽（或作桑户），说："郑玄曰：子桑，'秦大夫'。（按，见《经典释文》）以公孙技字子桑，故为秦大夫。然《左传》言子桑之忠，知人能举善，并无行简之事。郑此说未可据也。《庄子·山木篇》'孔子问子桑雽'云云，'异日桑雽又曰舜之将死'云云，《释文》：'雽音户，本又作雽，音于。李云：桑姓，雽其名，隐人也。或云：称桑雽，名隐。'《释文》所载二说，以前说为是。至《大宗师》篇言桑户与孟之反、琴张为友，《楚辞·九章·涉江》以接舆、桑扈并举，雽、户、扈音近通用，与孔子同时。" ② 可也简：应于"也"字断句。"可也"，肯定其本质好，与下文"不亦可乎"相应；"简"，又指出其过于简易的缺点，与下文"无乃大简乎"相应。故《集解》于下文引包咸曰："伯子之简，大简。"又1·15"可也，未若贫而乐，富而好礼者也"，句法与此相似。关于子桑伯子"大简"的事，《楚辞·九章·涉江》"桑扈裸行"，王逸注："桑扈，隐士也。去衣裸裎，效夷狄也。"又《说苑·修文》："孔子见子桑伯子，子桑伯子不衣冠而处，弟子曰：'夫子何为见此人乎？'曰：'其质美而无文，吾欲说而文之。'孔子去，子桑伯子门人不说，曰：'何为见孔子乎？'曰：'其质美而文繁，吾欲说而去其文。'故曰文质修者谓之君子,有质而无文谓之易野。子桑伯子易野,欲同人道于牛马,故仲弓曰'太简'。"③ 居敬:自处严肃有礼。参见13·19"居处恭",14·42"修己以敬"。"居敬"二句:即"恭己正南面"(15·5)之意。

【翻译】 仲弓问子桑伯子这个人怎么样。 孔子说:"可以的,只是简易了些。"仲弓说: "自处严肃恭敬,行事却简略不繁,用此来治理民众,不也是可以的吗? 自处简慢大意,行事又简略不繁,不是太简易了吗?"孔子说:"冉雍的话是对的。"

6·3 哀公问:"弟子孰为好学?"孔子对曰:"有颜回者好学,不迁怒①,不贰过②。不幸短命死矣③,今也则亡,未闻好学者也。"

【注释】 ① 迁怒:将自己的愤怒推及于人。参见12·21"一朝之忿,忘其身,以及其亲,非惑与"。② 贰:再次,重复。以上二句皆与仁道修养有关,前句参见15·24"己所不欲,勿施于人",后句参见4·7"观过斯知仁矣"及注②。③ 短命:《公羊传》记颜渊死于鲁哀公十四年。据《史记·孔子世家》"伯鱼年五十先孔子卒"及《孔子家语·七十二弟子解》"孔子年二十而生伯鱼",则伯鱼死时孔子七十岁。又据11·8颜渊死在伯鱼(鲤)之后,哀公十四年,孔子七十一岁,正当伯鱼死后一年,故《公羊传》的记载是可靠的。关于颜渊卒时的年龄,据《史记·仲尼弟子列传》"颜回少孔子三十岁"推之,应为四十一岁。《孔子家语·七十二弟子解》谓颜渊"三十一早死",时孔子六十一岁,伯鱼尚未卒,其说与《论语》本书矛盾。四十一岁称"短命"并无不可。至于有人据"短命"之言,附会出颜渊十八而卒之说(见《列子·力命》及《淮南子·精神训》高诱注等),更属无稽。

【翻译】 鲁哀公问:"你的弟子谁好学?"孔子回答说:"有个叫颜回的好学,从不把愤怒发泄到别人身上,从不重犯同样的过错。 不幸短命死了,如今则没有这样的弟子了,没有听到过好学的人了。"

6·4 子华使于齐①,冉子为其母请粟②。子曰:"与之釜③。"请益④。曰:"与之庾⑤。"冉子与之粟五秉⑥。子曰:"赤之适齐也⑦,乘肥马,衣轻裘。吾闻之也:君子周急不继富⑧。"

【注释】 ① 子华:公西赤的字,见5·8注⑥。② 冉子:冉有。《论语》中对孔子弟子称子的只有曾参、有若、闵子骞、冉有四人。粟:小米。③ 釜(fǔ):古代量名,相当于当时的六斗四升,约合今量一斗二升八合。④ 益:增加。⑤ 庾:古代量名,相当于当时的二斗四升,约合今量四升八合。⑥ 秉:古代量名,相当于当时的十六斛(十斗为一斛)。⑦ 适:去,往。⑧ 周:救济。

【翻译】 公西赤出使齐国,冉有替他的母亲请求小米。 孔子说:"给他一釜。"冉有请求增加一些。 孔子说:"再给他一庾。"冉有竟给她五秉小米。 孔子说:"公西赤到齐国去,乘着肥马驾的车辆,穿着高贵轻暖的皮袍。我听说过：君子只周济急需，不给人富上添富。"

6·5　原思为之宰①，与之粟九百②，辞。子曰："毋! 以与尔邻里乡党乎③!"

【注释】　① 原思：孔子的学生，姓原，名宪，字子思。之：指代孔子。宰：这里指大夫的家宰。此事当为孔子做司寇时。② 九百：量词省略，已不可考。③ 邻里乡党：古代地方居民单位名称，五家为邻，二十五家为里，一万二千五百家为乡，五百家为党。

【翻译】　原思任孔子的家宰，孔子给他小米九百作俸禄，原思辞谢不受。孔子说："不要推辞! 把它分给你的邻里乡亲嘛!"

6·6　子谓仲弓曰①："犁牛之子骍且角②，虽欲勿用③，山川其舍诸④?"

【注释】　① 仲弓：冉雍，见5·5。② 犁牛：耕牛。春秋时已有牛耕，孔子的学生冉耕字伯牛，司马耕字子牛，均说明耕与牛的联系。又《国语·晋语》："中行、范氏子孙将耕于齐，宗庙之牺，为畎亩之勤。"不仅说明将宗庙祭祀用的牺牛用来耕田，而且说明牺牛比耕牛高贵，牺牛用作耕牛是降格。骍(xīn)：赤色。周朝以赤色为贵。角：指角长得周正。③ 勿用：指不用作祭祀。④ 其：岂。诸："之乎"的合音兼义词。旧解本章为评论仲弓之言(见《史记·仲尼弟子列传》、何晏《集解》等)，实际非是。《论语》中凡"谓……曰"的句型，都是"对……说"的意思，参见2·21注①。而"谓……"的句型，则为"评论……"的意思，参见3·1注①。　本章告诫仲弓要不论贵贱举贤，不要埋没人才，与13·2的内容密切相关。

【翻译】　孔子对仲弓说："耕牛生的小牛长着赤色的毛和周正的角，虽然不想用它来作祭祀的牺牛，山川之神难道肯舍弃它吗？"

6·7　子曰："回也，其心三月不违仁①，其余则日月至焉而已矣②。"

【注释】　① 三月：泛指时间较长。参见7·14"三月不知肉味"。违：离开。此句可与4·5"君子无终食之间违仁，造次必于是，颠沛必于是"互参。② 日月：谓一日或一月。

【翻译】　孔子说："颜回嘛，他的心长年累月不离开仁道，其余的学生只不过一日或一月偶尔念及罢了。"

6·8　季康子问①："仲由可使从政也与？"子曰："由也果，于从政乎何有②？"

曰："赐也可使从政也与？"曰："赐也达，于从政乎何有？"

曰:"求也可使从政也与?"曰:"求也艺,于从政乎何有?"

【注释】 ① 季康子:见2·20注①。② 何有:意思是有什么难的。参见4·13注①。 本章论孔子学生的政治才干,参见5·8、11·3。

【翻译】 季康子问道:"仲由可以让他治理政事吗?"孔子说:"仲由果敢,对于治理政事有什么难的?"

又问:"端木赐可以让他治理政事吗?"孔子说:"端木赐通达,对于治理政事有什么难的?"

又问:"冉求可以让他治理政事吗?"孔子说:"冉求有才干,对于治理政事有什么难的?"

6·9 季氏使闵子骞为费宰①。闵子骞曰:"善为我辞焉! 如有复我者②,则吾必在汶上矣③。"

【注释】 ① 闵子骞:孔子的学生,姓闵,名损,字子骞。在"四科十哲"中属"德行"科。费(bì):故城在今山东费县西北二十里。《集解》引孔安国曰:"费,季氏邑,季氏不臣,而其邑宰数叛,闻子骞贤,故欲用之。"② 复我者:《论语集解》引孔安国曰:"复我者,重来召我。"③ 汶(wèn):水名,即山东的大汶河。汶上:汶水之北,桂馥《札朴》卷二《温经》"汶上"条:"水以阳为北,凡言某水上者,皆谓水北。"《集解》引孔安国曰:"去之汶水上,欲北如(往)齐。"

【翻译】 季氏让闵子骞做他的采地费邑的长官。 闵子骞对来请的人说："好好替我辞掉这事吧！如果有人再来找我，那我一定会远逃汶水之北了。"

6·10　伯牛有疾①，子问之，自牖执其手②，曰："亡之，命矣夫！斯人也而有斯疾也！斯人也而有斯疾也！"

【注释】　① 伯牛：孔子的学生，姓冉，名耕，字伯牛，冉雍之父。在"四科十哲"中属"德行"科。疾：重病。②"自牖"句：《论语集解》引包咸曰："牛有恶疾，不欲见人，故孔子从牖执其手也。"可备一说。又，《论语集注》云："有疾，先儒以为癞也。牖，南牖也。礼，病者居北牖下，君视之，则迁于南牖下，使君得以南面视己。时伯牛家以此礼尊孔子，孔子不敢当，故不入其室，而自牖执其手，盖与之永诀也。"两说不同（按，《论语后案》："集注与包注异，据《或问》，集注本于栾肇也。"栾肇又本于《乡党篇》"东首"及《礼记·丧大记》注疏）。按，《礼记·丧大记》："疾病（病重）……寝，东首于北牖下。"郑玄注："谓君来视之时也。病者恒居北牖下，或为北墉下。"孔颖达疏："知'谓君来视之时也'者，按，《论语·乡党》云'疾，君视之，东首加朝服'，此云'东首'，故知是君来视之时也。以东方生长，故东首乡生气。云'病者恒居北牖下'者，《士丧》下篇云'东首于北牖下'，是恒在北牖下也。若君不视之时，则不恒东首，随病者所宜，此熊氏所说也。今谓病者虽恒在北牖下，若君来视之时，则暂时移向南牖下，东首，令君得南面而视之。"王夫之《四书稗疏》卷一"东首"条云："《集注》谓受生气，自疾言之，非自君视疾言之矣。东首,首在东也。按,礼天子适诸侯升自阼阶,天子主天下,诸侯不敢为主也。诸侯适其臣,亦升自阼阶,诸侯主其国,大夫不敢为主也。室之有奥(西南隅),亦犹夫阼,则君适其臣,臣不敢居奥必矣。疾不能兴(起身),寝于南牖下,令君得南面而视之。若复西首,居然居奥矣。且令君入户时,经其足下,非敬。故必东首,令首戴(当,面对)君致敬,存臣礼也。"朱说亦有据。　本章反映了孔子安命的思想。

【翻译】　伯牛得了重病,孔子去慰问他,从窗户伸进手臂握着他的手依依难舍,说道:"没命了,命该如此啊! 这个人竟得了这种病! 这个人竟得了这种病!"

6·11　子曰:"贤哉,回也! 一箪食①,一瓢饮,在陋巷②,人不堪其忧,回也不改其乐,贤哉,回也!"

【注释】　① 箪(dān):古时盛饭的圆形竹器,类似筐。② 陋巷:陋室。王念孙认为:古人称巷有二义,里中道谓之巷,人所居亦谓之巷,故《广雅》兼列二训。颜子陋巷,即《儒行》所云"一亩之宫,环堵之室",解者以为街巷之巷,非也。见王引之《经义述闻》。　本章反映了孔子安贫乐道的思想,参见1·15"贫而乐",4·5、7·12、7·16。

【翻译】　孔子说:"多么有贤德啊,颜回这个人! 一箪饭,一瓢水,居陋室,别人不堪忍受那样的忧苦,颜回却不改变他自得之乐。 多么有贤德啊,颜回这个人!"

6·12 冉求曰:"非不说子之道①,力不足也。"子曰:"力不足者,中道而废。今女画②。"

【注释】 ① 子之道:指孔子"一以贯之"的"忠恕"之道(4·15),亦即仁道。② 画:画界为限,引申为止。冉求确有知难而退的弱点,如3·6不谏阻季氏僭礼,又如11·20孔子说:"求也退,故进之。"本章中冉求以"力不足"为由,提出修养仁德之难,当面受到孔子的驳斥。孔子认为人人有能力修养仁德,只有肯做与不肯做的区别,如在4·6中说:"有能一日用其力于仁矣乎?我未见力不足者。"

【翻译】 冉求说:"不是不喜欢您的学说,是做起来力量不够。"孔子说:"力量不够的人,会半道停止。现在你却原地不动。"

6·13 子谓子夏曰:"女为君子儒,无为小人儒①。"

【注释】 ①"女为"二句:这里的"君子"和"小人"为有德、无德之别。君子儒:有修养的儒者。小人儒:无修养的儒者。按子夏只重知识,喜务小道,往往忽视道德修养,故孔子有此告诫。参见19·4、19·5、19·6、19·12等。

【翻译】 孔子对子夏说:"你要做一个有修养的儒者,不要做一个无修养的儒者。"

6·14 子游为武城宰①。子曰："女得人焉耳乎?"曰:"有澹台灭明者②,行不由径③,非公事,未尝至于偃之室也④。"

【注释】 ① 武城:鲁国的公邑,在今山东费县西南。② 澹(tán)台灭明:姓澹台,名灭明,字子羽,武城人。《史记·仲尼弟子列传》认为他是孔子弟子,据本章内容似非是。③ 径:小路。行不由径:指奉公守法,不贪便取巧。古有径逾之禁,焦竑《笔乘续集》卷三"行不由径"条说:"古井田之制,道路在沟洫之上,方直如棋枰,行必遵之,毋待斜冒取疾。《野庐氏》'禁野之横行径逾者',《修闾氏》'禁径逾者',皆其证也。晚周此禁虽存,人往往弃蔑不守,独澹台灭明不肯逾逸自便,则平日之操可知。子游举以答圣人,正举末明本,岂可谓末节不足以见人哉?"可备一说。但此处似不必坐实理解,当用比喻,言其行为端正。《大戴礼·曾子大孝》有"道而不径"(行大道而不走小路)的话,以示行路不敢冒险,可参见。④ 偃:子游之名,详见2·7注①。

【翻译】 子游做武城邑宰。 孔子说: "你在此地得到人才了吗? "子游说: "有个叫澹台灭明的人, 走路从不抄小道, 不是公事, 从不到我居处来。"

6·15 子曰:"孟之反不伐①,奔而殿②,将入门③,策其马,曰:'非敢后也,马不进也!'"

【注释】 ① 孟之反:鲁国大夫孟之侧。《左传·哀公十一年》载：鲁国与齐国作战，鲁军右师逃跑。齐军追赶，齐大夫陈瓘、陈庄渡过泗水，逼近鲁国都城，"孟之侧后入以为殿，抽矢策其马，曰'马不进也'"。伐：自夸。② 殿：居后。军败殿后为勇。③ 门：指鲁都城城门。

【翻译】 孔子说："孟之反不自夸耀，军败逃跑时他勇于殿后，快入城门时，故意鞭打着他的马，说：'不是我敢于殿后，是马迟迟不前呀！'"

6 · 16　子曰："不有祝鮀之佞①，而有宋朝之美②，难乎免于今之世矣。"

【注释】 ① 祝鮀（tuó）：卫国大夫，祝为宗庙官名，以官为氏，字子鱼，仕卫灵公。《左传·定公四年》作"祝佗"，并记载他善于辞令以助卫国的情况。佞：口才。② 宋朝：宋国的公子朝，有美貌。出奔卫国，仕为大夫。《左传·昭公二十年》："公子朝通于襄夫人宣姜（卫灵公嫡母），惧，而欲以作乱。"后出奔晋。　本章中孔子慨叹世好佞言，而薄美质，举祝鮀以言佞，举宋朝以言美，皆为取喻，不涉及对二人贤否的评价。

【翻译】 孔子说："没有祝鮀那样的口才，却有宋朝那样的美貌，难以免祸于当今社会。"

6 · 17　子曰："谁能出不由户？何莫由斯道也①？"

【注释】 ① 何:什么。"何"与"谁"互文。斯道:指仁道。 本章是说天下事不可能不遵循仁道,正如出屋不可能不经过门户一样。

【翻译】 孔子说:"谁能出屋而不经过门户? 什么事可不遵循仁道呢?"

6·18 子曰:"质胜文则野①,文胜质则史②。文质彬彬③,然后君子。"

【注释】 ① 质:内在的本质。文:文采,文饰。对人而言,固有的好品质属于质,礼乐的修养属于文,参见 14·12。② 史:虚浮不实。《仪礼·聘礼》:"辞多则史,少则不达。"③ 彬彬:相杂适中的样子。

【翻译】 孔子说: "质朴超过文采就会粗俗,文采超过质朴就会虚浮。 文采和质朴搭配适中得当,然后可以成为君子。"

6·19 子曰:"人之生也直,罔之生也幸而免①。"

【注释】 ① 罔:指诬罔不直的人。

【翻译】 孔子说: "人的生存靠正直,不正直的人也能生存,是由于他侥幸而免于祸害。"

6·20 子曰："知之者不如好之者，好之者不如乐之者①。"

【注释】 ①《集解》引包咸说："学问，知之者不如好之者笃，好之者不如乐之者深。"按，恐不止限于为学，当也包括修养仁德在内。孔子平生所好，一为学，一为仁。又4·2"仁者安仁，知者利仁"，正说明了"乐仁"与"知仁"的区别。

本章说明进德修业的三个层次、三种境界：知之、好之、乐之。三者递进，从自觉到自好，再到自乐，依次升华。

【翻译】 孔子说："对于学问和仁德，懂得它的人不如喜好它的人，喜好它的人又不如以追求它为乐的人。"

6·21 子曰："中人以上，可以语上也；中人以下，不可以语上也。"

【注释】 本章反映了孔子的人性论思想。他认为人的智力差别是先天的，参见16·9、17·3。又《穀梁传·僖公元年》有"中知以上，中知以下"的话。

【翻译】 孔子说："中等智力以上的人，可以跟他讲高深的学问；中等智力以下的人，不可以跟他讲高深的学问。"

6·22 樊迟问知①。子曰："务民之义②，敬鬼神而远之③，可谓知矣。"问仁。曰："仁者先难而后获④，可谓仁矣。"

【注释】 ① 樊迟:见2·5注③。② 民之义:即民之宜,指符合礼义的人际关系。《礼记·礼运》:"何谓人义?父慈、子孝、兄良、弟弟、夫义、妇听、长惠、幼顺、君仁、臣忠十者谓之人义。"③ 敬鬼神而远之:参见11·12"未能事人,焉能事鬼"。又《礼记·表记》:"子曰:'夏道尊命,事鬼敬神而远之,近人而忠焉。……殷人尊神,率民以事神,先鬼而后礼。……周人尊礼尚施,事鬼敬神而远之,近人而忠焉。'"这是当时通行的既不否定鬼神,又不迷信鬼神的一种进步观念。但离无神论相差甚远。④ 先难:先经历实践的困难。参见12·3"仁者,其言也讱""为之难,言之得无讱乎"。先难而后获:即12·21"先事后得"之意。孔子回答同一问题,不仅因人而异,如本章答樊迟问仁,与12·1答颜渊问仁、12·2答仲弓问仁有别,等等,而且往往因时而异,如本章与12·22答樊迟问仁、问知及13·19答樊迟问仁有别。但是基本精神和原则是一致的。

【翻译】 樊迟问什么是聪明。 孔子说:"致力于人事关系的合理、协调,敬奉鬼神但要离开他们远一些,可以说是聪明了。"又问什么是仁。 孔子说:"有仁德的人总是先经过困难的实践而后有所得,这样便可以说是具备仁了。"

6·23 子曰:"知者乐水,仁者乐山。知者动,仁者静。知者乐,仁者寿。"

【注释】 本章从三个角度言知者、仁者之别:动、静是直言;乐水、乐山是比喻,水性动,山性静;乐、寿诚如皇侃《论语义疏》所云:"寿、乐为知仁之功。"朱熹《集注》深得本章旨义:"知者达于事理而周流无滞,有似于水,故乐水;仁者安于义理而厚重不迁,有似于山,故乐山。动、静以体言,乐、寿以效言也。"至于《论语》的本证,可参 4·2"仁者安仁,知者利仁",6·20、15·33"知及之""仁能守之"。

【翻译】 孔子说:"知者喜爱流动的水,仁者喜爱稳重的山。知者性动,仁者性静。知者快乐,仁者长寿。"

6·24 子曰:"齐一变①,至于鲁②;鲁一变,至于道③。"

【注释】 ① 齐:指齐桓公称霸后的齐国。孔子很重视齐国的强盛,对齐桓公有好感,认为他"公正而不谲"(14·15),对辅佐齐桓公称霸的管仲也有好感,说:"管仲相桓公,霸诸侯,一匡天下,民到于今受其赐。微管仲,吾其被发左衽矣。"(14·17)但齐国对周代的礼制和文化破坏太多,故孔子认为需要变,当齐景公向他问政时,他便说:"君君,臣臣,父父,子子。"(12·11) ② 鲁:鲁是周公的封国,周公死后,"成王乃命鲁得郊祭文王",因此"鲁有天子礼乐"(《史记·鲁周公世家》)。春秋时的鲁国,是保存周礼及周代文化最多的国家,韩宣子曾说:"周礼尽在鲁矣!"(《左传·昭公二十年》)孔子自幼生长在礼乐之邦鲁国,受到传统文化的熏陶，因此在恢复周礼方面，对鲁国抱有很大希望。传统观念认为鲁、齐之别是王、霸之别，《说苑·政理》："伯禽与太公俱受封，而各之国。三年，太公来朝。周公问曰：'何治之疾也？'对曰：'尊贤，先疏后亲，先义后仁也。'此霸者之迹也。周公曰：'太公之泽及五世。'五年，伯禽来朝。周公问曰：'何治之难？'对曰：'亲亲者，先内后外，先仁后义也。'此王者之迹也。周公曰：'鲁之泽及十世。'故鲁有王迹者，仁厚也。齐有霸迹者，武政也。" ③ 道：指周道。即"天下有道，则礼乐征伐自天子出"(16·2)。鲁虽为礼乐之邦，但当时礼乐也有崩坏，故仍需变。孔子一向把鲁国视为恢复周道的基地，《礼记·礼运》："孔子曰：'于呼哀哉！我观周道，幽、厉伤之，吾舍鲁何适矣？'" 本章反映了孔子追求礼乐制度和天下一统、太平盛世的政治理想。

【翻译】 孔子说："齐国一变，就会达到鲁国这样的礼乐之邦；鲁国再一变，就会达到天下一统的周道。"

6·25 子曰："觚不觚①，觚哉！觚哉！"

【注释】 ① 觚(gū)：青铜制的酒器，喇叭形口，细腰，高圈足，用以盛酒。 本章孔子慨叹觚产生变化，失去古制、古法。前人对此解释纷纭，可参看刘宝楠《论语正义》所引。主要说法有二：一主形制之变，认为觚上圆下方，本有棱，春秋之世已有破觚为圆者，故孔子叹之(见杨慎《丹铅录》)。一主用法失道，认为觚量容二升，其称本取寡义(声训)，而当时沉湎于酒，虽用觚，但并不寡饮，名实相乖，故孔子叹之

（见许慎《五经异义》引《韩诗》说，皇侃《义疏》引王肃说，毛奇龄《论语稽术篇》及《四书改错》等）。

【翻译】 孔子说："觚已不是觚了，还能算是觚吗！还能算是觚吗！"

6·26　宰我问曰①："仁者，虽告之曰：'井有仁焉②。'其从之也？"子曰："何为其然也？君子可逝也③，不可陷也。可欺也，不可罔也④。"

【注释】 ① 宰我：见3·21注①。② 仁：有三解，一指仁德，一指仁人（见《集解》引孔安国说，皇侃本"仁"下有"者"字，或据孔注妄增），一说"仁"同"人"。以第一说为长，宰我假设此言，或就"杀身以成仁"（15·9）之义而发。俞樾《群经平议》卷三十解此句说："宰我之意，盖谓仁者勇于为仁设也，于井之中而有仁焉，其亦从之否乎？孔注'仁人堕井'之说，殊有未安。"③ "君子"句：《集解》引孔安国曰："逝，往也。言君子可使往视之耳。"《群经平议》卷三十说："孔以可逝可使往视，其义迂曲。逝当读为折。《周易·大有·释文》曰：'晢，陆本作逝，虞作折。'是逝与折古通用。君子杀身成仁则有之矣，故可得而摧折，然不可以非理陷害之，故可折不可陷。"俞说是。④ 罔：迷惑。关于"欺"与"罔"的区别，《孟子·万章上》在解释子产受骗的故事时，讲得很明晰，原文是："昔者有馈生（活）鱼于郑子产，子产使校人（管池塘之吏）畜之池。校人烹之，反命曰：'始舍之，圉圉焉（困而未舒的样子），少则洋洋焉，攸然而逝。'子产曰：'得其所哉！得其所哉！'故君子可欺以方（合理的方法），难罔以非其道。"

【翻译】 宰我问道："有仁德的人，假如告诉他说：'井里有仁德。'他会追随仁德而跳井吗？"孔子说："为什么一定那样呢？君子可以摧折，不可以陷害；可以被合乎情理的言辞所欺骗，不可以被不近情理的言辞所迷惑。"

6·27 子曰："君子博学于文，约之以礼[①]，亦可以弗畔矣夫[②]！"

【注释】 ① 博学于文，约之以礼：前者指学习，后者指修身。约之以礼，即"非礼勿视，非礼勿听，非礼勿言，非礼勿动"（12·1）。 本章从君子自我学习和修养的角度而言，9·11颜渊的话"夫子循循然善诱人，博我以文，约我以礼"，是从孔子教育的角度而言的。内容则是一致的。② 畔：同"叛"，指离经叛道。

【翻译】 孔子说："君子广泛地学习文化知识，并且用礼来约束自己，也就可以不离经叛道了啊！"

6·28 子见南子[①]，子路不说。夫子矢之曰[②]："予所否者[③]，天厌之！天厌之！"

【注释】 ① 南子：卫灵公夫人，操卫国之权。《集解》据孔安国等注,说她"淫乱,而灵公惑之。孔子见之者,欲因以说灵公,使行治道"。《史记·孔子世家》关于孔子见南子有详细记载,虽不可尽信,亦可作参考。② 矢:誓,见《尔雅·释言》。③ 所:代词,后面或与"者"字搭配相用。誓词中对于指誓之事多用"所"字结构的词组。阎若璩《四书释地》:"《集注》:'所,誓辞也,如所不与崔庆之类(按,见《左传·襄公二十五年》)。'因思僖二十三年'所不与舅氏同心者,有如白水(按,当为僖二十四年)',文十三年'所不归尔帑者,有如河',宣十七年'所不此报,无能涉河'……皆有所字,足征其确。但何以用所字,未解。曰:'所,指物之辞。'余欲易此注曰:'所,指物之辞,凡誓辞皆有。'"否:不当,不对。朱熹《集注》:"否,谓不合于礼,不由于道也。"

【翻译】 孔子见卫灵公夫人南子,子路不高兴。 孔子发誓说:"我若有不当之处,天厌弃我吧! 天厌弃我吧!"

6·29 子曰:"中庸之为德也①,其至矣乎②! 民鲜久矣③。"

【注释】 ① 中庸:以中为用。庸:用。《说文解字》:"庸,用也。"《礼记·中庸》孔颖达疏引郑(玄)《目录》云:"中庸者,以其记中和之为用也。庸,用也。"均把"庸"解为"用",甚是。孔子所谓的"中庸",用《论语》本书来解释,就是20·1引尧的话"允执其中"的意思。另外,13·21"不得中行而与之","中行"是说以"中"为行,或者说以"中"为行为准则,亦即"中庸"的意思。② 至：极。指至高无上，无与伦比。《论语》中称"至德"处有三，此外两处见8·1、8·20。③ 鲜(xiǎn)：少。全句可参见15·4"知德者鲜矣"，《礼记·中庸》："仲尼曰：'君子中庸，小人反中庸。君子之中庸，君子而时中；小人之反中庸也，小人而无忌惮也。'" 孔子的中庸思想，并不是绝对地不偏不倚、刻板地居中不移。如果那样，就如同胶柱鼓瑟，刻舟求剑，而与他所说的"毋必""毋固"(9·4)的思想相矛盾。孔子提倡中庸，强调执中，但并不拘泥、固执，又强调权衡、变通，如说："可与共学，未可与适道；可与适道，未可与立；可与立，未可与权"。(9·30)孔子又说"君子而时中"(礼记·中庸)，"时中"意谓随时折中，即"权"。孟子也认识到"中庸"与"权"密不可分，如说："执中无权，犹执一也。所恶执一者，为其贼道也，举一而废百也。"(《孟子·尽心上》)因此"中庸"的"中"，不一定是不偏不倚的"正中"，只是大体不偏离"中"的适中，动态地取中，灵活地趋中，而不是死守中点的拘中。因此中庸的哲学意义，就是在承认事物存在两面性的前提下，随时恰当地折中、平衡，力戒偏颇，避免走极端。其中包含着丰富的全面、辩证的观点和行为合度的思想，表现出孔子哲学思想的睿智。在《论语》和其他有关文献中，孔子直接提到"中庸"的情况极少，但"中庸"作为方法论贯穿于各个方面，因此反映孔子中庸思想的文献材料很多，并且总是与权变相伴，通过多种多样形式表现出来，如"无可无不可"(18·8)，"叩其两端而竭焉"(9·8)，"礼乐不兴，则刑罚不中(适中)。刑罚不中，则民无所措手足"(13·3)，"质胜文则野，文胜质则史，文质彬彬，然后君子"(6·18)，"乐而不淫，哀而不伤"(3·20)，"温

而厉,威而不猛,恭而安"(7·38),"惠而不费,劳而不怨,欲
而不贪,泰而不骄,威而不猛"(2·20),"不得中行而与之,
必也狂狷乎! 狂者进取,狷者有所不为也"(13·21),"由也
好勇过,我无所取材"(5·7),"过犹不及"(11·16),等等,
详见拙著《论语新注》本章【辨证】的归纳分析。孔子中庸思
想的社会实践标准是礼义,如非礼不得视、听、言、动(12·
1),"恭而无礼则劳,慎而无礼则葸,勇而无礼则乱,直而无
礼则绞"(8·2),"礼乐不兴,则刑罚不中"(13·3),"无适
也,无莫也,义之与比"(4·10)等。

【翻译】 孔子说: "中庸作为一种道德,那是至高无
上的了! 老百姓缺少它已经很久了。"

6·30 子贡曰:"如有博施于民而能济众,何如?
可谓仁乎?"子曰:"何事于仁①! 必也圣乎! 尧舜其犹
病诸②! 夫仁者,己欲立而立人,己欲达而达人。能近
取譬,可谓仁之方也已。"

【注释】 ① 事:犹止,仅。 由本章可知,孔子认为仁
只是能近取譬,推己及人的同情和施恩,并不是博爱大众,
普施广济。如果是后者,那已达到了圣,不仅有修养的君子
做不到,就连圣人如尧舜之类做起来也感到为难。关于仁
与圣之别以及君子与圣人的区别,可参见7·26"圣人吾不
得而见之矣,得见君子者斯可矣"。7·34"若圣与仁,则吾
岂敢"。14·42中孔子认为君子可以做到"修己以安人""修
己以安百姓,尧舜其犹病诸",与本章语句不尽同,意思全

同。② 诸：之。

【翻译】 子贡说："如果有人能博施恩惠于老百姓，并且能周济大众，怎么样？可以说是达到仁了吗？"孔子说："何止于仁！那一定是达到了圣啊！尧舜对此或许还感到为难呢！至于仁，自己想成功，也使别人成功，自己想通达，也使别人通达。能将心比心，推己及人，可以说是行仁的方法了。"

述 而 第 七

本篇包括三十八章，内容以论为
学、修养、教育为主。

7·1 子曰:"述而不作①,信而好古②,窃比于我
老彭③。"

【注释】 ①"述而"句:朱熹《集注》:"述,传旧而已,作
则创始也。故作非圣人不能,而述则贤者可及。……孔子
删《诗》《书》,定《礼》《乐》,赞《周易》,修《春秋》,皆传先王之
旧而未尝有作也。"又《礼记·中庸》:"仲尼祖述尧舜,宪章
文(王)武(王)。"按,孔子的许多重要思想皆有所述,如 12·
1"克己复礼为仁",即出之古书记载,见《左传·昭公十二
年》。12·2答仲弓问仁说"出门如见大宾,使民如承大祭",
出之古之传闻,见《左传·僖公三十三年》。② 好古:参见
7·20。③ 老彭:商之贤大夫,见《大戴礼·虞戴德》。

【翻译】 孔子说: "传述而不创作,相信并喜爱古代
文化,姑且私下把自己比为老彭。"

7·2 子曰:"默而识之①,学而不厌,诲人不倦,何

有于我哉②？"

【注释】 ① 识(zhì)：记。② 何有：还有什么，意思是此外无他。这种句型又见 9·16。 本章可参见 7·34。

【翻译】 孔子说："默默用心记下知识，勤奋学习而不厌烦，教诲别人永不倦怠，对我来说此外还有什么呢？"

7·3 子曰："德之不修，学之不讲，闻义不能徙①，不善不能改，是吾忧也。"

【注释】 ① 徙：趋赴。12·10 有"徙义"一语，可参。"闻义"二句：可参 7·22"择其善者而从之，其不善者而改之"。

【翻译】 孔子说："对道德不修养，对学问不讲论，听到道义不能奔赴，听到缺点不能改正，这些都是我的忧虑啊。"

7·4 子之燕居①，申申如也②，夭夭如也③。

【注释】 ① 燕居：即宴居，古人退朝而处叫燕居。② 申申：整饬的样子。③ 夭夭：和舒的样子。

【翻译】 孔子在家闲居，整齐端庄，和舒自然。

7·5 子曰：“甚矣吾衰也！久矣吾不复梦见周公①！”

【注释】 ① 周公：姓姬，名旦，周文王之子，武王之弟，鲁国的始封之君。曾辅佐周成王，制礼作乐，多有建树。周公是孔子所敬仰的古圣人之一。孔子把周公视为周代文化的代表，把梦见周公视为盛世有望的瑞兆，把自己的命运与世道的兴衰紧紧联系在一起，参见9·9。

【翻译】 孔子说：“我衰朽得多么厉害啊！ 我已经好久不曾梦见周公了！”

7·6 子曰：“志于道①，据于德②，依于仁，游于艺③。”

【注释】 ① 道：指典范的政治理想，即“天下有道”（16·2）的道。又《礼记·礼运》：“孔子曰：‘大道之行也（指五帝时），与三代之英（指禹、汤、文王、武王、成王、周公），丘未逮也，而有志焉。’” ② 据：执守。19·2“执德不弘，信道不笃”。可与以上两句互参。③ 游：广泛涉猎。艺：指礼、乐、射、御、书、数六艺。此句即“博学于文”（6·27、12·15）之意。 本章讲进德修业。前三句有关政治、道德的修养和实践，是根本；后一句有关文化技艺的学习，居于从属地位。从所用动词字眼的轻重上，也能看出两方面有主次之分，与1·6“行有余力，则以学文”的思想是一致的。如果能分清主次，全面兼顾，就是“君子儒”，如果忽略根本，只知学文,就是"小人儒"(参见 6·13)。另外可参见 7·25、7·33等。

【翻译】 孔子说:"信仰政治理想,执守道德修养,依据仁爱学说,广泛涉猎文化技艺。"

7·7 子曰:"自行束脩以上①,吾未尝无诲焉。"

【注释】 ① 束脩:十条干肉。脩为脯,即干肉。每条干肉叫一脡(tǐng),十脡为一束。束脩算是微薄的拜见礼物。本章反映了孔子"有教无类"(15·39)的思想。

【翻译】 孔子说:"从带着束脩自愿履行最基本进见礼仪以上的人,我没有不加以教诲的。"

7·8 子曰:"不愤不启①,不悱不发②。举一隅不以三隅反③,则不复也。"

【注释】 ① 愤:精神振奋,情绪饱满。这里形容求知欲望强烈。《集解》引郑玄注"心愤愤"。朱熹《集注》:"愤者,心求通而未得之意。"启:开导。② 悱(fěi):《集解》引郑玄注"口悱悱"。朱熹《集注》:"悱者,口欲言而未能之貌。"③ 隅:方。方位一般有四方。举一隅:蜀石经、皇侃《论语义疏》本、《文选·西京赋》李善注引文,皆作"举一隅而示之",当为原貌。《集解》引郑玄注:"说则举一隅以语之。"则郑注本当亦有"而示之"三字。反:类推。朱熹《集注》:"反者，还以相证之义。" 本章体现了孔子启发式的教学方法。

【翻译】 孔子说："不到发愤求知的程度不进行开导，不到欲言不能的程度不进行启发，举示一方不能推知其他三方，对这样的人就不再进行教诲了。"

7·9　子食于有丧者之侧，未尝饱也。

【注释】 本章反映了孔子的同情心。

【翻译】 孔子在家有丧事的人旁边吃饭，从未吃饱过。

7·10　子于是日哭，则不歌。

【注释】《经典释文》论本章说："旧以为别章，今宜合前章。"朱熹《集注》从之。按，以不合为是。《礼记·曲礼上》："哭日不歌。"《檀弓下》："吊于人，是日不乐。"可见吊哭之日不再唱歌是一种致哀之礼。

【翻译】 孔子如在这一天哭吊过，就不再唱歌了。

7·11　子谓颜渊曰："用之则行，舍之则藏，惟我与尔有是夫！"

子路曰："子行三军①，则谁与？"

子曰："暴虎冯河②，死而无悔者，吾不与也；必也临事而惧，好谋而成者也。"

【注释】 ① 行：为。这里是统帅、治理之义。三军：古时王六军，大国三军，次国二军，小国一军，见《周礼·夏官》。② 暴虎冯（píng）河：语出《诗经·小雅·小旻》："不敢暴虎，不敢冯河。"毛传："冯，陵也，徒涉曰冯。徒搏曰暴虎。"又《郑风·大叔于田》："襢裼暴虎。"毛传："襢裼，肉袒也（即赤膊）。暴虎，空手以搏之。"按，冯河，徒身渡河，解释无疑义，《大戴礼·曾子大孝》谈到不敢以身体冒险时，亦曾提到"舟而不游"。而对《大叔于田》毛传解"暴虎"为"空手以搏之"以及《吕氏春秋·安死》《淮南子·本经》高诱注解"暴虎"为"无兵（兵器）搏虎"，则有疑义。裘锡圭认为"暴"的本字，金文作"虣"，甲骨文从戈从虎（上下结构），或"象以手执杖搏虎"（异体），据字形并非"空手""无兵"而搏虎。《尔雅·释训》《诗经·小雅·小旻》毛传及《论语·述而》集解引孔注把"暴虎"解释为"徒搏"，当是指不乘猎车徒步搏虎（见《说"玄衣朱襮"——兼释甲骨文"虣"字》，《古文字论集》，中华书局1992年8月版，第350—352页）。此说可从。

本章反映了孔子处世谋事的态度，他主张谨慎、灵活，反对鲁莽无谋。参见5·2、9·13、14·1、15·7、15·12等。

【翻译】 孔子对颜渊说："如果用自己，就施展抱负；如果舍弃自己，就藏身自爱。只有我和你能做到这样吧！"

子路说："老师如果统帅三军,那么跟谁共事呢?"

孔子说:"徒步搏虎,徒身渡河,虽死而不后悔的人,我不跟他共事;我跟他共事的,一定是临事谨慎小心,善于谋划而取得成功的人。"

7·12 子曰:"富而可求也①,虽执鞭之士②,吾亦为之。如不可求,从吾所好。"

【注释】 ① 而:如。可求:不仅指求之可能,也指求之合乎道义。② 执鞭之士:士之贱者。《周礼·秋官·条狼氏》:"条狼氏掌执鞭以趋辟(趋而使行人避开),王出入则八人夹道,公则六人,侯伯则四人,子男则二人。凡誓,执鞭以趋于前,且命之。" 本章反映了孔子对待富贵的态度,参见4·5、7·16。

【翻译】 孔子说:"财富如果可以求得,即使是执鞭之士的贱职,我也愿担任。 如果不可以求得,那就遂其心愿,从我所好。"

7·13 子之所慎:齐①,战,疾。

【注释】 ① 齐:同"斋",即斋戒,为祭祀之前洁身清志的整肃举动。

【翻译】 孔子所谨慎对待的事有:斋戒,战争,疾病。

7·14　子在齐闻《韶》①，三月不知肉味②，曰："不图为乐之至于斯也。"

【注释】　① 韶：见3·25注①。② 三月：泛指时间较长。参见6·7"其心三月不违仁"。　　本章反映了孔子对《韶》乐的欣赏和沉醉，参见3·25。

【翻译】　孔子在齐国听到《韶》乐，沉醉三个月以来不晓得肉味的鲜美，说："不料欣赏音乐竟达到这种境界。"

7·15　冉有曰："夫子为卫君乎①？"子贡曰："诺②，吾将问之③。"

入，曰："伯夷、叔齐何人也④？"曰："古之贤人也。"曰："怨乎？"曰："求仁而得仁⑤，又何怨？"

出，曰："夫子不为也。"

【注释】　① 为：助。卫君：指卫出公辄。卫灵公之孙，太子蒯聩之子。卫灵公三十九年（公元前496年），太子蒯聩与卫灵公夫人南子有恶，欲杀之。灵公怒，蒯聩逃往宋国，后至晋，为赵简子（鞅）所庇护。灵公四十二年春，灵公欲立其少子郢为后，郢谦辞之。同年夏，灵公卒，南子命郢为太子即君位，郢不从，荐蒯聩之子辄，卫于是立辄为君，是为出公。晋国赵简子欲让太子蒯聩继灵公位为君，卫出公拒之。事见《左传》定公十四年、哀公二年，《春秋》哀公二年、三年，亦见《史记·卫康叔世家》。按，弟子们不知孔子是否赞助卫君辄,故冉有发此问,其时约在鲁哀公六年(公元前489年)孔子周游列国一行由陈回到卫国之后。实孔子欲正名,是在维护太子蒯聩太子的名分,认为卫出公辄继位不合名分。② 诺:应诺的答应声。③ 将:副词,姑且。之:指代孔子。④ 伯夷、叔齐:见5·23注①。伯夷、叔齐兄弟在其父孤竹君死后,互相让位,结果都逃出自己的国家。这里子贡借伯夷、叔齐兄弟互相让位的事,试探孔子对卫出公与其父争位一事的态度,并由孔子肯定伯夷、叔齐,而知孔子不赞助卫出公。⑤"求仁"句:孔子认为伯夷、叔齐成全了孝悌,而孝悌为仁之根本(见1·2),故有此云。

【翻译】 冉有说:"老师会赞赏帮助卫君吗?"子贡说:"好吧,我就去问问他。"

子贡进到孔子屋里,问道:"伯夷、叔齐是什么样的人?"孔子说:"是古代的贤人。"又问道:"他们互相让位,都未当成国君,有悔恨吗?"孔子说:"他们追求仁德而都得到仁德,又有什么悔恨的呢?"

子贡从孔子屋里出来,说:"老师不赞赏帮助卫君。"

7·16 子曰:"饭疏食①,饮水,曲肱而枕之②,乐亦在其中矣。不义而富且贵,于我如浮云③。"

【注释】 ① 饭:吃。疏:粗。10·9及《孟子·万章上》皆有"疏食菜羹"之语。② 肱(gōng):上臂。这里泛指胳膊。③ 如浮云:谓浮云在天,与己无关。《集解》引郑玄注:"于我如浮云，非己之有。" 本章反映了孔子安贫乐道的思想，参见 4·5、7·12。

【翻译】 孔子说："吃粗粮饭，喝白水，弯起胳膊枕着安歇，快乐也就自在其中了。 用不正当的手段得来的富贵，对于我就如同天际的浮云一般。"

7·17 子曰："加我数年，五十以学《易》①，可以无大过矣。"

【注释】 ① 易：指《周易》。《经典释文》："《鲁》（《鲁论语》）读'易'为'亦'，今从《古》（《古文论语》）。"《释文》所录，为郑玄注。可知今文经《鲁论语》"易"作"亦"，连下读，作"五十以学，亦可以无大过矣"。按，以《古文论语》为是。五十学《易》，与阅历有关，朱熹《朱子语类》卷一一七："此书（指《易》）自是难看，须经历世故多，识尽人情物理，方看得入。"学《易》而无大过，与知天命有关，参见 2·4"五十而知天命"。《论语集解》："《易》'穷理尽性以至于命'（《子夏易传·说卦传》），年五十而知天命，以知命之年，读至命之书，故可以无大过矣。"

【翻译】 孔子说："添我几年寿数，到五十岁时去学习《周易》，便可以知天命而没有大的过错了。"

7·18 子所雅言①：《诗》、《书》、执礼，皆雅言也。

【注释】 ① 雅言:指通行的标准语,又称正言。

【翻译】 孔子用正言官话的时候:诵《诗经》、读《尚书》、主持礼仪,都用正言官话。

7·19 叶公问孔子于子路①,子路不对。子曰:"女奚不曰:其为人也,发愤忘食,乐以忘忧②,不知老之将至云尔③。"

【注释】 ① 叶(繁体"葉"字,音 shè):楚国地名,今河南叶县南三十里古叶城即其地。叶公:楚国大夫沈诸梁,字子高,为楚国司马沈尹戍之子,其采地为叶。《左传》定公、哀公期间记有他的事迹。② 以:而。③ 云尔:如此罢了。

【翻译】 叶公向子路问孔子是怎样的一个人,子路不回答。孔子对子路说:"你为什么不这样说:他的为人,发愤学习,忘记吃饭,自得其乐,忘记忧愁,以至于不理会老衰之年快要到来,如此而已。"

7·20 子曰:"我非生而知之者①,好古,敏以求之者也②。"

【注释】 ① 生而知之者:孔子认为生而知之者是智力最上等的人,学而知之者是智力次等的人,困而不学者是智力最下等的人,参见 16·9。由此可知孔子自认为是中等之材。②"好古"句:参见 7·1、7·28。

【翻译】 孔子说："我不是天生的智者，而是喜好古代的文化，通过勤快学习而求得知识的人。"

7·21　子不语怪、力、乱、神。

【注释】 本章反映了孔子崇尚道德和质实的思想。参见 14·33"骥不称其力，称其德也"，17·23"君子尚勇乎"。

【翻译】 孔子从不谈论怪异、强力、暴乱、鬼神。

7·22　子曰："三人行，必有我师焉；择其善者而从之，其不善者而改之。"

【注释】 本章说明孔子善于从正反两方面进行学习，故随时随地都能发现老师。

【翻译】 孔子说："三人同行，必有我可师法的人在其中；选择他们的优点照着去做，借鉴他们的缺点有则改正。"

7·23　子曰："天生德于予①，桓魋其如予何?"

【注释】 ① 德：道德，指周代的道德传统，8·20"周之德，其谓至德也已矣"。这里孔子以周代的道德化身自居，与 9·5 中以周代的文化代表自居一样。每当危急之时，孔子总是以替天行道的勇者面目出现，这种情况也可与 9·5 互参。② 桓魋（tuí）：宋国的司马向魋，因为是宋桓公的后代，故又叫桓魋。关于本章的背景，《史记·孔子世家》云："孔子去曹，适宋，与弟子习礼大树下。宋司马桓魋欲杀孔子，拔其树。孔子去，弟子曰：'可以速矣。'孔子曰：'天生德于予，桓魋其如予何？'"

【翻译】 孔子说："天把道德降生在我身上，桓魋能将我怎么样呢？"

7·24 子曰："二三子以我为隐乎①？吾无隐乎尔。吾无行而不与二三子者，是丘也。"

【注释】 ① 隐：隐瞒。弟子们每每怀疑孔子在教学上有所隐瞒，16·13 也是如此，可参看。其实这是一种误会，孔子重身教，轻言教，即使言教，也往往引而不发（参见 7·8），因此使弟子产生此疑。

【翻译】 孔子说："你们这些弟子以为我有所隐瞒吧？ 我没有隐瞒你们的啊。 我没有任何行为不向你们这些弟子公开的，这正是我孔丘的特点。"

7·25 子以四教：文，行，忠，信①。

【注释】 ① 此四者包括德和才，其中行、忠、信属于德，占据其三，文属于才，仅占其一。孔子总是把德放在重要地位,把才放在次要地位。参见1·6、7·6。

【翻译】 孔子用四种内容来教育学生:文化技艺,礼义实践,待人忠诚,办事信实。

7·26 子曰:"圣人①,吾不得而见之矣;得见君子者②,斯可矣。"

子曰:"善人③,吾不得而见之矣;得见有恒者,斯可矣。亡而为有④,虚而为盈,约而为泰,难乎有恒矣。"

【注释】 ① 圣人:指"博施于民而能济众"的人,参见6·30、7·34。② 君子:指有仁德的人。在6·30及7·34中孔子把"圣"与"仁"的区别说得非常明确。③ 善人:相当于君子(仁人),参见11·19、13·11、13·29、20·1。④ 亡(wú):同"无"。

【翻译】 孔子说: "圣人,我是不能见到了;能见到君子,也就可以了。"

孔子又说: "善人,我是不能见到了;能见到有恒心向善的人,也就可以了。 无有却装作富有,空虚却装作充实,困约却装作侈泰,这样的人便难于有恒心向善了。"

7·27 子钓而不纲①,弋不射宿②。

【注释】 ① 钓:用一竿一钩钓鱼。《论语集解》引孔安国曰:"钓者,一竿钓也。"《诗经·小雅·采绿》:"之子于钓,言纶之绳。""纶之绳"即指系钓钩的生丝细绳。纲:大绳。此处指用生丝细绳拴着众多钓钩的纲横贯水流以取鱼的方法。如《论语集解》引孔安国曰:"纲者,为大纲,以横绝流,以缴(即生丝细绳)系钓(钓钩)罗属纲者。"又《太平御览》八百三十四引注云(或云即郑玄注):"纲,谓为大索横流属钓(属钓,谓罗列系上钓钩)。"② 弋(yì):用生丝系矢而射叫弋。宿:指归宿的鸟。《孟子·尽心上》说:"亲亲而仁民,仁民而爱物。"本章即反映了孔子的爱物美德。这种美德表现为遵守古代取物有节的资源保护的社会公约,《大戴礼·曾子大孝》:"草木以时伐焉,禽兽以时杀焉。夫子曰:'伐一木,杀一兽,不以其时,非孝也。'"贾谊《新书·礼》:"不合围,不掩群,不射宿,不涸泽,豺不祭兽,不田猎,獭不祭鱼,不设网罟……取之有时,用之有节,则物蓄多。"《礼记·王制》也有类似记载。

【翻译】 孔子钓鱼而不用带有许多钓钩的纲取鱼,用带丝绳的箭射鸟时从不射归宿的鸟。

7·28 子曰:"盖有不知而作之者①,我无是也。多闻,择其善者而从之,多见而识之②,知之次也③。"

【注释】 ① 作:创造。② 识(zhì):记。"多闻"二句:即"述而不作""敏以求之"之意。③ 知之次:孔子认为"生而知之者,上也;学而知之者,次也"(16·9)。知之次,即次于"生而知之者"的"学而知之者"。

【翻译】 孔子说: "大概有不知其然而盲目创作的

吧，我没有这样的情况。 总是多多地听，选择其中好的东西加以遵从，多多地看，并且用心记下来，我这种知属于次一等的知。"

7·29 互乡难与言①，童子见，门人惑。子曰："与其进也，不与其退也，唯何甚②？ 人洁己以进，与其洁也，不保其往也③。"

【注释】 ① 互乡：地名，不详所在。这里指互乡人。② 唯：句首语气语。甚：过分。③ 保：守，拘守。

【翻译】 互乡人难于跟他们讲话，却有一童子被孔子接见，弟子们疑惑不解。 孔子说："赞同他的进步，不赞同他的倒退，这有什么过分？ 别人洁身自爱以求进步，就肯定人家的洁身自爱，不要死盯住人家有污点的过去。"

7·30 子曰："仁远乎哉？ 我欲仁，斯仁至矣①。"

【注释】 ①"我欲"二句：参见12·1"为仁由己，而由人乎哉？" 本章孔子勉励人修养仁德，参见4·6、9·31。

【翻译】 孔子说："仁离我们很远吗？ 我想达到仁，那么仁就会到来。"

7·31 陈司败问①："昭公知礼乎②?"孔子曰："知

礼。"孔子退,揖巫马期而进之③,曰:"吾闻君子不党,君子亦党乎?君取于吴④,为同姓⑤,谓之吴孟子⑥。君而知礼,孰不知礼?"巫马期以告。子曰:"丘也幸,苟有过,人必知之⑦。"

【注释】 ① 陈司败:人名,齐国大夫,其详无考(据《正义》引郑玄注)。一说司败为官名,陈国大夫(见《集解》引孔安国说)。② 昭公:鲁昭公,名裯,襄公庶子,昭是谥号。③ 巫马期:孔子的学生,姓巫马,名施,字子期。④ 取:同"娶"。⑤ 为同姓:鲁为周公之后,吴为太伯之后,皆姬姓。⑥ 吴孟子:当时国君夫人的称号,一般是生长之国的国名加上本姓,鲁昭公娶于吴,其夫人的名字应是吴姬。但是"同姓不婚",昭公娶于吴违背了礼,因此讳称其夫人为吴孟子。⑦ "丘也"三句:君子于其过不加文饰,小人则相反,参见19·8、19·21,故孔子以人知其过为有幸。

【翻译】 陈司败问:"鲁昭公懂得礼吗?"孔子说:"懂得礼。"孔子走了以后,陈司败向巫马期作揖请他走到自己面前,说道:"我听说君子无所偏私,难道君子也偏私吗?鲁君娶夫人于吴国,因为是同姓,故讳称夫人为吴孟子。鲁君如果算是懂得礼,还有谁不懂得礼呢?"巫马期把这番话告诉了孔子。孔子说:"我孔丘算是有幸,一旦有了过错,人家一定会知道。"

7·32 子与人歌而善①,必使反之②,而后和之。

【注释】 ① 而：连词，表假设，犹如果。② 反：重复。

【翻译】 孔子与别人一起唱歌，如果唱得好，一定请别人重复唱一遍，然后和着一起唱。

7·33 子曰："文莫^①，吾犹人也。躬行君子^②，则吾未之有得。"

【注释】 ① 文莫：通"忞慔"。《说文解字》：忞，强也。慔，勉也。忞慔为联绵字，忞黾同音，慔勉双声，韵母阴阳对转，忞慔犹言黾勉，意为努力。又《方言》说："侔莫，强也。北燕之外郊，凡劳而相勉，若言努力者，谓之侔莫。"侔莫亦为联绵字，与文莫、黾勉声近义通。② 躬行：身体力行。本章为孔子在道德修养方面的自谦之辞，参见下一章。

【翻译】 孔子说："论努力，我跟别人差不多。身体力行成为君子，那我还未能做得到。"

7·34 子曰："若圣与仁^①，则吾岂敢？抑为之不厌^②，诲人不倦，则可谓云尔已矣。"公西华曰^③："正唯弟子不能学也。"

【注释】 ① 圣：指圣人的标准。仁：指君子的标准。两者的具体内容可参见6·30，两者有别可参见7·26。② 抑：还是。"抑为"三句：参见7·2。③ 公西华：即公西赤，见5·8注⑥。

【**翻译**】 孔子说："至于圣和仁，那我怎敢当？ 还是学习实践永不厌烦，教诲别人永不倦怠，只可说是如此罢了。"公西华说："这正是我们弟子所不能学到的。"

7·35 子疾病①，子路请祷。子曰："有诸②?"子路曰："有之。 诔曰③：'祷尔于上下神祇④。'"子曰："丘之祷久矣。"

【**注释**】 ① 疾病：《经典释文》引郑玄注本无"病"字，皇侃《义疏》本同。无"病"字当为原貌。《说文解字》："疾，病也。""病，疾加也。"笼统讲二字意义无别。《论语》中此处之"疾"及 8·3、8·4"曾子有疾"之"疾"，均指病重而言。② 诸："之乎"的合音兼义词。③ 诔（lěi）：祈祷文。《说文解字·言部》"讄"字下引此文作"讄"。讄，为生者祈祷之文。诔，为死者哀悼之文。此种区别不严格，讄亦可作"诔"。④ 祇（qí）：地神。上下神祇：天神地祇，泛指神灵。

【**翻译**】 孔子得了重病，子路请求为他祈祷。 孔子说："有这样的事吗？"子路说："有的。 诔文上说：'为你向天神地祇祈祷。'"孔子说："那么我孔丘的祈祷已经很久了。"

7·36 子曰："奢则不孙①，俭则固②。与其不孙也，宁固。"

【注释】 ① 孙(xùn)：同"逊"。② 固：固陋。 本章孔子的话,针对当时礼仪徒具形式,并且追求铺张奢侈的社会乱象而发。参见3·4"礼,与其奢也,宁俭"。

【翻译】 孔子说："奢侈就会不谦让,节俭就会固陋。 与其不谦让,宁肯固陋。"

7·37 子曰："君子坦荡荡①,小人长戚戚②。"

【注释】 ① 荡荡：宽广的样子。② 戚戚：忧惧的样子。

【翻译】 孔子说："君子心怀平坦宽广,小人心怀忧惧不安。"

7·38 子温而厉①,威而不猛,恭而安②。

【注释】 ① 子：《经典释文》校云："一本作'子曰',……皇本(皇侃《义疏》本)作'君子'。案此章说孔子德行,依此文为是也。" ② 恭而安：恭敬而安详。按,恭则易劳烦,恭则易拘谨,恭则易卑谦,故强调"恭而安"。参见1·13"恭近于礼,远耻辱也",5·25"巧言、令色、足恭,左丘明耻之,丘亦耻之",8·2"恭而无礼则劳",12·5"与人恭而有礼"。本章反映了孔子在仪态方面的中庸之道。

【翻译】 孔子温和而严厉,威严而不凶猛,恭敬而安详。

泰 伯 第 八

本篇包括二十一章,论古圣贤的
内容较为突出,从中可以看出孔子的
政治理想。另外,记载曾参言行的内
容较多,曾参在孔子的学生中,是比较
注重道德修养的一个人。

8·1 子曰:"泰伯①,其可谓至德也已矣②。三以天下让③,民无得而称焉④。"

【注释】 ① 泰伯:亦作"太伯",周朝祖先古公亶父(周太王)的长子。他的两个弟弟依次为仲雍和季历。季历的儿子为姬昌。传说古公亶父想把君位通过贤子季历传给有圣端的姬昌。古公亶父得了重病,泰伯为实现父亲的意愿,便偕同仲雍出走到荆蛮之地,自号勾吴,立为吴太伯,成为吴国的始祖。古公亶父死后,季历立为君,后传位姬昌,即周文王。详见《史记·周本纪》及《吴太伯世家》。② 至德:至高的道德。参见8·20"周之德,可谓至德也已矣"。③ 天下:指君权。关于三让,前人众说纷纭,刘宝楠《论语正义》引郑玄注说:"太王疾,泰伯因适吴越采药,太王殁而不返,季历为丧主,一让也。季历赴之,不来奔丧,二让也。免丧之后,遂断发文身,三让也。"其他《韩诗外传》及《论衡·四讳》亦皆有说。按，三泛指多数，不必枉考史实以凑其数。
④ 无得：同"无能"，无法之义。此句与 8·19"民无能名焉"
同义。　本章反映了孔子礼让、让贤的政治思想，可见他并
不拘守嫡长子继承的宗法制度。

【翻译】　孔子说："论泰伯，那可以说具备至高无上
的道德了。　他多次把天下让给弟弟季历，老百姓无法用语
言来称赞他。"

8·2　子曰："恭而无礼则劳①，慎而无礼则葸②，勇而无礼则乱③，直而无礼则绞④。君子笃于亲⑤，则民兴于仁，故旧不遗⑥，则民不偷⑦。"

【注释】　① 恭而无礼：即"足恭"，足恭是可耻的（5·
25），而"恭近于礼，远耻辱也"（1·13）。劳：忧烦不安。
② 慎而无礼：即过分小心，如"季文子三思而后行"（5·20）
就是其例。葸（xǐ）：畏惧。③ 勇而无礼：即鲁莽之勇，子路的
行为多有此弊，常常受到孔子的批评。④ 直而无礼：即所谓
憨直、愚直，如"其父攘羊，而子证之"（13·18）就是其例。
绞：急切刺人。⑤ "君子"句：参见 1·13、18·10。⑥ 遗：
弃。此句参见 18·10。⑦ 偷：薄。这里指情意淡薄。"君
子"四句：亲指同姓而言，故旧指外姓而言，《左传·宣公十
二年》有"内姓选于亲，外姓选于旧"的话。又此四句与前四
句似不连贯，故有人认为当分为另一章。　本章前四句反
映了孔子把礼作为道德准则的重要思想。他认为恭、慎、
勇、直都属于好的品质，但必须"约之以礼"（12·15），否则就

会"过犹不及"(11•16),走向反面,违背中庸之道;或"质胜文则野"(6•18),成不了"文质彬彬"的君子。参见14•12。

【翻译】 孔子说:"恭敬而不符合礼就会忧烦不安,谨慎而不符合礼就会畏缩不前,勇敢而不符合礼就会违法作乱,直率而不符合礼就会尖刻伤人。 君子厚待自己的亲族,老百姓就会兴起仁德的修养,君子不遗弃自己的故旧,老百姓就不会待人薄情寡义。"

8•3 曾子有疾,召门弟子曰:"启予足①! 启予手!《诗》云:'战战兢兢,如临深渊,如履薄冰②。'而今而后,吾知免夫③! 小子!"

【注释】 ① 启:有二解,一说开义,又有指开衾和指展平手足之异。另一说启为晵之借字,《说文》:"晵,视也。"《广雅•释诂》同。王念孙《广雅疏证》引《论语》此文,谓启与晵同。以后一说为长。② 引《诗》出《诗•小雅•小旻》。③ 免:指免于灾难、刑戮,以保全身体。曾参以孝著称,而保全身体为孝的重要内容,《孝经》说:"身体发肤,受之父母,不敢毁伤。"《大戴礼•曾子大孝》载:"乐正子春下堂而伤其足,伤瘳,数月不出,犹有忧色。门弟子问曰:'夫子伤足瘳矣,数月不出犹有忧色,何也?'乐正子春曰:'善如尔之问也。吾闻之曾子,曾子闻诸夫子,曰:"天之所生,地之所养,人为大矣。父母全而生之,子全而归之,可谓孝矣;不亏其体,可谓全矣。"故君子顷步之不敢忘也。今予忘夫孝之道矣,予是以有忧色也。'"身处乱世,能保全身体尤为不易,参见 5·2"邦无道，免于刑戮"。

【翻译】 曾参得了重病，把自己的学生召到跟前说："看看我的脚！ 看看我的手！《诗经》说：'总是战战兢兢，像面临深渊一样，像脚踩薄冰一样。'从今以后，我才确知可以避免伤残之害了！ 弟子们啊！"

8·4 曾子有疾，孟敬子问之①。曾子言曰："鸟之将死，其鸣也哀；人之将死，其言也善。君子所贵乎道者三：动容貌②，斯远暴慢矣；正颜色，斯近信矣；出辞气③，斯远鄙倍矣④。笾豆之事⑤，则有司存⑥。"

【注释】 ① 孟敬子：鲁国大夫孙捷。② 动：作，这里指整肃。③ 出：超特，高尚。④ 鄙：粗野，鄙陋。倍：同"背"，乖戾。⑤ 笾(biān)：竹器，高脚，上面为宽阔碗形容器，祭祀时用来盛果实等食品。豆：形状像笾一样的器皿，木制，有盖，用来盛有汁的食物。笾豆之事指礼仪的细微末节事宜。⑥ 有司：主管具体事务的小吏。 本章是说君子对于礼仪应注重容态仪表等大的方面，而不要拘泥于烦琐小事。参见 15·17。

【翻译】 曾参得了重病，孟敬子来探问他。 曾参对孟敬子说："鸟在快死的时候，它的叫声哀凄；人在快死的时候，他的话语美善。 君子注重礼道的地方有三点：整肃容貌，就会远离粗暴和怠慢；端庄脸色，就会近于信诚；高雅其言辞语调，就会远离粗俗和乖戾。 至于笾豆之类的具体小事，自有主管人员在那里操持。"

8·5 曾子曰："以能问于不能，以多问于寡，有若无，实若虚，犯而不校①，昔者吾友尝从事于斯矣②。"

【注释】 ① 校(jiào)：计较。② 吾友：《集解》引马融曰："友谓颜渊。"本章曾子所称赞的具有谦虚美德的人，与7·26中孔子所批评的"亡而为有，虚而为盈，约而为泰，难乎有恒"的人恰成鲜明的对照。

【翻译】 曾参说："以能者的身份向能力差的人请教，以博学多闻者的身份向浅学寡闻的人请教，有却像没有，充实却像空虚，受到冒犯却不计较，从前我的一位朋友曾经努力这样做过。"

8·6 曾子曰："可以托六尺之孤①，可以寄百里之命②，临大节而不可夺也③，君子人与？ 君子人也。"

【注释】 ① 六尺之孤：幼年孤儿。古时尺小，以身高七尺为成年。六尺指十五岁之下。托六尺之孤：指受前君之命辅佐幼主。② 百里：方圆百里之地，指诸侯大国。寄百里之命：指摄国政。《论语集解》："寄命，摄君之政令也。"③ 大节：重大关头、重大事情。《集解》："大节：安国家，定社稷。"夺：改易，动摇。

【翻译】 曾参说："可以把幼年孤主托付给他，可以把国家政令托他代管，面临重大关头或重大事情而又不能使他动摇，这算君子一类的人吗？ 无疑是君子一类的人。"

8·7 曾子曰："士不可以不弘毅①，任重而道远。仁以为己任，不亦重乎？死而后已，不亦远乎？"

【注释】 ① 弘毅：《集解》引包咸注："弘，大也。毅，强而能断也。"又章炳麟《广论语骈枝》说："《说文》：'弘，弓声也。'后人借'强'为之，用为'彊'义。此'弘'字即今之'强'字也。《说文》：'毅，有决也。'任重须彊，不彊则力绌；致远须决，不决则志渝。"亦通。

【翻译】 曾子说："士不可不志向远大、意志坚毅，因为肩负沉重，路途遥远。以实行仁德为己任，不是很沉重吗？直到死才能罢休，不是很遥远吗？"

8·8 子曰："兴于《诗》，立于礼，成于乐。"

【注释】 本章讲学习、修养的内容和过程。孔子曾说"不学《诗》，无以言"，"不学礼，无以立"（16·13）。《集解》引包咸注："兴，起也，言修身当先学《诗》。礼者，所以立身。乐所以成性。"

【翻译】 孔子说："感兴在于《诗》，立身在于礼，完成在于乐。"

8·9 子曰："民可使由之①，不可使知之。"

【注释】 ① 之：指道。下"之"字同。参见17·4"小人学道则易使"。 本章是说老百姓可以遵道而行,但不知其所以然。因为孔子认为"民"属于"中人以下",而"中人以下,不可以语上也"(6·21)。《孟子·尽心上》:"行之而不著焉,习矣而不察焉,终身由之而不知其道者,众也。"《礼记·中庸》:"百姓日用而不知。"皆发挥本章之义,可参。

【翻译】 孔子说: "老百姓可使他们遵照道而行,不可使他们通晓道的真谛。"

127

8·10 子曰:"好勇疾贫,乱也①。人而不仁,疾之已甚,乱也②。"

【注释】 ①"好勇"句:参见8·2"勇而无礼则乱",14·10"贫而无怨难"。②"人而"句:与其相反的正确做法,参见《大戴礼·曾子立事》:"君子恶人之不善而弗疾也。"

【翻译】 孔子说: "好勇敢斗却憎恶贫困,就会造成祸乱。 别人如果不仁,嫉恨他太过分,就会造成祸乱。"

8·11 子曰:"如有周公之才之美①,使骄且吝②,其余不足观也已。"

【注释】 ① 周公:即周公旦。见7·5注①。② 使:假使。

【翻译】 孔子说: "如果有周公那样的才能、那样的美质，假使骄傲而吝啬，那么其余的长处也就不足观了。"

8·12 子曰："三年学，不至于谷①，不易得也。"

【注释】 ① 至：及，指念及。谷（gǔ）：俸禄。因古代以谷米为俸禄，故称。

【翻译】 孔子说： "学了三年，还不念及做官受禄，这种人是不易得的。"

8·13 子曰："笃信好学，守死善道①。危邦不入，乱邦不居。天下有道则见，无道则隐。邦有道，贫且贱焉，耻也；邦无道，富且贵焉，耻也②。"

【注释】 ① 善道：指正确的学说。参见 4·8"朝闻道，夕死可也"，19·2"信道不笃"。② "邦有"数句：参见 14·1"邦有道，谷；邦无道，谷，耻也"。 本章表现了孔子的处世态度和富贵观。参见 4·5。

【翻译】 孔子说： "笃信不疑，勤奋好学，至死坚守真理。 危难的国家不进入，动乱的国家不居留。 天下政道清明就出仕，政道昏乱就隐居。 国家政道清明，如果贫贱，便是耻辱；国家政治昏乱，如果富贵，便是耻辱。"

8·14　子曰：“不在其位，不谋其政①。”

【注释】　①“不在”二句：又见14·26。与《周易·艮卦·象辞》“君子以思不出其位”意思相同。又可与16·1“陈力就列，不能则止”互参。

【翻译】　孔子说：“不居某一职位，就不考虑那方面的政事。”

8·15　子曰：“师挚之始①，《关雎》之乱②，洋洋乎盈耳哉③！”

【注释】　①师挚：鲁国的太师（乐官之长），名挚。始：乐曲的开端，详下注。②关雎：《诗经·周南》的第一篇，这里指乐章而言。乱：乐曲的终了。刘台拱《论语骈枝》对始、乱有所考证：“始者，乐之始；乱者，乐之终。《乐记》（见《礼记》）曰：‘始奏以《文》，复乱以《武》。’又曰：‘再始以著往，复乱以饬归。’皆以始、乱对举，其义可见。凡乐之大节，有歌有笙，有间有合，是为一成。始于升歌，终于合乐，是故升歌为之始，合乐谓之乱。《周礼·太师职》：‘大祭祀，帅瞽登歌。’《仪礼·燕》及《大射》皆太师升歌。挚为太师，是以云‘师挚之始’也。合乐，《周南》：《关雎》《葛覃》《卷耳》，《召南》：《鹊巢》《采蘩》《采苹》，凡六篇，而谓之‘《关雎》之乱’者，举上以该下。犹之言‘《文王》之三’，‘《鹿鸣》之三’云尔。升歌言人，合乐言诗，互相备也。洋洋盈耳，总叹之也。自始至终，咸得其条理，而后声之美盛可见。言‘始’‘乱’，则笙间在其中矣。孔子反鲁正乐,其效如此。"③ 洋洋:美盛的样子。

【翻译】 孔子说:"从太师挚开始时的升歌,直到《关雎》等最后的合乐,美盛已极,充耳不绝。"

8·16 子曰:"狂而不直①,侗而不愿②,悾悾而不信③,吾不知之矣!"

【注释】 ① 狂:狂放。参见5·22"吾党之小子狂简",13·21"狂者进取"。② 侗(tóng):无知。愿:质朴,恭谨。③ 悾(kōng)悾:诚恳的样子。 本章当是慨叹世风败坏,今人不如古人,参见17·16。

【翻译】 孔子说:"狂放却不直率,无知却不质朴,诚恳却不信实,我不晓得这种人何以如此!"

8·17 子曰:"学如不及,犹恐失之。"

【注释】 本章反映了孔子勤奋好学的态度。

【翻译】 孔子说:"学习起来就好像老赶不上似的,还怕失掉应该学习的东西。"

8·18 子曰:"巍巍乎! 舜禹之有天下也,而不与焉①。"

【注释】 ① 与（yù）：参与。不与：指不亲预其事，为政以德，任贤使能，无为而治。参见 2·1、8·20、8·21、15·5。

【翻译】 孔子说："舜禹是多么高大啊！ 他们得到天下，却不独专其政。"

8·19 子曰："大哉！ 尧之为君也。 巍巍乎！ 唯天为大，唯尧则之。 荡荡乎！ 民无能名焉。 巍巍乎！ 其有成功也①。 焕乎！ 其有文章②。"

【注释】 ① 成功：已成就的功业。② 文章：指礼乐制度。《礼记·大传》："考文章，改正朔。"郑玄注："文章，礼法也。"《论语集注》："文章，礼乐法度也。"

【翻译】 孔子说："伟大啊！ 像尧那样的君主。 高大啊！ 只有天最大，只有尧能效法天。 广阔浩大啊！ 老百姓无法用语言称赞他。 高大啊！ 他有已成就的丰功伟业。 光彩啊！ 他有完美的礼乐典章。"

8·20 舜有臣五人而天下治①。 武王曰："予有乱臣十人②。"孔子曰："才难③，不其然乎？ 唐虞之际④，于斯为盛。 有妇人焉，九人而已。 三分天下有其二⑤，以服事殷。 周之德，其可谓至德也已矣。"

【注释】 ① 五人：《集解》引孔安国注，谓五人为禹、稷、契、皋陶、伯益。② 乱臣：皇侃《论语义疏》本无"臣"字。《经典释文》作"予有乱十人"，谓："本或作乱臣十人，非。"《唐石经》亦无"臣"字，旁增"臣"字。宋本、宋残本《左传·襄公二十八年》"武王有乱十人"，亦无"臣"字。《尚书·泰誓》亦作"予有乱十人"。可见本无"臣"字，"臣"字当是涉上文而妄增。乱：治。指治天下的人才。十人：《集解》引马融注："治官者十人，谓周公旦、召公奭、太公望、毕公、荣公、大颠、闳夭、散宜生、南宫适，其一人为文母。"③ 才：同"材"。④ 唐：尧的国号。虞：舜的国号。际：下。刘宝楠《正义》："唐虞之际者，际犹下也，后也。"引《淮南子·修务训》及《潜夫论·遏利篇》文字为证。⑤ "三分"句：据史载，周文王原是殷商的诸侯，居雍州，号西伯。由于行仁政，天下三分之二的地区皆归从之。详见《史记·殷本纪》。

【翻译】 舜有臣下五人，使天下大治。 周武王说："我有治才十人。"孔子曰： "人才难得，不是确实如此吗？ 尧舜以下，武王时人才最为兴盛。 然而其中尚有一个妇女，男人不过九人罢了。 文王为诸侯时得到天下三分之二的地区拥护，仍然称臣服事殷商。 周的道德，可以说是至高无上的道德了。"

8·21 子曰："禹，吾无间然矣①！ 菲饮食而致孝乎鬼神②，恶衣服而致美乎黻冕③，卑宫室而尽力乎沟洫④。 禹，吾无间然矣！"

【注释】 ① 间(jiàn)：非议。② 菲：薄。③ 黻(fú)：祭祀

时穿的礼服。冕：帽子。这里指祭祀时戴的礼帽。④ 尽力乎沟洫：指疏导河流治水。

【翻译】 孔子说："禹嘛，我对他没有可非议的了。紧缩饮食却用丰盛的祭品向鬼神尽孝心，穿粗恶的衣服却把祭祀的礼服做得华美，造低矮简陋的宫室却为导河治水尽力。 禹嘛，我对他没有可非议的了。"

子罕第九

本篇包括三十一章，以论学的内
容为多，偶及道德修养。

9·1　子罕言利，与命，与仁①。

【注释】　①　与：许，赞同。参见 7·29“与其进也，不与
其退也，……与其洁也，不保其往也”及 11·24“吾与点也”。
或解作连词，则不应点断，是说孔子很少谈到利、命和仁，此
与孔子思想不符，因为孔子谈仁的情况很多。同时连词的
用法也没有在几个并列成分间连举者，如 9·10“子见齐衰
者、冕衣裳者与瞽者”，2·20“使民敬、忠以（连词，义同
‘与’）劝”。　本章反映了孔子重命、重仁而轻利的思想。
孔子并不否定功利，他也谈富贵，也谈富民、利民，但必须以
义为准，以义为先，反对见利忘义，见小利而误大事。参见
4·16、7·16、13·17、14·12、16·10 等。孔子相信天
命，可参见 2·4 注④。

【翻译】　孔子很少谈到利，相信命，宗奉仁。

9·2　达巷党人曰①：“大哉孔子！博学而无所成

名②。"子闻之,谓门弟子曰:"吾何执? 执御乎? 执射乎? 吾执御矣。"

【注释】 ① 达巷党:名叫达的里巷。《礼记·曾子问》有"昔者吾从老聃助葬于巷党"的话,参照此章,可知巷党为一个词,即里巷。② 成名:定名。无所成名,即没有给以确定为某一专家称号的依据。参见9·6"多能",2·12"君子不器"。 本章反映了孔子主张博学、反对偏废的思想。

【翻译】 达巷的一个人说:"博大啊,孔子! 学问广博而无法称他为某一方面的专家。"孔子听到后,对自己的学生说: "那么我专掌哪一门技能呢? 专掌驾车呢,还是专掌射箭呢? 我专掌驾车好了。"

9·3 子曰:"麻冕①,礼也;今也纯②,俭③,吾从众。拜下④,礼也;今拜乎上,泰也⑤。虽违众,吾从下⑥。"

【注释】 ① 麻冕:用麻布做的帽子。《白虎通·绂冕篇》"麻冕者何? 周宗庙之冠也。" ② 纯:丝。③ 俭:节省,指用工省约。《论语集解》引孔安国曰:"冕,缁布冠也。古者绩麻三十升布以为之。纯,丝也。丝易成,故从俭。"朱熹《论语集注》:"俭,为省约。缁布冠以三十升布为之,升八十缕,则其径两千四百缕矣,细密难成,不如用丝之省约。"④ 拜下:拜于堂下。按,古臣见君之礼,先行堂下拜,然后行堂上拜。⑤"今拜"二句：拜乎上：指省去堂下拜，仅存堂上拜。泰：骄慢。⑥从下：指遵从先在堂下拜之礼。《论语集解》引王肃曰："臣之与君行礼者，下拜然后升成礼。时臣骄泰，故于上拜也。今从下，礼之恭也。"　本章说明孔子在礼节仪文上的折中、变通，以维护礼的本质为原则，不完全以时俗为转移。参见3·4、17·11。

【翻译】　孔子说："麻料做的礼帽，是合乎礼的；现今都用丝做，这样用工俭省，我随从众俗。　臣见君，先在堂下拜，是合乎礼的；现今都只在堂上拜，这样骄纵。　虽然违背众俗，我还是照老样子先在堂下拜。"

9·4　子绝四：毋意①，毋必②，毋固，毋我。

【注释】　① 意：同"臆"，凭空揣度。11·18"亿则屡中"。② 必：非怎么不可，钻牛角尖而不知变通。　本章反映了孔子实事求是、灵活权变的思想方法。

【翻译】　孔子杜绝四种思想毛病：不凭空揣度，不死钻牛角，不拘泥固执，不主观武断。

9·5　子畏于匡①，曰："文王既没，文不在兹乎②？天之将丧斯文也，后死者不得与于斯文也③；天之未丧斯文也，匡人其如予何？"

【注释】　① 子为于匡：有二说：其一，畏：拘囚。俞樾

《群经平议》卷三十《论语》"子畏于匡"条:"樾谨按:《荀子·赋篇》:'比干见刳,孔子拘匡。'《史记·孔子世家》亦云:'匡人于是遂止孔子,拘焉五日。'(引者按,《史记·孔子世家》载:孔子'去卫,将适陈,过匡。……匡人闻之,以为鲁之阳虎。阳虎尝暴匡人,匡人于是遂止孔子。孔子状类阳虎,拘焉五日。')然则畏于匡者,拘于匡也。《礼记·檀弓篇》:'死而不吊者三:畏、厌、溺。'郑注即以孔子畏于匡为证。而《通典》引王肃注曰:'犯法狱死谓之畏。'是畏为拘囚之名,后人不达古义,曲为之说,盖皆失之。"其二,或解"畏"为"围困",亦通。如《论语集解》引包咸曰:"匡人误围夫子,以为阳虎。阳虎尝暴于匡,夫子弟子颜剋时又与虎俱。后剋为夫子御,至匡,匡人相与共识剋,又夫子容貌与虎相似,故匡人以兵围之。"《论语集注》同之。又《淮南子·主术训》作"围于匡"。② 文:指礼乐制度。③ 与(yù):及,接触,得到。　本章中孔子又一次以周文化的代表自居,参见7·23。子贡也曾把孔子视作周文化的代表,说:"文(王)武(王)之道,未坠于地,在人。……莫不有文武之道焉,夫子焉不学?"(19·22)

【翻译】 孔子被拘禁在匡邑,说:"文王已经死了,周代的文化传统不都在我这里吗? 天如果要消灭这种文化,我这晚死之人便不能得到这种文化;天如果不想消灭这种文化,匡人将能把我怎么样呢? "

9·6　大宰问于子贡曰①:"夫子圣者与②? 何其多能也③?"子贡曰:"固天纵之将圣④,又多能也。"

子闻之，曰："大宰知我乎⑤？吾少也贱，故多能鄙事。君子多乎哉？不多也。"

【注释】　① 大宰：本天子六卿之一，这里是诸侯国的散位从卿，为大夫官名。具体所指，众说不一，《经典释文》引郑玄注以为是吴大宰嚭，后人引《左传》(哀公七年、十二年)、《说苑·善说篇》证成其说，详见皇侃《论语义疏》、刘宝楠《论语正义》。② 圣：是一个最高的道德标准，居仁之上。详见 7·34 注①。③ 能：指技艺。技艺为小道，属鄙贱之事，不足与圣人联系在一起，故引起此大宰的疑惑。《集解》引孔安国注："疑孔子多能于小艺。"④ 将：大。⑤ 正平本《论语集解》及《论语义疏》本"我"下有"者"字。

【翻译】　大宰向子贡问道："孔夫子该是个圣人吧？为什么他又会那么多技艺呢？"子贡说："这本是上天任其发展而成为一个大圣人，并且又会很多技艺。"

孔子听到后，说："大宰了解我吗？我少时低贱，因此才会那么多技艺。君子所会的技艺多吗？不多的。"

9·7　牢曰①："子云：'吾不试②，故艺。'"

【注释】　① 牢：人名。《集解》引郑玄注："牢，弟子牢也。"但不见《史记·仲尼弟子列传》，当是缺漏。《孔子家语·七十二弟子解》说："琴牢，卫人，字子开，一字子张。"恐不可信。王念孙《读书杂志·汉书第三》"琴牢"条有辨。② 试：用。指用世、做官。

【翻译】 牢说："孔子说：'我不曾被重用，因此学得技艺。'"

9·8 子曰："吾有知乎哉？无知也。有鄙夫问于我①，空空如也②，我叩其两端而竭焉③。"

【注释】 ① 鄙夫：偏狭浅陋之人。② 空空：有数解，或就孔子而言，谓孔子自谦空空无所知，如《论语集注》云"孔子谦言己无知识"；或就问者而言，又有二解：一解"空空"为空无所知，亦可通；一解"空空"为诚实、诚恳，如《论语集解》引孔安国曰："有鄙夫来问于我，其意空空然。"又如《经典释文》："空空，如字。郑（玄）或作悾悾，同。"则郑玄注本作"悾悾"，义为诚，"空空"乃其假借字。空空，以解为诚恳为长。③ 叩：有二解，一说叩发之义（见《集解》《集注》），一说反问之义（见江声《论语竢质》、刘宝楠《论语正义》）。以后说为长。 本章不仅反映了孔子的谦虚，也反映了他两点论的思想方法和启发式的教育方法。

【翻译】 孔子说："我有知识吗？ 没有知识啊。 有个偏狭浅陋的人来向我问事，显出非常诚恳的样子，我便就其所疑从事情的两方面反问，穷尽全貌让他明白。"

9·9 子曰："凤鸟不至①，河不出图②，吾已矣夫③！"

【注释】 ① 凤鸟:凤凰,雄的叫凤,雌的叫凰,通称凤。《说文解字》:"凤,神鸟也。"② 河:黄河。图:一种自然而又神秘的画纹。《尚书·顾命》有河图,与大玉、夷玉、天球并列东序,当是玉石之类,自然成文(《论语正义》引元俞琰说)。又《周易·系辞上》说:"河出图,洛出书,圣人则之。"古人认为凤鸟至、河出图为圣人受命的祥瑞,意味着将出现太平盛世。孔子追求"有道"的盛世,而时无瑞兆,故有无望之叹。③ 已:止,完结。 本章可与 7·5 "不复梦见周公"互参。

【翻译】 孔子说:"凤凰不来了,河也不出图了,我的命要完结了吧!"

9·10 子见齐衰者①、冕衣裳者与瞽者②,见之,虽少,必作③;过之,必趋④。

【注释】 ① 齐衰(zī cuī):古代丧服,用熟麻布做成,下边缝齐。此处作动词用。齐衰服轻,又分几等,有齐衰三年、齐衰期(一年)、齐衰三月之别。比齐衰重的叫斩衰,用粗生麻布做成,左右及下边均不缝齐。举言齐衰可兼斩衰,举言斩衰不兼齐衰。② 冕:礼帽。衣裳:上曰衣,下曰裳。此处"冕""衣裳"均作动词用。瞽:瞎眼。③ 作:起。④ 趋:快行。作、趋均为表示敬意的动作。 本章与 10·23 有雷同处,可参见。

【翻译】 孔子遇见穿丧服的人、戴礼帽穿礼服的人以及瞎了眼睛的人,见到他们时,虽是少年,也必定肃立起敬；经过他们时，一定快行几步表示敬慎。

9·11 颜渊喟然叹曰①："仰之弥高，钻之弥坚。瞻之在前，忽焉在后②。夫子循循然善诱人，博我以文，约我以礼③，欲罢不能。既竭吾才，如有所立④，卓尔，虽欲从之，末由也已⑤。"

【注释】 ① 喟（kuì）然：叹气的样子。②"仰之"四句：写孔子的学说崇高坚实，无所不在。③"博我"二句：见 6·27 注①。④ 所立：有二说，《集解》引孔安国注，以为指孔子创立的新说；朱熹《集注》以为"此颜子自言其学之所至"。以孔说为是。⑤ 末：无。

【翻译】 颜渊深深地赞叹道："老师的学说，越仰望越觉得高大，越钻研越觉得坚实。眼看着它在前面，忽然又在后面。老师循序渐进善于诱导人，用广博的文化知识充实我，用言行必遵的礼约束我，想停止歇息一下也不可能。我已经用尽了自己的才能，而他一旦有所创立，又是那么高远，虽然想去追求它，但无路可遵循了。"

9·12 子疾病，子路使门人为臣①。病间②，曰："久矣哉，由之行诈也！无臣而为有臣③，吾谁欺？欺天乎？且予与其死于臣之手也，无宁死于二三子之手乎④！且予纵不得大葬，予死于道路乎！"

【注释】 ① 臣：治丧的专人，由私臣充当。《礼记·丧大记》说："小臣楔齿用角柶（状如匕，勺类，盛饭用），缀足用燕几。"又说："浴，小臣四人抗衾"，"小臣爪足剪须"。使门人为臣：使弟子充当治丧之臣。《集解》引郑玄注："孔子尝为大夫，故子路使弟子行其臣之礼。" ② 间：愈。《方言》："南楚病愈者谓之差，或谓之间。" ③ "无臣"句：指孔子在自己仅有大夫身份而无私臣的情况下，子路弄虚作假，用弟子冒充私臣为其送终治丧。孔子并不遗憾身为大夫而无私臣的境遇，他不能容忍的是子路"行诈"："无臣而为有臣"，陷他于不义。按礼的规定，诸侯、大夫死时才有臣治丧。孔子虽曾做过大夫，但当时已退位，只能享受士的待遇。据士丧礼，为士治丧，临时派人司事，叫做有司。因此孔子认为用臣给自己治丧是僭越。 ④ 无宁：也作"勿宁"，不如，与"与其"连用。 本章说明孔子一生谨慎，尤其以礼为大防，至死不肯有半点差池。

【翻译】 孔子得了重病，子路预先决定让孔子的学生充当治丧之臣。 孔子病愈以后，得知此事。 说："仲由在这事上搞欺骗，无奈太久了啊！ 本无治丧之臣，却偏偏让人冒充治丧之臣，让我欺骗谁呢？ 这不是欺骗老天吗！况且我与其死在治丧之臣手里，还不如直接死在你们学生们手里呢！ 我纵然不得用君臣隆重的葬礼，我难道会死在道路上吗？"

9·13 子贡曰："有美玉于斯，韫椟而藏诸①，求善贾而沽诸②？"子曰："沽之哉！ 沽之哉！ 我待贾者也。"

【注释】 ① 韫(yùn):藏。椟(dú):匣子。诸:"之乎"的合音兼义词。下同。② 贾:有二解,一说音 gǔ,商人。一说同"价",价钱,善贾即好价钱。均可通,此取前一说。 本章反映了孔子的处世态度,他主张等待时机积极用世。参见 7·11"用之则行,舍之则藏"。

143

【翻译】 子贡问道:"假如有一块美玉在这里,是放在匣子里藏起来呢,还是找一个识货的商人把它卖掉呢?"孔子说:"卖掉它啊! 卖掉它啊! 我正是在等待买主呢。"

9·14 子欲居九夷①。或曰:"陋,如之何?"子曰:"君子居之,何陋之有②?"

【注释】 ① 夷:古时对东方的落后部族的称呼。九夷:即东方诸夷。《论语集解》引马融曰:"东方之夷有九种。"《后汉书·东夷列传》:"夷有九种,曰畎夷、于夷、方夷、黄夷、白夷、赤夷、玄夷、风夷、阳夷。"② "君子"二句:是说君子可用礼乐教化开发其地。孔子非常注意保持和发扬中原先进文化,因此十分强调华夷之限(参见 14·17"微管仲,吾其被发左衽矣")。 本章说明孔子对四裔落后部族又不是简单地采取鄙视、排斥的态度,而是主张用中原的先进文化去开发,参见 15·6"言忠信,行笃敬,虽蛮貊之邦,行矣"。甚至孔子有时慨叹中原礼坏乐崩,还不如接受中原影响的夷狄,参见 3·5。

【翻译】 孔子想移居九夷。 有人说:"那里太粗陋,怎么办?"孔子说:"君子住在那里,还有什么粗陋的?"

9·15 子曰:"吾自卫反鲁①,然后乐正②,《雅》《颂》各得其所。"

144

【注释】 ① 自卫反鲁:在鲁哀公十一年,见《左传》。② 乐正:音乐得到厘正。《集解》引郑玄注:"是时道衰乐废,孔子来还,乃正之,故《雅》《颂》各得其所。"关于所正之乐,有二解,一指乐章,毛奇龄《四书改错》八《礼乐错》:"故此正乐,正乐章也,正《雅》《颂》之入乐部也。部者,所也。如《鹿鸣》一雅诗,奏于乡饮酒礼,则乡饮酒礼其所也;又用之乡射礼、燕礼,则乡射、燕礼亦其所也。然此三所,不止《鹿鸣》,又有《四牡》《皇皇者华》两诗。则以一雅分数所,与联数雅合一所,总谓之各得其所。"一指乐音,刘宝楠《论语正义》引包慎言《敏甫文钞》云:"《论语》《雅》《颂》以音言,非以诗言也。乐正而律与度协,声与律谐,郑卫不得而乱之,故曰得所。……盖自新声既起,音律以乖,先王《雅》《颂》皆因以乱,诗则是也,声则非也,故曰'恶郑声之乱雅乐也'。"孔子所正,两方面当兼而有之。

【翻译】 孔子说:"我从卫国回到鲁国,然后音乐才得到厘正,使已经错乱的《雅》《颂》各归其应在的部居。"

9·16 子曰："出则事公卿，入则事父兄，丧事不敢不勉，不为酒困①，何有于我哉②？"

【注释】 ① 困：乱。本句即 10·6"唯酒无量，不及乱"之意。② 何有：参见7·2注②。

【翻译】 孔子说："出外就服事公卿，入家就侍奉父兄，办丧事不敢不尽力，不被酒所惑乱，对我来说此外还有什么呢？"

9·17 子在川上，曰："逝者如斯夫①！不舍昼夜②。"

【注释】 ① 逝者：指流逝的光阴。参见 17·1"日月逝矣，岁不我与"。② 舍：止息。 本章为孔子伤逝惜时的感叹。另一种解释是勉人为学，一往无前，锲而不舍，即 9·21"吾见其进也，未见其止也"之意，亦可通。

【翻译】 孔子在河边，说道："一去不复返的就像这河水吧！昼夜不停地奔流向前。"

9·18 子曰："吾未见好德如好色者也①。"

【注释】 ① 这句话又见 15·13。色：有二解，一指女色，一指容态。按，喜好道德与喜好女色似无关联，无缘类比。当以后一解为长，因一般人喜好故作姿态，假装有德，故孔子才说了本章这句话。实际《论语》中在"德"（或"仁"或"贤"或"君子"）与"色"关联对举的情况下，"色"专指容态，参见1·3、1·7"贤贤易色"，11·19"君子者乎？色庄者乎"，12·20"色取仁而行违"。

【翻译】 孔子说："我未见过喜好实际道德像喜好装模作样一样的人。"

9·19 子曰："譬如为山，未成一篑①，止，吾止也。譬如平地②，虽覆一篑③，进，吾往也。"

【注释】 ① 篑(kuì)：盛土的筐子。未成一篑：差一筐未成。以上二句为古时常喻，《尚书·旅獒》："为山九仞，功亏一篑。" ② 平地：有二解，一指垫土平整洼地，一指在平地上堆土造山。以前解为是，"为山"与"平地"均为动宾结构，相对成文，而后解有增字解释为嫌。③ 覆：倾倒。 本章劝人自强不息。将成而止，前功尽弃，始为而进，终将成功，关键不在力量大小，而在意志是否坚定。参见4·6、6·12。

【翻译】 孔子说："好比堆土造山，只差一筐土未成，停止不做，这是自己主动停止的。 好比平填洼地，虽然刚刚倒下一筐土，有进无已，这是自己主动前进的。"

9·20 子曰："语之而不惰者，其回也与①！"

【注释】 ① 其：副词，表推测、估计。本章赞美颜回学而不厌。

【翻译】 孔子说："跟他讲学问而始终不懈怠的，大概只有颜回一个人吧！"

9·21　子谓颜渊，曰①："惜乎！吾见其进也，未见其止也。"

【注释】 ①"子谓颜渊，曰"：参见2·21注①。

【翻译】 孔子谈到颜渊，说："可惜早亡啊！ 我只见他进取不已，从未见他停止不前。"

9·22　子曰："苗而不秀者有矣夫！秀而不实者有矣夫！"

【注释】 关于本章，有两种解释：一说喻成材。如《集解》引孔安国注："言万物有生而不育成者。喻人亦然。"一说喻进学。如《论语集注》："盖学而不至于成有如此者，是以君子贵自勉也。"均可通，以朱熹说为长。9·30即论进学有不同境界。

【翻译】 孔子说："出苗而不秀穗的情况有的吧！ 秀穗而不结实的情况有的吧！"

9·23 子曰:"后生可畏,焉知来者之不如今也?四十、五十而无闻焉①,斯亦不足畏也已。"

【注释】 ①"四十"句:参见 17·26。闻:声誉,名声。全句又可参见《大戴礼记·曾子立事》:"三十四十之间而无艺,则无艺矣。五十而不以善闻,则无闻矣。"

【翻译】 孔子说: "后生可怕,怎么知道后来人赶不上现今的人呢? 但是,如果四十岁、五十岁还没有名声,也就不值得可怕了。"

9·24 子曰:"法语之言①,能无从乎? 改之为贵。巽与之言②,能无说乎? 绎之为贵③。说而不绎,从而不改,吾末如之何也已矣。"

【注释】 ① 法:严正。语(yù):告诉。② 巽(xùn):通"逊",谦恭。③ 绎:理出头绪,分析。 本章告诫人们要善于听言,不以顺耳逆耳为好恶根据,要辨别是非,以决弃取。要做到这点是不容易的,参见 2·4"六十而耳顺"及注⑤。

【翻译】 孔子说: "正告的话,能不顺从吗? 但以确实改正错误为可贵。 恭维的话,能不高兴吗? 但以冷静分析为可贵。 一味高兴而不冷静分析,表面顺从而不实际改正,这种人我是拿他没有办法了。"

9·25 子曰:"主忠信,毋友不如己者,过则勿惮改。"

【注释】 本章已见1·8,注译从略。

9·26 子曰:"三军可夺帅也①,匹夫不可夺志也②。"

【注释】 ① 三军:周代制度,诸侯大国三军,中军最尊,上军次之,下军又次之。此处用为军队的通称。《集解》引孔安国注说:"三军虽众,人心不一,则其将帅可夺而取之。匹夫虽微,苟守其志,不可得而夺也。" 本章当是勉人守志。② 匹夫:古代指平民中的男子,亦泛指平民百姓。

【翻译】 孔子说: "浩浩荡荡的军队,可能强取它的主帅;一个平民男子汉,不能强迫他放弃志向。"

9·27 子曰:"衣敝缊袍①,与衣狐貉者立,而不耻者,其由也与?'不忮不求②,何用不臧③?'"子路终身诵之。子曰:"是道也,何足以臧④?"

【注释】 ① 衣(yì):穿。缊(yùn):旧絮。当时尚无棉花,絮指丝绵。② 忮(zhì):嫉妒。③ 何用:为什么。臧:善。④ 足以:完全可以,够得上。以上两句见《诗经·卫风·雄雉》。 本章赞扬安贫乐道,参见4·9。又,孔子对子路先称赞后贬抑,是因为他怕子路沾沾自喜,忘乎所以,走向反面。子路往往经不起表扬,例子无独有偶,参见5·7。

【翻译】 孔子说：“穿着破絮袍，与穿狐貉裘的人并立，却不感到耻辱的人，大概只有仲由吧？《诗经》说：'不嫉妒，不贪求。为什么不好？'”子路于是老把这两句诗挂在嘴边念个没完。孔子又说：“这样的为人之道，又怎能充分称得上好呢？”

150

9·28 子曰：“岁寒，然后知松柏之后凋也①。”

【注释】 ① 凋：凋谢。按，松柏为常青树，但并非不落叶，只是经得起霜雪，落叶晚且新旧交替无间断而已。

【翻译】 孔子说：“时到严寒季节，然后方知晓松柏是最后落叶的。”

9·29 子曰：“知者不惑，仁者不忧①，勇者不惧。”

【注释】 ① 仁者不忧：仁者安贫乐道，故不忧，参见6·11、7·16。仁者心安理得，故不忧，参见12·4。

【翻译】 孔子说：“知者不疑惑，仁者不忧愁，勇者不恐惧。”

9·30 子曰：“可与共学，未可与适道①；可与适道，未可与立②；可与立，未可与权③。”

【注释】 ① 适：至。② 立：指立于道，亦即立于礼，参见2·4注②。③ 权：权衡，引申为权变。《孟子·尽心上》："执中无权，犹执一也。所恶执一者，为其贼（害）道也，举一而废百也。" 本章历述了学道的三个层次、三种境界，孔子主张由达道而至守道，由守道而知权变。

【翻译】 孔子说："可以跟他一起学习，但未必可以跟他一起达到道；可以跟他一起达到道，但未必可以跟他一起坚守道；可以跟他一起坚守道，但未必可以跟他一起权衡变通。"

9·31 "唐棣之华①，偏其反而②。岂不尔思？室是远而。"子曰："未之思也，夫何远之有？"

【注释】 ① 唐棣：植物名，有人以为是郁李（见陆玑《毛诗草木鸟兽虫鱼疏》，为蔷薇科落叶灌木）；有人以为是扶移（见《集解》及李时珍《本草纲目》，为蔷薇科落叶乔木）。华：同"花"。以下四句为逸诗。② 偏：同"翩"。反：同"翻"。翩翩：摇动翻转的样子。《集解》解"偏反"为"华反而后合"，即先开后合之意。关于本章章旨，苏轼以为是"思贤不得之辞"（见《论语解》），朱熹以为是比喻思仁（见《集注》）。以朱说为长，参见7·30。

【翻译】 《诗经》说："唐棣树的花，翩翩摇颤。 哪是不想念你啊？ 只因你家太远。"孔子说："根本没有想念他，否则有什么远的呢？"

乡党第十

152

　　本篇本不分章，就其内容，尚可分节。朱熹《集注》分为十七节。刘宝楠《正义》略本皇侃《论语义疏》、邢昺《论语注疏》，分为二十五节，今从之。全篇内容为孔子践履礼仪的情况，从中可略见古礼概貌，如江永《乡党图考例言》所云，包括朝聘、宫室、衣服、饮食、器用、容貌、杂典等方面。

10·1　孔子于乡党①，恂恂如也②，似不能言者。其在宗庙朝廷，便便言③，唯谨尔。

朝，与下大夫言，侃侃如也④。与上大夫言，訚訚如也⑤。君在，踧踖如也⑥，与与如也⑦。

【注释】　①　乡党：见6·5注③，为父兄宗族所在之地。②　恂(xún)恂：恭顺的样子。③　便便：明辨。④　侃侃：和乐的样子。⑤　訚(yín)訚：和悦有诤，中正的样子。⑥　踧(cù)踖(jí)：恭敬的样子。⑦　与与：威仪中适的样子。即容态仪表既不紧张，又不懈怠，郑重而自然。

【翻译】　孔子在乡里之中，非常恭顺，好像不善讲话的样子。

他在宗庙、朝廷之上，讲话明辨，只是很恭谨。

上朝的时候，跟下大夫说话，温和欢悦。 跟上大夫说话，正直而中正。 君主在朝的时候，他恭恭敬敬，威仪郑重而又自然。

10·2 君召使摈①，色勃如也②，足躩如也③。揖所与立④，左右手⑤，衣前后⑥，襜如也⑦。趋进⑧，翼如也。宾退，必复命曰："宾不顾矣⑨。"

【注释】 ① 摈(bīn)：通"傧"，担任摈以接待宾客。 ② 色：面色。勃：矜持庄重的样子。③ 躩(jué)：盘旋、逡巡的样子，为敬慎的表现。另一解为迅速的样子，为振作、敬重之表现，见皇侃《义疏》引江熙说。以后解为长，参见下章"过位"云云及16·13"(孔子)尝独立，鲤趋而过庭"。④ 所与立：指左右并立的人。⑤ 左右手：向左右拱手。⑥ 衣前后：指衣裳随着作揖时的身体俯仰而前后摆动。⑦ 襜(chān)：摇动的样子。⑧ 趋进：快步前进，是一种行走时表示敬意的举动。贾谊《新书·容经》："趋以微磬(轻微折腰)之容，飘然翼然，肩状右流，足如射箭。"⑨ 宾不顾：宾不回顾。《仪礼·聘礼》："介逆出，宾出。公送于大门内，再拜，宾不顾。"郑玄注："摈者以'宾不顾'告公，公乃还也。"

【翻译】 君主召孔子让他接待宾客，孔子脸色矜持庄重，举足快速奋进。 向并立的人作揖，忽而向左拱手，忽而向右拱手，衣裳随着身体俯仰一前一后，整齐地摆动。

快步前进，动作像鸟展翅一样端正美好。 宾客退下以后，一定向君主回报说："宾客不再回头看望了。"

10·3　入公门①，鞠躬如也②，如不容。

立不中门③，行不履阈④。

过位⑤，色勃如也，足躩如也，其言似不足者⑥。

摄齐升堂⑦，鞠躬如也，屏气似不息者⑧。

出，降一等⑨，逞颜色⑩，怡怡如也。

没阶⑪，趋进，翼如也。

复其位⑫，踧踖如也。

【注释】　① 公门：君门。诸侯之室有库门，有雉门，有路门。入公门当指由外朝入库门。② 鞠躬：谨慎恭敬的样子。③ 立不中门：不正当门中间而立。《礼记·曲礼上》："为人子者……立不中门。"门中间为尊者之迹。④ 阈(yù)：门坎。⑤ 位：君位。这里指君在治朝(路门之外)与群臣揖见时所立之位。治朝退，此位已虚，过位即指由治朝经路门入内朝议政时经过此位。⑥ "其言"句：是说寡言少语，以示敬慎。⑦ 摄：提起。齐(zī)：缝了边的衣裳下摆。摄齐是为了避免让脚踩着倾跌失容。堂：指路寝(正室)之堂。⑧ 屏(bǐng)：抑止。息：呼吸时进出的气。这里指呼吸。⑨ 等：阶。⑩ 逞：放。⑪ 没(mò)：尽。⑫ 位：《集解》引孔安国注："来时所过位。"

【翻译】　孔子走进朝廷的门，恭恭敬敬，敛缩着身子，好像容纳不下一样。

154

站立时，不正当门的中间；行走时，不踩门坎。

经过君主所居之位，脸色矜持庄重，举足逡巡小心，言语好像不能尽吐的样子。

牵衣登阶升堂，恭恭敬敬，屏住气好像不能呼吸一样。

出来时，下了一级堂阶，脸色便放松起来，显出怡然自得的样子。

下尽堂阶，快步前进，动作像鸟展翅一样端正美好。

回来时经过其君位，照样恭恭敬敬。

10·4 执圭①，鞠躬如也，如不胜②。上如揖，下如授③，勃如战色④，足蹜蹜如有循⑤。

享礼⑥，有容色⑦。

私觌⑧，愉愉如也⑨。

【注释】 ① 圭：一种玉器，上圆或剑头形，下方。为君使臣聘问邻国，执国君之圭作为信物。② 不胜：不能胜任其重。执轻如不胜其重，表示敬慎。《礼记·曲礼下》："凡执主器，执轻如不克。"③ "上如"二句：是说执圭的上下位置。执圭一般与心平，上位如拱手的位置，下位如以手授物的位置。过高过低则失敬。④ 战色：战战兢兢的面色。⑤ 蹜(sù)蹜：同"缩缩"，脚步很小，踵趾相接；每动一脚，微抬前趾，拖着后踵，蹭地而行。《礼记·曲礼下》："执主器……行不举足，车轮曳踵。"⑥ 享礼：献礼。在聘问之后，把所带的礼物陈列满庭。⑦ 有容色：即《仪礼·聘礼》所谓"及享，发气焉盈容"。⑧ 私觌(dí)：以私礼见。⑨ 愉愉：和颜悦色的样子。

【翻译】 孔子出使聘问，拿着国君授与的玉圭，恭恭敬敬，仿佛不能承受其重一样。上执时相当于手作揖的位置，下执时相当于手授物的位置，脸色矜持端庄，脚步很小，踵趾相接，每动一脚，微抬前趾，拖着后踵，蹭地而行，好像有所遵循一样。

举行享礼的时候，一片盛情，满面悦色。

以个人身份相见的时候，则是轻松愉快的样子。

10·5 君子不以绀緅饰①，红紫不以为亵服②。

当暑，袗絺绤③，必表而出之④。

缁衣⑤，羔裘⑥；素衣，麑裘⑦；黄衣，狐裘。

亵裘长，短右袂⑧。

必有寝衣⑨，长一身有半。

狐貉之厚以居⑩。

去丧，无所不佩⑪。

非帷裳⑫，必杀之⑬。

羔裘玄冠不以吊。

吉月⑭，必朝服而朝。

齐，必有明衣⑮，布⑯。

【注释】 ① 绀(gàn)：稍微带红的黑色，即后世所称的天青、红青。緅(zōu)：也是带红的黑色，比绀黑多红少，颜色更暗。饰：领、袖的缘边。绀緅皆近于古时礼服之黑色，故不能作缘边。② 红紫：皆为贵重的正服之色。亵服：平常家居的衣服。③ 裖(zhěn)：单衣。亦指穿单衣。绨(chī)：细葛布。绤(xì)：粗葛布。④ 表：外衣。此指罩上外衣。出：指出门。⑤ 缁(zī)：黑色。衣：指反毛裘衣外罩的上衣，称作裼(xī)衣。下同。⑥ 羔裘：古时所谓羔裘，一律指黑羊羔皮裘。参见下文"羔裘玄冠不以吊"。⑦ 麑(ní)：小鹿。毛为白色。⑧ 袂(mèi)：袖子。短其右袂为了便于做事。⑨ 寝衣：被子。《说文解学·衣部》："被寝衣，长一身有半。"古时大被叫衾，小被叫被。⑩ 居：坐。以居：用为坐褥。⑪ 佩：佩带的饰物，系于大带，垂于左右。⑫ 帷裳：上朝、祭祀时穿的礼服。用正幅布做，于腰间褶叠收缩，紧以着身，像百褶裙一样。⑬ 杀：减，差。杀之：指对正幅布进行裁剪缝制，使上腰减小，半于下摆。⑭ 吉月：旧注均解为每月之朔(初一)。程树德《论语集释》从夏炘《学礼管释》之说，释"吉"为"始"义，吉月为正月。⑮ 明衣：浴衣。⑯ 布：古无草棉，布指麻布、葛布。

【翻译】 君子不用绀色缁色作衣领衣袖的边饰，红色紫色不用来做家常衣服。 正值暑天，穿粗的或细的葛布单衣，但外出时一定再加一件上衣。 黑色外衣，内配黑羔皮裘；白色外衣，内配小鹿皮裘；黄色外衣，内配狐狸皮裘。 家常的皮裘身较长，把右边的袖子做得短一些。

睡觉一定有被子，长短相当一个半人的身长。

用毛厚的狐貉皮做坐褥。

丧服期满以后，没有什么饰物不可以佩带。

不是帷裳，一定剪裁缝制得上窄下宽。

紫羔裘和黑礼帽都不用来吊丧。

正月初一，一定穿着上朝的礼服去上朝。

斋戒，一定有浴衣，用布做的。

10·6 **齐必变食**①**，居必迁坐**②**。**

食不厌精③**，脍不厌细**④**。**

食饐而餲⑤**，鱼馁而肉败**⑥**，不食。色恶，不食。臭恶**⑦**，不食。失饪**⑧**，不食。不时**⑨**，不食。割不正**⑩**，不食。不得其酱**⑪**，不食。**

肉虽多，不使胜食气。

唯酒无量，不及乱。

沽酒市脯，不食。

不撤姜食⑫**，不多食。**

【注释】 ① 变食：改变日常的饮食。有二说：其一，指不饮酒，不吃荤，荤指蒜韭等辛辣食物，不包括鱼肉等腥膻食物。见《论语集注》。其二，指盛馔。如凌曙《典故核》说："变食者，谓盛馔也。君子敬其事则盛其礼，故不馂(jùn)余（吃剩下的食物）。" ② 迁坐：改变平常的居处，由"燕寝"（安歇、间居之宫室）迁到"外寝"（也叫"正寝"，治事之正厅）。 ③ 食：饭食。厌：足，贪饱。此句与1·14"食无求饱"同义。《集韵》旧本引《论语》均作"食不餍精，脍不餍细"。 ④ 脍(kuài)：切得很细的鱼和肉。 ⑤ 饐(yì)：食物腐败变味。餲(è)：与"饐"同义，而程度较深。 ⑥ 馁(něi)：鱼腐烂叫馁。败：肉腐烂叫败。 ⑦ 臭(xiù)：气味。 ⑧ 饪：把握生熟的火候。 ⑨ 不时：不是吃饭的时候。古时三餐，朝、夕、日中。《吕氏春秋·尽数篇》："食能以时，身必无灾。" ⑩ 割不正：古时膳羞有"割、烹、煎、和之事"（见《周礼·内饔》）。牲肉及可食器官，切割有一定法度，不合法度叫不正。如《仪礼·特牲馈食礼》："肵俎心舌，皆去其本末，午割之。"郑玄注："午割，纵横割之。"⑪ 酱：有肉酱，如醢（hǎi），有芥酱。古人吃鱼、肉各佐以相宜的酱。如《集解》引马融注："鱼脍，非芥酱不食。"牛、羊、猪肉则用醢（见《礼记·内则》）。⑫ 撤：去。《集解》引孔安国注："斋禁荤物，姜辛而不荤，故不去。"此节记述饮食之礼，以规范、节俭、养生为宗。旧解或承本节首句，拘泥于斋戒饮食之礼，不符实情。

【翻译】 斋戒时一定改变平常的饮食，居处也要变动，由燕寝迁到正寝安歇。

饭食不贪吃精粹，鱼肉不贪吃细美。

饭食变质馊臭，鱼烂肉腐，不吃。 颜色变坏了，不吃。 味道变臭了，不吃。 火候不当，不吃。 不按时，不吃。 肉食刀工不合度，不吃。 没有合适的酱，不吃。

肉虽然多，不使吃肉的分量超过粮食的分量。

只有酒没有一定用量，以不至醉倒失于检点为限。

买来的酒和干肉，不吃。

虽不去掉姜，但也不多吃。

10·7 祭于公，不宿肉①。祭肉不出三日。出三日，不食之矣。

【注释】 ① 不宿肉：指不使分赐的祭肉过宿。古时大夫、士都有助君祭祀之礼，须带助祭之肉。天子、诸侯祭祀，当天清早宰杀牲畜，然后举行祭典。第二天还要祭祀一次，叫做"绎祭"。绎祭之后，助祭之臣可以把助祭之肉带回，同时可以分到天子、国君的祭肉。这些祭肉还得向下分赐，以均神惠。因牲已宰割两日，为保肉鲜，同时不拖延神惠的下达，故规定分赐所得祭肉不过宿。

【翻译】 助祭于公家，所得祭肉不过夜就分下去。 祭肉不超过三天。 超过三天，就不吃它了。

160

10·8　食不语，寝不言。

【翻译】 吃饭时不交谈，睡觉时不讲话。

10·9　虽疏食菜羹瓜祭①，必齐如也。

【注释】 ① 瓜：《鲁论语》作"必"（见《经典释文》引郑玄注），虽亦通，未必原貌。古有祭食之礼，《礼记·玉藻》有"瓜祭上环"的话（瓜横断形如环，上环指近蒂处），是说吃瓜时用瓜祭祀。

【翻译】 虽然是吃粗饭、喝菜汤、吃瓜时的祭祀，也一定要像斋戒了的一样郑重。

10·10　席不正①，不坐。

【注释】 ① 席不正：古人席地而坐，席移动偏斜不坐，故有正席之礼，参见 10·16。又《礼记·曲礼上》："主人跪正席，客跪抚席而辞。"此节记述坐席之礼。底本与正平本《论语集解》《论语义疏》本与下节并为一节，两节内容实不相关，此从《论语集注》单立一节。

【翻译】 坐席铺得不端正，不坐。

10·11　乡人饮酒①，杖者出②，斯出矣。

【注释】 ① 乡人饮酒：古有乡饮酒礼，仪式有四：一、每三年饮宴贤能一次。二、乡大夫饮宴国中贤者。三、州长习射饮酒。四、党正蜡（zhà）祭（年终祭祀）饮酒。见《仪礼·乡饮酒义》。这里主于敬老，当指蜡祭饮酒。② 杖者：老者。据《礼记·王制》，五十杖于家，六十杖于乡，七十杖于国，八十杖于朝。

【翻译】 参加乡人饮酒之礼，结束时等老年人出去以后，自己再出去。

10·12　乡人傩①，朝服而立于阼阶②。

【注释】 ① 傩（nuó）：驱逐疫鬼祭于道上的一种仪式。② 阼（zuò）阶：东边的堂阶，主人登堂或站立之地。《集解》引孔安国注："恐惊先祖，故朝服而立于庙之阼阶。"

【翻译】 乡人举行驱逐疫鬼的仪式，自己穿着朝服立在宗庙东边台阶上。

10·13 问人于他邦①，再拜而送之②。

【注释】 ① 问：送礼问候。② 再拜：拜两次。拜：以手据地，首俯与腰平而不至手。首若至手着地则为稽首。送之：送使者。拜送使者是表示对问候之人的敬重。

【翻译】 派使者到别国问候人，一定拜两拜送别使者。

10·14 康子馈药①，拜而受之。曰："丘未达②，不敢尝。"

【注释】 ① 康子：季康子，见2·20注①。② 达：通晓，明白。

【翻译】 季康子送来药，（孔子）拜了一拜，把它接受下来。 说："我还不了解药性，不敢尝用。"

10·15 厩焚。子退朝，曰："伤人乎?"不问马①。

【注释】 ① 不问马：马与人相较，以人为重，故不问马。

【翻译】 马棚失火。 孔子恰好退朝，忙问："伤人了吗？"不问马。

10·16　君赐食，必正席先尝之①**。君赐腥**②**，必熟而荐之**③**。君赐生**④**，必畜之。**

侍食于君，君祭，先饭⑤**。**

【注释】　① 先尝之：是说先尝一尝，然后分赐下属。虽未提"后"，由"先"字而知。② 腥：生肉。③ 荐：进供。之：代指先祖。④ 生：活的。⑤ 先饭：指先尝一尝饭。《集解》引郑玄注："于君祭，则先饭矣。若为君先尝食然。"

【翻译】　君主赐给饭食，一定先正正坐席郑重地尝一尝。君主赐给生肉，一定做熟后进供先祖。君主赐给活的牲畜，一定把它养起来。

陪君主一道吃饭，君主进行饭前之祭时，自己先尝饭。

10·17　疾，君视之，东首①**，加朝服，拖绅**②**。**

【注释】　① 东首：头朝东躺着。古礼规定，室内以西方为尊，君主或君使入室之后，一定背西面东，故病者一定要头朝东，以表示面向君主或君使。参见毛奇龄《论语稽求篇》卷四"疾君视之节"条。②"加朝"二句：是说以此示意穿着朝服，服饰整齐以见君主或君使。绅：束在腰间并能垂下的大带，古人穿礼服时配用。

【翻译】 孔子病了，君主来探视他，便头朝东躺着，把上朝穿的礼服加在身上，还拖着一条大带。

10·18　君命召，不俟驾行矣。

【翻译】 君主有命召唤，孔子不等驾好车，立刻徒步先行。

10·19　入大庙①，每事问。

【注释】 ① 大庙：即太庙，3·15 作"太庙"。此节已见 3·15，翻译从略。

10·20　朋友死，无所归，曰："于我殡①。"

【注释】 ① 殡：停放灵柩待葬叫殡，埋葬也叫殡。这里当是泛指丧葬之事。

【翻译】 朋友死了，没有收敛的亲人，孔子说："由我给他料理丧葬好了。"

10·21　朋友之馈，虽车马，非祭肉，不拜①。

【注释】 ① 不拜：《集解》引孔安国注："不拜者，有通财之义。"本章是说朋友之间财物交往是理所当然，故车马虽重，仍不必拜谢。拜谢祭肉之赠，是为了表示敬其祖考。

【翻译】 朋友的馈赠，即使是贵重的车马，而不是祭祀过的牲肉，也不行拜礼以答谢。

10·22　寝不尸，居不容①。

【注释】 ① 容：《经典释文》《唐石经》校订作"客"。

【翻译】 睡觉时不直挺挺的像个死尸，居家时不严肃地保持容仪。

10·23　见齐衰者，虽狎必变①。见冕者与瞽者，虽亵必以貌②。凶服者式之③。式负版者④。有盛馔⑤，必变色而作⑥。迅雷风烈必变。

【注释】 ① 狎：亲近。变：改容变色，以示同情。② 亵：屡屡相见，熟识。以上四句已见9·10，文稍异。③ 凶服：丧服。式：同"轼"，车前横木。这里指在车上的一种敬礼方式。古人乘车皆立在车上，有所敬，微俯其身，以手伏轼，叫做式。④ 负版：持邦国之图籍。⑤ 盛馔（zhuàn）：丰盛的饭食。⑥ 作：起立，以示敬意。

【翻译】 见到穿丧服的人，即使是亲近的人也一定郑重变容。 见到穿礼服的人和盲人，即使是朝夕相见的人，也一定以礼貌待之。 乘车时，对穿孝衣的人行式礼。 对持国家图籍的人也行式礼。 遇有别人以丰盛的饭食款待，一定改变容色而起身示敬。 遇到疾雷、大风，一定改变容色。

10·24 升车，必正立，执绥①。车中不内顾②，不疾言③，不亲指④。

【注释】 ① 绥：用来挽着上车的带索。② 内顾：回头看。③ 疾言：急促大声说话。④ 亲指：亲自指挥、指点。刘宝楠《论语正义》据《礼记·曲礼上》云"车上不妄指"，疑"亲"字为"妄"字之误。

【翻译】 上车时，一定端正站着，手挽绥带。 在车上不回头看，不高声快速讲话，不亲自任意指点。

10·25 色斯举矣①，翔而后集②。曰："山梁雌雉。时哉③！时哉！"子路共之④，三嗅而作⑤。

【注释】 ① 色：作色，动容。斯：则。举：飞去。《吕氏春秋·审应》："孔思对曰：'盖闻君子犹鸟也，骇则举。'"② "翔而"句：《集解》引周曰："回翔审观而后下止也。"③ 时哉：识时之叹。④ 共：同"拱"。⑤ 嗅：同"狊"，"狊"当作"狊"（jú），鸟张两翅。本节通过对山鸡识时的赞叹，反映了孔子审时度势，关于处世的人生态度。

【翻译】 山鸡惊疑作色就高高飞起，回翔一阵，然后又降落集在一起。 孔子说："山涧桥上的雌雉，识其时啊！识其时啊！"子路便向它们拱了拱手，它们张了张翅膀，飞翔而去。

先进第十一

本篇包括二十四章,内容以评论自己的学生为主,论及颜渊、子路的地方尤其多。从中可以得知孔子某些弟子的性格、言行、志向,也可以窥见孔子因材施教的具体实践和扬善、抑恶、助其不足的待人态度。

11·1 子曰:"先进于礼乐,野人也;后进于礼乐,君子也①。如用之,则吾从先进。"

【注释】 ①"先进"二句:《正义》引郑玄注:"先进后进,谓学也。"郑玄说是。《周易·乾卦·文言》:"君子进德修业。"孔子对学生"约之以礼""文之以礼乐",礼乐作为德育的重要内容,把德育放在智育之前,因此评价人以德为重。野人:没有贵族身份、地位低贱的人。君子:有地位的贵族。这里野人与君子之别,指地位而言,与孟子所说的"无君子,莫治野人;无野人,莫养君子"(《孟子·滕文公上》)同义。孔子主张"有教无类"(15·39),故接受学生不分野人、君子。

【翻译】 孔子说:"先修养好礼乐而后做官的,是没有贵族身份的人；先有官位而后修养好礼乐的，是有地位的贵族。如果选用人才，那我主张选用先修养好礼乐的。"

11·2　子曰："从我于陈、蔡者①，皆不及门也②。"

【注释】　① 于陈蔡：孔子周游列国曾厄于陈、蔡之间，15·2说："在陈绝粮，从者病，莫能兴。"《孟子·万章上》："孔子不悦于鲁、卫，遭宋桓司马将要而杀之，微服而过宋。是时孔子当厄，主司城贞子，为陈侯周（陈君）臣。"《史记·孔子世家》有详细记载，多可疑，崔述《洙泗考信录》有考辨。② 不及门：《集解》引郑玄注："皆不及仕进之门。"《集注》则谓不在孔子之门。以朱说为是，这里的"门"即11·15的"丘之门"。

【翻译】　孔子说："跟随我在陈、蔡两国受困的学生，都不在我的门下了。"

11·3　德行：颜渊，闵子骞①，冉伯牛②，仲弓③。言语④：宰我，子贡。政事：冉有，季路⑤。文学⑥：子游，子夏。

【注释】　① 闵子骞：闵损，见6·9注①。② 冉伯牛：冉耕，见6·10注①。③ 仲弓：冉雍，见5·5注①。④ 言语：辞令。⑤ 季路：子路，见2·17，注①。⑥ 文学：文献及文化。

【翻译】 孔子的学生，道德修养好的：颜渊，闵子骞，冉伯牛，仲弓。 善于辞令的：宰我，子贡。 善于政事的：冉有，季路。 擅长文化文献的：子游，子夏。

11·4 子曰："回也非助我者也，于吾言无所不说①。"

【注释】 ① 说：同"悦"。此句可参见2·9"吾与回言终日，不违，如愚"。 本章对颜回从不质疑问难，以启发增益自己，感到遗憾。

【翻译】 孔子说："颜回嘛，不是一个有助于我的人，他对我的话没有不心悦诚服的。"

11·5 子曰："孝哉闵子骞！ 人不间于其父母昆弟之言①。"

【注释】 ① 间：非议。

【翻译】 孔子说："闵子骞真孝啊！ 别人从不非议他父母兄弟称许他孝顺的话。"

11·6 南容三复白圭①，孔子以其兄之子妻之。

【注释】 ① 南容：见5·2注①。又见14·5。三复：指多次重复诵读。白圭:白玉制的礼器。此指《诗经·大雅·抑》中的诗句:"白圭之玷(diàn,玉的斑点、瑕疵),尚可磨也。斯言之玷,不可为也。"由此可知南容慎言寡过。

【翻译】 南容反复诵读"白圭之玷,尚可磨也。 斯言之玷,不可为也"的诗句,孔子便把他哥哥的女儿嫁给了他。

11·7 季康子问①:"弟子孰为好学?"孔子对曰:"有颜回者好学,不幸短命死矣,今也则亡②。"

【注释】 ① 季康子:见 2·20 注①。② 亡:同"无"。

【翻译】 季康子问道: "弟子中谁最好学? "孔子回答说: "有个叫颜回的好学,可惜不幸短命死了,现在就没有这样好学的人了。"

11·8 颜渊死,颜路请子之车以为之椁①。 子曰:"才不才,亦各言其子也。 鲤也死②,有棺而无椁。吾不徒行以为之椁,以吾从大夫之后③,不可徒行也④。"

【注释】 ① 颜路:颜回的父亲,名无繇,字路,也是孔子的学生,见《史记·仲尼弟子列传》。椁(guǒ):古时棺材分两重,里面一重叫棺,外面套着的一重叫椁。《集解》引孔安国注:"路,颜渊父也,家贫,欲请孔子之车卖以作椁。"

② 鲤:字伯鱼,孔子的儿子。年五十死,其时孔子七十岁。③ 从大夫之后:随从大夫之后。孔子身份实为大夫,"从大夫之后"为谦称。④ 不可徒行:《礼记·王制》:"君子耆老不徒行。"大夫拥有车乘,是礼的规定。孔子坚持不卖车"以为之椁",正是在维护礼,《左传·成公二年》:"仲尼曰:'……唯器(车服)与名(爵号)不可以假(借)人。'"故去掉车乘,等于丢掉器名。而颜渊葬时有棺无椁则不为非礼,《礼记·檀弓下》:"子路曰:'伤哉贫也! 生无以为养,死无以为礼也。'孔子曰:'啜菽饮水,尽其欢,斯之谓孝矣。敛手足形,还葬而无椁,称(chèn,相当,符合)其财(《檀弓上》载:孔子说丧具"称家之有亡"),斯之谓礼。'"对双亲尚且根据家财情况安排丧葬,对子女晚辈更应如此,故孔子反对厚葬颜渊,参见11·11。

【翻译】 颜渊死了,其父颜路请求孔子把自己的车卖了来替颜渊备葬椁。 孔子说:"有才能也好,无才能也好,对各人来说都是自己的儿子。 我儿子鲤死的时候,也只有内棺而无外椁。 我之所以不能卖掉车徒步行路来替他备葬椁,是因为我还忝居大夫之列,是不可以徒步行路的。"

11·9 颜渊死。子曰:"噫①! 天丧予! 天丧予!"

【注释】 ① 噫:伤叹之声。

【翻译】 颜渊死了。 孔子说:"唉! 老天爷要我的命! 老天爷要我的命!"

11·10 颜渊死。子哭之恸①。从者曰:"子恸矣。"曰:"有恸乎? 非夫人之为恸而谁为②?"

【注释】 ① 恸(tòng):过分哀痛。过哀为非礼,参见3·4注⑤。② 夫(fú):指示代词。

【翻译】 颜渊死了。 孔子为他哭丧,悲痛非常。 跟随的人说:"先生悲伤得有些过分了。"孔子说:"是悲伤得过分了吗? 不为这样的人悲痛欲绝还为谁呢?"

11·11 颜渊死,门人欲厚葬之。子曰:"不可。"门人厚葬之。子曰:"回也视予犹父也,予不得视犹子也①。非我也,夫二三子也。"

【注释】 ①"予不"句:孔子主张爱人以德,厚葬颜渊不合于礼,孔子未能阻止,则等于对颜渊失爱,因此有"不得视犹子"的话。 本章可与11·8互参。

【翻译】 颜渊死了。 孔子的学生们想用丰厚的礼来葬颜渊。 孔子说:"不可以。"

学生们还是用丰厚的礼葬了颜渊。 孔子说:"颜回看待我如同父亲,我却不能看待他如同儿子。 不是我要这样的呀,是那些学生要这样的呀。"

11·12 季路问事鬼神。子曰:"未能事人,焉能事鬼?"

曰："敢问死①。"曰："未知生，焉知死？"

【注释】 ① 敢：谦词，表示冒昧地请求别人。 本章反映了孔子的鬼神、生死观念，他重人轻鬼，重生轻死，参见6·22"务民之义，敬鬼神而远之"及注。

【翻译】 子路问服事鬼神的事。 孔子说："还不能服事活人，又怎能服事鬼神呢？"

子路又说："敢问死是怎么回事。"孔子说："还不晓得生，又怎么晓得死呢？"

11·13 闵子侍侧①，訚訚如也②。子路，行行如也③。冉有、子贡，侃侃如也④。子乐⑤。"若由也，不得其死然⑥。"

【注释】 ① 闵子：闵子骞，见6·9注①。② 訚訚：见10·1注⑤。③ 行（hàng）行：刚强的样子。④ 侃侃：见10·1注④。⑤ 子乐：《集解》引郑玄注："乐各尽其性也。"⑥ 不得其死：不能尽其天年，死于非命。然：句末助词，表肯定，犹"也""焉"。

【翻译】 闵子骞侍奉在孔子身旁，和悦而中正的样子。 子路呢，十分刚强的样子。 冉有、子贡呢，温和欢悦的样子。 各尽其性，孔子非常高兴。 但又说："像仲由那样，恐怕不得好死。"

11·14 鲁人为长府①。闵子骞曰:"仍旧贯②,如之何? 何必改作?"子曰:"夫人不言,言必有中③。"

【注释】 ① 为:指翻修。府:藏货财的处所叫府。长府:鲁国藏所名。据《左传·昭公二十五》年载,鲁昭公曾居长府以伐季氏。② 仍:依照,沿袭。贯:事。③"言必"句:《集解》引王肃曰:"言必有中,善其不欲劳民更改作也。"

【翻译】 鲁国人翻修长府。 闵子骞说:"照老样子,怎么样? 为什么一定改建呢?"孔子说:"这个人不讲话则已,一讲话一定切中事理。"

11·15 子曰:"由之瑟①,奚为于丘之门?"门人不敬子路。子曰:"由也升堂矣,未入于室也②。"

【注释】 ① 瑟(sè):古代弦乐器,类似琴。这里指子路鼓瑟的技巧和内容。《集解》引马融注:"子路鼓瑟,不合雅颂。"②"由也"二句:升堂入室,用来比喻学道的深入程度。升堂喻已有所成就,入室喻已得其奥妙。

【翻译】 孔子说:"仲由弹的那手瑟,哪一点配在我的门下弹?"学生们于是不尊重子路。 孔子又说:"仲由嘛,也可以说是登堂了,只是尚未入室罢了。"

11·16 子贡问:"师与商也孰贤①?"子曰:"师也过,商也不及。"

曰:"然则师愈与?"子曰:"过犹不及。"

【注释】 ① 师:颛孙师,即子张,见2·18注①。商:卜商,即子夏,见1·7注①。 本章反映了孔子的中庸思想。

【翻译】 子贡问道:"颛孙师和卜商谁强一些?"孔子说:"颛孙师过头,卜商不足。"

子贡说:"那么颛孙师强一些吗?"孔子说:"过头与不足同样是差失。"

11·17 季氏富于周公①,而求也为之聚敛而附益之②。子曰:"非吾徒也,小子鸣鼓而攻之可也!"

【注释】 ① 周公:有二说:一说指周公旦,根据是孔子反对季氏改革赋制,加重搜刮,屡举周公典籍为据(详下注);另一说指周公旦次子及其后代世袭周公采地在周王朝做卿士的人,如春秋时称周公的人便是。两说均可通。② "而求"句:事实可参见《左传》哀公十一年、十二年和《国语·鲁语下》的记载。大意是:哀公十一年,季康子想按田亩征赋("以田赋"),派冉有(求)访问孔子征求意见。孔子表面不置可否,加以回避,而私下对冉有说:"君子之行也,度于礼:施取其厚,事举其中,敛从其薄。如是,则以丘(指丘甲法)亦足矣。若不度于礼,而贪冒无厌,则虽以田赋,将又不足。且子季孙若欲行而法,则周公之典(《国语》作'国公之籍')在;若欲苟而行,又何访焉?"结果季氏不听从其说,第二年鲁国便"用(以)田赋"。

【翻译】 季氏比周公还富有，而冉求还为他搜刮民财进而增加他的财富。 孔子说："他不是我们一伙志同道合的人了，后生们尽管敲起鼓来声讨他好啦！"

11·18 柴也愚①，参也鲁②，师也辟③，由也喭④。子曰："回也其庶乎⑤，屡空。赐不受命⑥，而货殖焉⑦，亿则屡中⑧。"

【注释】 ① 柴：高柴，字子羔，孔子的学生。② 鲁：迟钝。③ 师：颛孙师，即子张，见2·18注①。辟：黄式三《论语后案》："辟读若《左传》'阙西辟'之辟，偏也。以其志过高而流于一偏也。"④ 喭（yàn）：粗鲁。⑤ 庶：庶几，差不多。⑥ 赐：端木赐，即子贡，见1·10注①。不受命：有几种说法：一说不受禄命，而子贡并非不曾做官；一说不受教命，即不专守士业，而兼从商，违背士农工商各习其业的原则，似可通；一说不受天命，与颜回安贫乐道成对比，与下文"亿则屡中"亦相呼应，故近理；一说不受官命而以私财经商，因古时商贾皆官主之，如《吕氏春秋·上农篇》说："凡民自七尺以上，属诸三官，农攻粟，工攻器，贾攻货。"亦持之有据。今参考后三种说法译作"不安身立命"。⑦ 货殖：做买卖以增殖货财。《史记·货殖列传》说子赣（同"贡"）"既学于仲尼，退而仕于卫，废著（储存）鬻财于曹、鲁之间"。⑧ 亿：同"臆"，揣度。

【翻译】 高柴愚直，曾参迟钝，颛孙师偏激，仲由鲁莽。 孔子说："颜回学问道德差不多了，只是常常空乏困顿。 端木赐不安身立命偏偏去经商，而货财不断增加，揣度行情常常猜中。"

11·19 子张问善人之道①。子曰："不践迹，亦不入于室②。"子曰："论笃是与③。君子者乎，色庄者乎④？"

【注释】 ① 善人：相当于君子（仁人），参见7·26注③。道：这里指行为准则。② 入于室：见11·15注②。③ 论笃：言论笃实。与：许。此句即"与论笃"的宾语提前形式，"是"起将宾语提前的作用，或与"唯"字连用。"与论笃"即赞许论笃者为善人的意思。孔子认为不夸夸其谈是仁人的特点之一，参见12·3、13·27，故论笃者可认为是善人。朱熹《集注》将这一段话分为另一章，认为与"善人之道"无关，不妥。④ 色庄：容色庄严。这里指故作姿态，伪装君子，参见1·3"巧言令色，鲜矣仁"，12·20"色取仁而行违"。

【翻译】 子张问作为善人的准则。 孔子说："不踩着前人的足迹走，但也还没有完全修养到家。"孔子又说："言论笃实的人可以称许他为善人。 但也要进一步判断，是真正的君子呢，还是装模作样的伪君子呢？"

11·20 子路问："闻斯行诸①？"子曰："有父兄在，如之何其闻斯行之②？"
　　冉有问："闻斯行诸？"子曰："闻斯行之。"

公西华曰："由也问：'闻斯行诸？'子曰：'有父兄在。'求也问：'闻斯行诸？'子曰：'闻斯行之。'赤也惑，敢问。"子曰："求也退③，故进之；由也兼人④，故退之。"

【注释】　① 诸："之乎"的合责兼义词。下同。②"有父"二句：是说父兄在世，不得自专。参见1·11。③ 求也退：参见6·12。④ 兼人：欲胜过他人。指争强好胜。子路无所顾忌，急于实践的实例很多，最明显的可参见5·14、12·12。　本章表现了孔子善于因材施教。

【翻译】　子路问道："听到以后便去实践它吗？"孔子说："有父兄在世，如何能不奉命行事，听到以后便去实践它？"

冉有问道："听到以后便去实践它吗？"孔子说："听到以后便去实践它。"

公西华说："仲由问：'听到以后便去实践它吗？'先生说：'有父兄在世。'冉求问：'听到以后便去实践它吗？'先生说：'听到以后便去实践它。'我疑惑不解，大胆冒昧地问问。"孔子说："冉求退缩不前，因此使他勇进；仲由争强好胜，因此使他谦退。"

11·21　子畏于匡①，颜渊后。子曰："吾以女为死矣。"曰："子在，回何敢死②？"

【注释】　① 子畏于匡：见9·5注①。死：指轻死。《礼记·曲礼》：“父母在，不许友以死。”儿子有奉养父母之责，故不敢轻死。颜渊侍奉孔子如同父亲一样，所以说了这样的话。

【翻译】　孔子被拘禁在匡邑，颜渊落在后面。重逢时孔子说："我以为你死了呢。"颜渊说："先生还在，我颜回怎敢轻易死呢？"

180

　　11·22　季子然问①："仲由、冉求可谓大臣与？"子曰："吾以子为异之问②，曾由与求之问③。所谓大臣者，以道事君，不可则止④。今由与求也，可谓具臣矣⑤。"

　　曰："然则从之者与？"子曰："弑父与君，亦不从也。"

【注释】　① 季子然：《集解》引孔安国注："子然，季氏子弟。"《史记·仲尼弟子列传》作"季孙"。异之问：即问异，问别的。"之"起把宾语"异"提前的作用。③ 曾：乃。④ "不可"句：参见12·23"不可则止，毋自辱焉"。可：认可，许可。⑤ 具臣：材具之臣，有才干的办事之臣。

【翻译】　季子然问道："仲由、冉求可称为大臣吗？"孔子说："我以为您是在问别人呢，原来是问仲由和冉求啊。所谓大臣，用道义侍奉君主，不认可就作罢。现今的仲由和冉求，可称为有才干的办事之臣罢了。"

　　季子然又说："那么，他们是绝对服从长上的人吗？"孔子说："如果长上弑父弑君，也不会服从的。"

11·23 子路使子羔为费宰①。子曰："贼夫人之子②。"

子路曰："有民人焉，有社稷焉。**何必读书，然后为学？**"子曰："是故恶夫佞者③！"

【注释】 ① 子羔：高柴，见 11·18 注①。费：见 6·9 注①。② 夫(fú)：介词，犹"于"。下同。贼：害。《集解》引包咸注："子羔学未熟习而使为政，所以为贼害。"③ 是故：因此，所以。恶(wù)：厌恶。 本章说明孔子主张学好之后再从政，这是当时有眼光的思想家的共同观点。《左传·襄公三十一年》载：子皮想让尹何做邑长，子产反对，认为他年少未知可否。子皮认为可让尹何在干中学习，子产说："侨闻学而后入政，未闻以政学者也。若果如此，必有所害。"

【翻译】 子路让子羔做费邑的长官。 孔子说："这是坑害别人的儿子。"

子路说："有老百姓在那里可以治理，有土神谷神在那里可以祭祀，为什么一定要读书，然后才算学习呢？"孔子说："由于你这般狡辩，我更讨厌那些巧嘴利舌的人。"

11·24 子路、曾晳①、冉有、公西华侍坐。

子曰："以吾一日长乎尔，毋吾以也。居则曰②：'不吾知也!'如或知尔，则何以哉③?"

子路率尔对曰④："千乘之国，摄乎大国之间，加之以师旅，因之以饥馑；由也为之，比及三年⑤，可使有勇，且知方也⑥。"夫子哂之⑦。

"求！尔何如?"

对曰："方六七十，如五六十⑧，求也为之，比及三年，可使足民。如其礼乐，以俟君子。"

"赤！尔何如?"

对曰："非曰能之，愿学焉。宗庙之事，如会同，端章甫⑨，愿为小相焉⑩。"

"点！尔何如?"

鼓瑟希⑪，铿尔，舍瑟而作⑫，对曰："异乎三子者之撰⑬。"

子曰："何伤乎? 亦各言其志也。"

曰："莫春者⑭，春服既成⑮，冠者五六人⑯，童子六七人⑰，浴乎沂⑱，风乎舞雩⑲，咏而归。"

夫子喟然叹曰："吾与点也⑳!"

三子者出，曾皙后。曾皙曰："夫三子者之言何如?"

子曰："亦各言其志也已矣。"

曰："夫子何哂由也?"

曰："为国以礼，其言不让，是故哂之。"

"唯求则非邦也与㉑?"

"安见方六七十如五六十而非邦也者?"

"唯赤则非邦也与?"

"宗庙会同，非诸侯而何？赤也为之小㉒，孰能为之大？"

【注释】 ① 曾皙（xī）：孔子的学生，名点，曾参之父。② 居：闲居，平常。③ 何以：何为。④ 率尔：急遽的样子。按《礼记·曲礼上》："长者问，不辞让而对，非礼也。"《曲礼下》："侍于君子，不顾望而对，非礼也。"⑤ 比及：等到。⑥ 方：义。⑦ 哂（shěn）：微笑。此处带有讥笑之意。⑧ 如：或。⑨ 端：玄端，古代礼服之名。章甫：古代礼帽之名。这里用为动词。⑩ 相：主持礼仪的人，即司仪。⑪ 希：同"稀"。⑫ 作：站起来。⑬ 撰：述。⑭ 莫：同"暮"。⑮ 春服：夹衣。⑯ 冠者：成人，年二十而冠。⑰ 童子：指成童，年十五以上、二十以下。⑱ 沂（yí）：水名，源出山东邹城东北，西流经曲阜与洙水合，入于泗水。⑲ 舞雩（yú）：祭天求雨之处，有坛有树。雩祭有歌舞，故称舞雩。《水经注》："沂水北对稷门，一名高门，一名雩门。南隔水有雩坛，坛高三丈，即曾点所欲风处也。"以上二句，宋翔凤《论语发微》："然建巳之月（夏历四月），亦不可浴水中而风干身。浴沂，言袚（fú，除灾求福之祭）濯于沂水，而后行雩祭。"⑳ 与：赞同。㉑ 唯：句首语气词，无义。㉒ 之：其。

【翻译】 子路、曾皙、冉有、公西华陪坐在孔子身旁。

孔子说："因为我比你们年长一些，不要因为我而拘束。你们平常总是说：'不了解我啊！'如果有人了解你们，那么你们将怎样做呢？"

子路轻率地答道："拥有一千辆兵车的国家，局促地处在大国中间，外面受到军事进犯，里面发生灾情饥荒；我来治理它，等到三年，可使民众勇敢有力，并且明白道义。"孔夫子微微一笑。

孔子问："冉求！你怎么样？"

答道："疆土纵横六七十里，或者纵横五六十里的小国，我来治理它，等到三年，可使民众富足。至于礼乐教化，有待君子推行了。"

又问："公西赤！你怎么样？"

答道："不敢说能干什么，愿意学习。宗庙祭祀之事，或者外交会见仪式，自己穿戴好礼服礼帽，愿做一个小司仪。"

又问："曾点！你怎么样？"

曾皙正在弹瑟，瑟声渐渐稀落，铿的一声，放下瑟站起来，答道："我的志向不同于前面三君讲的。"

孔子说："何妨呢？也不过是各自谈谈志向。"

曾皙说："暮春时节，春服已经换上，约上青年五六人，少年六七人，在沂水里洗一洗，在舞雩坛上吹吹风，然后唱着歌归来。"

孔夫子长长叹了一声说："我赞赏曾点的志向。"

子路、冉有、公西华三人出去了，曾皙留在最后。曾皙向孔子问道："他们三人的话怎么样？"

孔子说："也不过是各自谈谈志向罢了。"

曾皙说："老师为什么笑仲由呢？"

孔子说："治理国家靠的是礼让，他出言不逊，所以笑他。"

曾皙说："难道冉求讲的就不是国家吗？"

孔子说："怎见得疆土纵横六七十里或者五六十里不是国家呢？"

曾皙说："难道公西赤讲的就不是国家吗？"

孔子说："宗庙祭祀，外交会见，不是诸侯国的事又是什么？ 公西赤做一个国家的小司仪，谁还能做一个国家的大司仪？"

颜渊第十二

本篇包括二十四章，有论仁、论
政、论修养等方面的内容。尤其以论
仁的内容较为集中，较为重要。论政
的内容也多与仁有关，偏重在德政、礼
治方面。

12·1　颜渊问仁。子曰："克己复礼为仁①。一
日克己复礼，天下归仁焉②。为仁由己，而由人
乎哉③?"

颜渊曰："请问其目。"子曰："非礼勿视，非礼勿听，
非礼勿言，非礼勿动④。"颜渊曰："回虽不敏，请事斯
语矣。"

【注释】　① 克：克制，约束。复：返。克己复礼：即"约
之以礼"(6·27)、"约我以礼"(9·11)、"能自曲直以赴礼"
(《左传·昭公二十五年》)之意。孔子讲这句话，是述而不
作，《左传·昭公十二年》："仲尼曰：'古也有志：克己复礼，
仁也。'"② 归：等于说"与"，赞许。③ "为仁"二句：是说修
养仁德全靠自己主观努力。参见4·6、6·7、7·30、
8·7、15·21。④ "非礼"四句：是说礼是视、听、言、行的准
则。此语亦非独创，《周易·大壮·象辞》："君子以非礼

弗履。"

【翻译】颜渊问什么是仁。孔子说:"约束自己而复归于礼就是仁。一旦约束自己而复归于礼,天下人就会用仁来称赞他了。修养仁德全靠自己,难道是靠别人吗?"

颜渊说:"请问修养仁德的具体条目。"孔子说:"不符合礼的事不看,不符合礼的话不听,不符合礼的话不说,不符合礼的事不做。"颜渊说:"我虽然不聪敏,请让我按照这话努力去做吧。"

12·2 仲弓问仁。子曰:"出门如见大宾,使民如承大祭①。己所不欲,勿施于人②。在邦无怨,在家无怨③。"仲弓曰:"雍虽不敏,请事斯语矣。"

【注释】①"出门"二句:《左传·僖公三十三年》载晋国臼季的话:"臣闻之:出门如宾,承事如祭,仁之则也。"由此可见孔子这两句话亦据古语。②"己所"二句:《管子·小问》引"语曰":"非其所欲,勿施于人,仁也。"可见亦属古语。③ 家:《集解》引包咸注:"在家为卿大夫。"包咸说是,当指大夫之采邑。参见19·25"夫子之得邦家者"。或解为家庭,不妥。《论语》中凡是提到"怨"的地方,均与家庭之外的待人接物有关。无怨与"克己"有关,参见15·15,因此属于"仁"的内容。

【翻译】仲弓问什么是仁。孔子说:"出门在外要像接见贵宾一样敬慎,役使老百姓要像承当大的祭典一样小心。自己不愿承受的事物,不要加给别人。在诸侯之国做官不招致怨恨，在大夫之家做官也不招致怨恨。"

仲弓说："我虽然不聪敏，请让我按照这话努力去做吧。"

12·3 司马牛问仁①。子曰："仁者，其言也讱②。"

曰："其言也讱，斯谓之仁矣乎？"子曰："为之难，言之得无讱乎③？"

【注释】 ① 司马牛：《史记·仲尼弟子列传》："司马耕，字子牛。牛多言而躁，问仁于孔子。孔子曰：'仁者其言也讱。'" ② 讱(rèn)：迟钝。③ "为之"二句：说明了言和行的关系，因为做起来难，所以不能夸夸其谈。参见 2·13、4·22、6·22、14·27 等。

【翻译】 司马牛问什么是仁。 孔子说："仁人，他的言语迟钝。"

司马牛又问："言语迟钝，这就能叫做仁了吗？"孔子说："做起来难，说起来能不迟钝吗？"

12·4 司马牛问君子。子曰："君子不忧不惧①。"

曰："不忧不惧，斯谓之君子已乎？"子曰："内省不疚②，夫何忧何惧？"

【注释】 ① "君子"句：参见14·28。② 疚：由于犯错误而感到内心痛苦。

【翻译】 司马牛问什么是君子。 孔子说：“君子不忧愁不恐惧。”

又问：“不忧愁，不恐惧，这就能叫做君子了吗？”孔子说：“内心反省不感到有错而悔恨，那又愁什么，怕什么呢？”

12·5 司马牛忧曰：“人皆有兄弟，我独亡①。”子夏曰：“商闻之矣：死生有命，富贵在天。君子敬而无失，与人恭而有礼，四海之内皆兄弟也。君子何患乎无兄弟也？”

【注释】 ① 亡：无。 本章反映出子夏既是宿命论者，同时又强调事在人为，这种矛盾的思想，与孔子是一致的。说明在当时天命观念已有所动摇。

【翻译】 司马牛担忧地说：“别人都有兄弟，唯独我没有。”子夏说：“我听到过这样的话：死生有命运主宰，富贵全在于天意。 君子敬慎而没有过失，待人恭敬而有礼仪，那么四海以内的人都是自己的兄弟。 君子为什么要担忧没有兄弟呢？”

12·6 子张问明①。子曰：“浸润之谮②，肤受之愬③，不行焉，可谓明也已矣。浸润之谮，肤受之愬，不行焉，可谓远也已矣。”

【注释】　①　明：明察。参见 16·10 "视思明"。②　谮
(zèn)：诬陷，谗毁。③　肤受：有二解：一为肤浅，表面；一为
肌肤所受，利害切身之意。以后解为长。愬：同 "诉"，控告。

【翻译】　子张问怎样才是明察。孔子说："如水浸
润、潜移默化的谗毁，亲身感受、有切肤之痛的控告，一
律行不通，可以称得上明察了。如水浸润、潜移默化的谗
毁，亲身感受、有切肤之痛的控告，一律行不通，可以称
得上远见卓识了。"

12·7　子贡问政。子曰："足食，足兵^①，民信
之矣。"

子贡曰："必不得已而去，于斯三者何先？"曰：
"去兵。"

子贡曰："必不得已而去，于斯二者何先？"曰："去
食。自古皆有死，民无信不立^②。"

【注释】　①　足食、足兵：食指粮食储备，兵指军备。《汉
书·刑法志》："税以足食，赋以足兵。"②　"民无" 句：孔子非
常强调取信于民，参见 13·4、17·6、19·10。

【翻译】　子贡问国家的政道。孔子说："备足粮食，
充实军备，取信于民。"

子贡说："如果迫不得已要去掉一方面，在粮食、军
备、民信这三方面中先去掉哪一方面？" 孔子说："去掉
军备。"

子贡说："如果迫不得已还要去掉一方面,在剩下的两方面中先去掉哪一方面?"

孔子说:"去掉粮食。自古以来谁都难免于死,无粮顶多饿死,如果老百姓没有对政府的信任,国家根本站不住脚。"

12·8 棘子成曰①:"君子质而已矣,何以文为?"子贡曰:"惜乎,夫子之说君子也!驷不及舌②。文犹质也,质犹文也③。虎豹之鞹犹犬羊之鞹④。"

【注释】 ① 棘子成:卫国大夫。② 驷:四马。古时四马驾一车。此句是说动舌出言,驷马追不上。③"文犹"二句:参见6·18"文质彬彬,然后君子。"④ 鞹(kuò):皮去毛叫鞹,即革。此句是说虎豹之皮与犬羊之皮毛色花纹不一,如果去毛,便无区别。

【翻译】 棘子成说:"君子有其美质也就罢了,要文饰又有什么用呢?"子贡说:"可惜啊,先生你竟这样来解说君子!一言出口,驷马难追。文饰如同本质一样重要,本质如同文饰一样重要。如果去掉毛色花纹,虎豹之革如同犬羊之革。"

12·9 哀公问于有若曰:"年饥,用不足,如之何?"

有若对曰:"盍彻乎①?"

曰："二②，吾犹不足，如之何其彻也？"

对曰："百姓足，君孰与不足？百姓不足，君孰与足？"

【注释】 ① 盍：何不。彻：十分抽一的田税制度。《孟子·滕文公上》："夏后氏五十而贡，殷人七十而助，周人百亩而彻，其实皆什一也。"彻是由劳役地租转化来的实物地租，崔述《三代经界通考·彻与助不能相兼》："通其田（不分公田、私田）而耕之，通其粟而析之谓彻。"（《崔东壁遗书·王政三大典考卷之三》） ② 二：指十分之二。晚周行什二之税，《史记·苏秦列传》："周人之俗，治产业，力工商，逐什二以为务。"关于什二之税的起始有二说：一说始自鲁宣公十五年"初税亩"（见《左传》）。杜预《左传注》说："公田之法，十取其一。今履其余亩复十收其一，故哀公曰：'二，吾犹不足。'"朱熹《集注》本此说。另一说始自鲁哀公十二年"用田赋"（见 11·17 注②），即在什一税之外另加军赋，遂成什二。

【翻译】 哀公向有若问道："年景饥荒，用度不足，怎么办？"

有若答道："为什么不用十分抽一的彻法呢？"

哀公说："十分抽二，我还感到不足，怎么能用那个彻法呢？"

有若答道："老百姓富足了，君上会跟谁受累而不富足呢？老百姓不富足，君上会跟谁沾光而富足呢？"

12·10 子张问崇德辨惑。子曰:"主忠信,徙义,崇德也。爱之欲其生,恶之欲其死。既欲其生,又欲其死,是惑也。'诚不以富,亦祗以异①'。"

【注释】 ①"诚不"二句:出自《诗经·小雅·我行其野》。《集解》引郑玄注:"祗,适也。言此行诚不可以致富,适足以为异耳。取此诗之异义以非之。"朱熹《集注》从郑说,又存程颐之异说:"程子曰:此错简(因竹简编次错乱而造成的文字错乱),当在十六篇'齐景公有马千驷'(16·12)之上,因此下文亦有'齐景公'字(12·11)而误也。"程说可供参考。本章可与12·21互参。

【翻译】 子张问什么是崇德、辨惑。孔子说:"依仗忠诚信实,唯义是从,这就是崇德。喜爱一个人便想要他活,厌恶一个人便想要他死。既想要他活,又想要他死,这就是疑惑。这正如《诗》所说:'诚然不足以致富,而恰恰足以生异。'"

12·11 齐景公问政于孔子①。孔子对曰:"君君,臣臣,父父,子子②。"公曰:"善哉! 信如君不君,臣不臣,父不父,子不子,虽有粟,吾得而食诸③?"

【注释】 ①齐景公:名杵臼。齐庄公的异母弟。大夫崔杼杀死庄公后,立他为君,公元前547年至公元前490年在位。见《史记·齐太公世家》。②"君君"四句:《集解》引孔安国曰:"当此之时,陈恒制齐,君不君,臣不臣,父不父,子不子,故以此对。"③ 诸:"之乎"的合音兼义词。 本章孔子告诫齐景公要正名分,以维护宗法等级制度。参见1·2、2·21、13·3。

【翻译】 齐景公向孔子问政道。 孔子答道:"君尽君道,臣尽臣道,父尽父道,子尽子道。"景公说:"好极了! 诚然,如果君不尽君道,臣不尽臣道,父不尽父道,子不尽子道,即使有粮食储备,我能吃得着吗?"

12·12 子曰:"片言可以折狱者①,其由也与?"子路无宿诺②。

【注释】 ① 片言:片面之词。《太平御览》六三九引郑玄注:"片读为半,半言单辞。"单辞即打官司原告与被告两方面中的一面之词。此句表现了子路的急躁和轻率。② 宿诺:拖延未实现的旧诺言。此句说明子路勇于实践,同时也是急躁的一种表现。《经典释文》说有的本子此句另分一章。

【翻译】 孔子说: "可据片面之词断案的人,大概就是仲由吧?"

子路没有拖延未兑现的旧诺言。

12·13 子曰:"听讼①,吾犹人也。必也使无讼乎②?"

【注释】 ① 听讼:听诉讼以判案。《周礼·小司寇》:"听狱讼,求民情(实)。一曰辞听,二曰色听,三曰气听,四曰耳听,五曰目听。"《尚书大传·吕刑传》:"听讼之术,大略有三:治必宽;宽之术,归于察;察之术,归于义。是故听而不宽,是乱也。宽而不察,是慢也。古之听讼者,言不越情,情不越义。"②"必也"句:《集解》引王肃曰:"使无讼,论之在有。"本章表现了孔子的礼治理想,参见2·3。孔子提倡礼治,但又不排斥刑罚,他主张礼治为主,刑罚为辅,参见13·3。

【翻译】 孔子说: "听讼判案,我跟别人的本事差不多。 能不能一定让人们没有诉讼呢? "

12·14 子张问政。子曰:"居之无倦,行之以忠①。"

【注释】 ①"居之"二句:《北堂书钞》三十六引郑玄注:"居之正位,不可懈卷(倦)。"《集解》引王肃曰:"言为政之道,居之于身,无得懈倦;行之于民,必以忠信。"

【翻译】 子张问为政之道。 孔子说: "在位尽职不要倦怠,执行政令要忠诚。"

12·15 子曰:"博学于文,约之以礼,亦可以弗畔矣夫!"

【注释】 本章的话已见6·27,其"博学"前有"君子"二字。注译从略。

12·16 子曰:"君子成人之美①,不成人之恶。小人反是②。"

【注释】 ① 成人之美:助成别人的好处。参见 16·5 "乐道人之善"。② 反是:与此相反。

【翻译】 孔子说: "君子助成别人的好处,不助成别人的坏处。 小人则与此相反。"

12·17 季康子问政于孔子①。孔子对曰:"政者,正也。子帅以正,孰敢不正?"

【注释】 ① 季康子:见 2·20 注①。

【翻译】 季康子向孔子问为政之道。 孔子答道: "政就是端正。 您带头端正,谁还敢不端正?"

12·18 季康子患盗,问于孔子。孔子对曰:"苟子之不欲,虽赏之不窃。"

【翻译】 季康子苦于盗贼的扰乱,向孔子询问对策。孔子说: "假如你不贪求财物,即使奖励他们盗窃,他们也不会盗窃。"

12·19 季康子问政于孔子曰："如杀无道①，以就有道，何如？"孔子对曰："子为政，焉用杀②？子欲善而民善矣。君子之德风，小人之德草。草上之风③，必偃④。"

【注释】 ① 无道：无德无才的奸人。② 焉用杀：参见13·11"善人为邦百年，亦可以胜残去杀矣"。③ 上：加。④ 偃：仆，倒伏。这里比喻被折服，被感化。 本章表现了孔子的德治思想。

【翻译】 季康子向孔子问政道，说："如果杀掉无德无才的奸人，来亲近有德有才的好人，怎么样？"孔子答道："您治理国政，何必用杀戮？您要好从善，那么老百姓也就会要好从善了。 君子的道德好比风，小人的道德好比草。 草受到风，一定随风倒伏。"

12·20 子张问："士何如斯可谓之达矣①？"子曰："何哉，尔之所谓达者？"子张对曰："在邦必闻，在家必闻②。"子曰："是闻也，非达也。夫达也者，质直而好义，察言而观色，虑以下人③。在邦必达，在家必达。夫闻也者，色取仁而行违，居之不疑。在邦必闻，在家必闻。"

【注释】 ① 达：通达。② 在家：见12·2注③。③ "虑以"句：参见《周易·谦·初六象辞》："谦谦君子，卑以自牧（修养）也。"虑：思虑，考虑。

【翻译】 子张问道："士怎样才可称得上达了？"孔子说："你所说的达是什么意思？"子张答道："在诸侯之国做官一定有名望，在大夫之家做官也一定有名望。"孔子说："这是闻，不是达。至于达，品质正直，喜好大义，察其言语观其容色，又总是自觉谦让于人。那么，在诸侯之国做官一定通达，在大夫之家做官也一定通达。至于闻，表面上装出有仁德的样子，实际行动却违背仁德，以仁人自居而从不怀疑自己。那么，在诸侯之国做官一定会骗取名望，在大夫之家做官也一定会骗取名望。"

12·21 樊迟从游于舞雩之下①，曰："敢问崇德，修慝②，辨惑。"子曰："善哉问！先事后得③，非崇德与？攻其恶，无攻人之恶④，非修慝与？一朝之忿，忘其身，以及其亲，非惑与？"

【注释】 ① 樊迟：见2·5注③。舞雩：见11·24注⑲。② 修：整治而加以消除。慝(tè)：邪恶。③ 先事后得：孔子强调"见得思义"(16·10、19·1)，而"先事后得"不仅符合义，更进而达到了仁，参见6·22"仁者先难而后获，可谓仁矣"。④ "攻其"二句：攻：批判，指责。其：指代自己。这两句可参见15·15"躬自厚而薄责于人，则远怨矣"。攻人之恶不难做到，攻己之恶则难以做到，故孔子特别强调攻己之恶。

【翻译】 樊迟陪从孔子在舞雩台下闲游，说："敢问怎样崇尚道德，整治过错，辨明迷惑。”孔子说："问得好啊！先去做，然后有所获，不是崇尚道德的方法吗？批判自己的过错，不去批判别人的过错，不是整治过错的方法吗？由于一时的愤怒，忘掉自身的安危得失，以致连累自己的父母，不是执迷不悟吗？"

12·22 樊迟问仁。子曰："爱人。"问知。子曰："知人。"樊迟未达。子曰："举直错诸枉①，能使枉者直。"

樊迟退，见子夏曰："乡也吾见于夫子而问知②，子曰：'举直错诸枉，能使枉者直。'何谓也？"子夏曰："富哉言乎！舜有天下，选于众，举皋陶③，不仁者远矣。汤有天下④，选于众，举伊尹⑤，不仁者远矣。"

【注释】 ① 错：同"措"，置。诸："之于"的合音兼义词。② 乡（xiàng）：同"向"，刚才。③ 皋（gāo）陶（yáo）：传说中的东夷族首领，舜时做掌管刑法的官，后被禹选为继承人，因早死，未继位。④ 汤：商族首领，后伐夏桀灭夏，建立商朝。舜、汤均被儒家视为圣王。⑤ 伊尹：名伊，一名挚。原为汤妻的陪嫁奴仆，后被汤选为大臣，曾助汤灭夏建立商朝，汤死后，又佐卜丙、仲壬二王。皋陶、伊尹均被儒家视为贤臣。

【翻译】 樊迟问什么是仁。孔子说："爱人。"又问什么是知。孔子说："知人。"樊迟不明白是什么意思。孔子说："选拔正直之人，把他们放在歪邪之人上面进行统治，能使歪邪之人正直起来。"

樊迟退下以后，去见子夏，说："刚才我进见老师，询问什么是知，老师说：'选拔正直之人，把他们放在歪邪之人上面进行统治，能使歪邪之人正直起来。'这话什么意思？"子夏说："这话多么富有寓意呀！舜得了天下，在众人中选拔人才，举用皋陶，不仁的人纷纷远离而去。汤得了天下，在众人中选拔人才，举用伊尹，不仁的人纷纷远离而去。"

12·23　子贡问友。子曰："忠告而善道之，不可则止①**，毋自辱焉**②**。"**

【注释】　①"不可"句：见11·22。可：认可，许可。② 自辱：自找羞辱。孔子认为待人接物如不节制，易招致羞辱和疏远，参见4·26。孔子把历时久而受尊敬作为善于交友的表现，参见5·17。

【翻译】　子贡问交友之道。孔子说："忠言相告，好话劝导，不听就作罢，不要死乞白赖自讨羞辱。"

12·24　曾子曰："君子以文会友，以友辅仁①**。"**

【注释】　① 以友辅仁：参见15·10。

【翻译】　曾子说："君子用切磋文章学问来聚会朋友，用朋友来辅助仁德的修养。"

子路第十三

本篇以论政的内容居多，反映了
孔子礼治、德政、举贤、治者先正己、悦
近来远、不可急功近利以及富民教民
等思想。

13·1 子路问政。子曰："先之劳之①。"请益。曰："无倦。"

【注释】 ① 先：率先。之：指代老百姓。先之：做老百姓的表率。参见12·17"子帅以正，孰敢不正"及13·6。劳：役使。这一句即19·10"君子信而后劳其民"之意。又《周易·兑卦·象辞》："说（悦）以先民，民忘其劳。"亦可与此互参。 本章孔子的话针对子路性急好胜、鲁莽为政的弱点而发，参见11·20。

【翻译】 子路问为政之道。 孔子说： "做表率取信于民，然后再役使人民。"子路请求再多讲一些。 孔子说： "不要倦怠。"

13·2 仲弓为季氏宰①，问政。子曰："先有司②，赦小过,举贤才。"曰:"焉知贤才而举之?"子曰:"举尔所知。尔所不知,人其舍诸③?"

【注释】 ① 仲弓:冉雍,见5·5注①。冉雍有治政之才,见6·1。宰:春秋时卿大夫的家臣和采邑的长官都称宰。此当指家臣,总掌卿大夫政务。② 有司:官吏。古代设官分职,各有所司,故称。③ 诸:"之乎"的合音兼义词。

【翻译】 仲弓做季氏的家臣,向孔子问为政之道。 孔子说:"给办事人员做表率,宽免别人小的错误,选拔贤良人才。"仲弓又说:"怎样才能了解贤良人才而把他们选拔出来呢? "孔子说:"选拔你所了解的。 你所不了解的,别人难道会把他们舍弃吗? "

13·3 子路曰:"卫君待子而为政①,子将奚先②?"子曰:"必也正名乎③?"子路曰:"有是哉,子之迂也! 奚其正?"子曰:"野哉,由也! 君子于其所不知,盖阙如也。名不正,则言不顺;言不顺,则事不成;事不成,则礼乐不兴;礼乐不兴,则刑罚不中;刑罚不中,则民无所措手足。故君子名之必可言也,言之必可行也。君子于其言,无所苟而已矣④。"

【注释】 ① 卫君:指卫出公辄。参见7·15及其注①。② 奚:何。③ 名:名称,名义,名分。当时礼坏乐崩,名称、名义、名分混乱,与旧的现实不相符。马克思在《摩尔根〈古代社会〉一书摘要》中说:"借更名称以改变事物,乃是人类天赋的诡辩法！当直接利益十分冲动时，就寻找一个缝隙以便在传统的范围以内打破传统！"为维护传统的关系必须正名,《国语·晋语》说："信于名则上下不干（犯）。"孔子正名的具体例子,见于《论语》者,如12·11、12·20、13·14;见于他书者,如《左传·成公二年》所载孔子的话:"唯器（礼器）与名不可以假人。"《韩诗外传》卷五:"孔子侍坐于季孙,季孙之宰通曰:'君使人假马,其与之乎?'孔子曰:'吾闻:君取于臣曰取,不曰假。'季孙悟,告宰通曰:'今以往,君有取谓之取,无曰假。'孔子曰:'正假马之言而君臣之义定矣。'"

④ 苟:马虎,不审慎。

【翻译】 子路说："如果卫君等待先生去治理国政,先生将先做什么?"孔子说："那一定是纠正混乱的名称。"子路说："先生的迂阔竟有如此严重啊！ 有什么可纠正的?"孔子说："好粗野啊,子由！ 君子对他不了解的事情,大概应该阙而不论吧。 混乱的名称不纠正,那么说话就不顺当;说话不顺当,那么事情就办不成;事情办不成,那么礼乐就不能重兴;礼乐不能重兴,那么刑罚就不能适中;刑罚不能适中,那么老百姓就会有所畏惧而缩手缩脚,不知摆在什么地方合适了。 因此君子关于称呼的事情一定可以顺当说出来,顺当说出来的事情一定可以行得通。 君子对于自己的言词,力求没有一点马虎的地方才算罢了。"

13·4 樊迟请学稼①。子曰:"吾不如老农。"请学为圃。曰:"吾不如老圃。"

樊迟出。子曰："小人哉，樊须也！上好礼，则民莫敢不敬②；上好义，则民莫敢不服；上好信，则民莫敢不用情③。夫如是，则四方之民襁负其子而至矣④，焉用稼？"

【注释】　① 樊迟：孔子的学生，名须，见 2·5 注③。② "上好礼"二句：参见 14·41。③ "上好信"二句：参见 19·10。情：诚。④ 襁(qiǎng)：背负婴儿用的宽带。

【翻译】　樊迟请求学种庄稼。孔子说："我不如经验丰富的老农民。"又请求学种菜。孔子说："我不如经验丰富的老菜农。"

樊迟退出。孔子说："纯粹是粗俗小人，樊须啊！居上位的人喜好礼，那么老百姓就没有人敢不尊敬；居上位的人喜好义，那么老百姓就没有人敢不服从；居上位的人喜好信，那么老百姓就没有人敢不真诚效劳。若能如此，那么四方的老百姓就会用襁背负着婴儿来投靠了。哪用得着亲自种庄稼呢？"

13·5　子曰："诵《诗》三百①，授之以政，不达②；使于四方，不能专对③；虽多，亦奚以为？"

【注释】　① 诗三百：见 2·2 注①。② "授之"二句：达：通晓。孔子认为《诗》可以兴、观、群、怨、事父、事君(17·9)，故与政有关。③ 专对：擅自应对。外交辞令多借赋《诗》言志。又 16·13"不学《诗》，无以言"。

【翻译】 孔子说："诵读《诗》三百余篇，授给政事，却不通晓；到四方出使，却不能独立应对；即使读得多，又有什么用呢？"

13·6 子曰："其身正，不令而行；其身不正，虽令不从。"

【注释】 本章可参见 12·17、13·13。

【翻译】 孔子说："在位者自身端正，不下命令，事情也能行得通；在位者自身不端正，即使下命令老百姓也不服从。"

13·7 子曰："鲁卫之政，兄弟也①。"

【注释】 ① 兄弟：像兄弟一样相近。《集解》引包咸说："鲁，周公之封。卫，康叔之封。周公、康叔既为兄弟，康叔睦于周公，其国之政亦如兄弟。"其实孔子的着眼点并不在两国始封之君的兄弟关系，而在于两国政治文化传统的相近。孔子对鲁国抱有很大的希望，曾说："鲁一变，至于道。"（6·24）对卫国也抱有希望，曾先后多次到卫国谋求参政，称赞卫国"庶矣哉"（13·9）。

【翻译】 孔子说："鲁国卫国的政治，像兄弟一样相近。"

13·8 子谓卫公子荆①："善居室。始有，曰：'苟合矣②。'少有，曰：'苟完矣。'富有，曰：'苟美矣。'"

【注释】 ① 荆：卫国的公子。吴国的公子季札到卫国时，曾就他和蘧瑗、史狗、史鳅、公叔发、公子朝说："卫多君子，未有患也。"见《左传·襄公二十九年》。② 苟：诚然。合：给，足。依俞樾《群经平议》说。

【翻译】 孔子评论卫国公子荆说："他善于持家过日子。 刚有一点财产，便说：'实在是足够了。'稍稍增加一些，便说：'实在太完备了。'富有以后，便说：'实在太华美了。'"

13·9 子适卫，冉有仆。子曰："庶矣哉！"冉有曰："既庶矣，又何加焉？"曰："富之。"曰："既富矣，又何加焉？"曰："教之。"

【注释】 本章表现了孔子主张在富民的基础上进行教化。

【翻译】 孔子到卫国，冉有给他驾车。 孔子说："人口好多啊！"冉有说："人口已经很多了，再该采取什么措施呢？"孔子说："使人民富裕起来。"冉有又说："已经富裕起来了，再该采取什么措施呢？"孔子说："教育人民。"

13·10 子曰:"苟有用我者,期月而已可也①,三年有成。"

【注释】 ① 期(jī)月:一年的月份周而复始,即一年。

【翻译】 孔子说: "如果有人用我治理国家,一年就能治理得差不多,三年就能卓有成效。"

13·11 子曰:"善人为邦百年,亦可以胜残去杀矣。诚哉是言也!"

【注释】 本章可参见 12·19。

【翻译】 孔子说: "善人治理国家一百年,也可以克服残暴消除杀戮了。 这话说得真对呀! "

13·12 子曰:"如有王者,必世而后仁①。"

【注释】 ① 世:三十年为一世。

【翻译】 孔子说: "如果有称王天下的人出现,也一定要经过三十年才能使仁德普行。"

13·13 子曰:"苟正其身矣,于从政乎何有? 不能正其身,如正人何?"

【注释】 本章可参见 12·17、13·6。

【翻译】 孔子说："如果自身的行为端正了，对于参政治国有什么难的？ 不能端正自身的行为，怎能去端正别人呢？"

13·14 冉子退朝①。子曰："何晏也②?"对曰："有政③。"子曰："其事也④。如有政，虽不吾以，吾其与闻之⑤。"

【注释】 ① 朝：指季氏之私朝。冉求为季氏，家臣无朝国君之事。② 晏：晚。③ 政：指政务，有关大政方针的计议。④ 事：指事务。⑤ 与(yù)：参与。 本章是孔子正名以别等级的一个事例。

【翻译】 冉有从季氏办公内朝退下。 孔子说："为什么这样晚呢？"回答说："有政务。"孔子说："那是事务呀。 如果有政务，即使不用我了，我也该知道的。"

13·15 定公问："一言而可以兴邦，有诸①?"孔子对曰："言不可以若是。其几也②，人之言曰：'为君难，为臣不易。'如知为君之难也，不几乎一言而兴邦乎？"

曰："一言而丧邦，有诸?"孔子对曰："言不可以若是。其几也，人之言曰：'予无乐乎为君，唯其言而莫予违也。'如其善而莫之违也，不亦善乎？ 如不善而莫之违**

也，不几乎一言而丧邦乎？"

【注释】　① 诸："之乎"的合音兼义词。② 几：近。

【翻译】　鲁定公问："一句话就可以使国家兴盛，有这样的话吗？"孔子回答说："话语不可以像这样起作用。 跟这相近的情况是，人们常说：'做君主难，做臣下也不容易。'如果晓得为君的难处，不是近于一句话就会使国家兴盛吗？"

定公又说："一句话就可以使国家丧亡，有这样的话吗？"孔子回答说："话语不可以像这样起作用。 跟这相近的情况是，人们常说：'我没有什么乐于做君主的，只有一点，我无论说什么话都没有人违抗我。'如果说的话好而没有人违抗他，不也是很好的吗？ 如果说的话不好而没有人违抗他，不是近于一句话就会使国家丧亡吗？"

13·16　叶公问政①。子曰："近者悦，远者来②。"

【注释】　① 叶公：见 7·19 注①。② 远者来：参见13·4、16·1。

【翻译】　叶公问为政之道。 孔子说："境内的人使他们欢悦，远方的人使他们来归。"

13·17　子夏为莒父宰①，问政。子曰："无欲速，无见小利。欲速，则不达；见小利，则大事不成。"

【注释】 ① 莒(jǔ)父：鲁国邑名，其地约在今山东莒县西，见谭其骧主编《中国历史地图集》第一册《春秋齐鲁图》。

本章说明孔子反对为政急功近利。他主张务本，为政以德，富民而教民。

【翻译】 子夏做莒父邑的长官，问为政之道。孔子说："不要贪图快，不要只见小利。贪图快，就不能达到目的；只见小利，那么大事就不能成功。"

13·18 叶公语孔子曰："吾党有直躬者①，其父攘羊②，而子证之③。"孔子曰："吾党之直者异于是：父为子隐，子为父隐，直在其中矣。"

【注释】 ① 直躬：《集解》引孔安国曰："直躬，直身而行也。" ② 攘(rǎng)：盗窃。③ 证：告发，见《说文解字》。 本章说明孔子关于直的观念不是绝对的直率，而是有条件的，即必须符合礼的规范，尤其是不可违背礼的根本——孝、悌。参见8·2、17·8、17·24。 本章中孔子的主张，体现了对人伦亲情的关怀和维护。此后，在中国古代，亲属容隐几乎成为每个朝代法律制度，且容隐范围不断扩大（参见程树德《九朝律考》）。当今世界许多国家法律制度都有亲属回避的原则，规定亲属没有举证的义务，也是体现了维护人伦亲情的关系。还应该指出，孔子虽然主张亲亲相隐，但并不是不明是非，他认为作为人子可以对父母进谏，只是要注意分寸，坚决维护亲情关系，参见4·18。

【翻译】 叶公告诉孔子说："我们乡党有个行为耿直

的人，他的父亲偷了别人的羊，他亲自告发了父亲。"孔子说："我们乡党的直率人与此不同：父亲为儿子隐瞒，儿子为父亲隐瞒，直率也就在里面了。"

13·19 樊迟问仁。子曰："居处恭，执事敬，与人忠。虽之夷狄，不可弃也。"

【注释】 本章可参见15·6。

【翻译】 樊迟问什么是仁。 孔子说："私处要端庄严肃，办事要认真敬慎，待人要诚心实意。 即使是到了落后的夷狄之国，也不可放弃这些原则。"

13·20 子贡问曰："何如斯可谓之士矣？"子曰："行己有耻，使于四方，不辱君命，可谓士矣。"

曰："敢问其次。"曰："宗族称孝焉，乡党称弟焉。"

曰："敢问其次。"曰："言必信，行必果，硁硁然小人哉①！ 抑亦可以为次矣。"

曰："今之从政者何如？"子曰："噫！ 斗筲之人②，何足算也③？"

【注释】 ① 硁硁(kēng)：浅薄固执的样子。"言必"三句：孔子曾说："信近于义，言可复也。"(1·13)《孟子·离娄下》："孟子曰：'大人者，言不必信，行不必果，唯义所在。'"即阐发此处之义。 ② 筲(shāo)：古代的饭筐，容量五升。

《说文解字》无"筲"字,有"籍"字,曰:"饭筥也,受五升。从竹,稍声。"斗筲之人:器量狭小的人。③ 何足:哪里值得。算:数。

【翻译】 子贡问道:"怎样才可以叫做士?"孔子说:"用羞恶之心来约束自己的行为,出使外国,能维护国家尊严而不使君命受辱,便可以叫做士了。"

子贡说:"敢问次一等的。"孔子说:"宗族称赞他孝顺父母,乡党称赞他尊敬兄长。"

子贡说:"敢问再次一等的。"孔子说:"说话一定信实,做事一定果敢,浅薄固执,是不知权变的小人呀!不过也可算是再次一等的士了。"

子贡又说:"现在执政的那些人怎么样?"孔子说:"唉! 这班器量狭小的人,何足算数呢?"

13·21 子曰:"不得中行而与之①,必也狂狷乎②! 狂者进取,狷者有所不为也。"

【注释】 ① 中行:依中庸而行。与:党与。② 狂:狂妄激进。参见17·8"好刚不好学,其蔽也狂"。狷(juàn):拘谨慎为。《孟子·尽心下》对本章作了具体解释:"万章问曰:'孔子在陈,何思鲁之狂士?'孟子曰:'孔子不得中道而与之,必也狂狷乎? 狂者进取,狷者有所不为也。孔子岂不欲中道哉? 不可必得,故思其次焉。'"不仅如此,孔子还善于在其次中取其积极因素折中调剂;进取与慎为二者相济的结果,就近于"中行"了。

【翻译】 孔子说："不能得到按中庸行事的人与他结交，那一定是结交狂与狷这两种人啰！ 狂者肯于进取，狷者不肯做过头的事。"

13·22 子曰："南人有言曰：'人而无恒①，不可以作巫医②。'善夫！"

"不恒其德，或承之羞③。"子曰："不占而已矣。"

【注释】 ① 无恒：《周易·益卦·上九爻辞》："立心勿恒，凶。"② 巫医：古代医和巫集于一人之身，故称巫医。《公羊传·隐公四年》注："巫者，事鬼神祷解以治病请福者也。"③"不恒"二句：见《周易·恒卦·九三爻辞》。《周易·系辞下》说："恒，德之固也。" 本章反映了孔子强调事在人为、先人事后鬼神的思想，参见6·22"务民之义，敬鬼神而远之"，11·12"未能事人，焉能事鬼"。

【翻译】 孔子说："南方人有句话说：'人如果没有恒心，不可以做巫医。'这话太好啦！"

《周易·恒卦》中有这样的话："不操守德行，有可能受到羞辱。"孔子说："这是告诉不操守德行的人不必去占卜罢了。"

13·23 子曰："君子和而不同①，小人同而不和。"

【注释】 ① 和：调和。同：等同。用现代哲学术语来说，和就是矛盾的统一，同就是绝对的统一。孔子主张"和"而反对"同"，坚持的是正确哲学理念，参见《左传·昭公二十年》齐婴论"和""同"及《国语·郑语》史伯论"和""同"。史伯之言更为精明，如云："夫和实生物，同则不继。以它平它谓之和，故能丰长而物归之，若以同裨同，尽乃弃矣。"又孔子主张在等级制度的前提下进行调和，而反对取消等级的混同，可参见1·12有子的话和2·14。

【翻译】 孔子说："君子调和而不混同，小人混同而不调和。"

13·24 子贡问曰："乡人皆好之①，何如？"子曰："未可也。"

"乡人皆恶之②，何如？"子曰："未可也。不如乡人之善者好之，其不善者恶之③。"

【注释】 ① 好(hào)：喜好。② 恶(wù)：厌恶。③ "不如"二句：孔子认为好恶有是非标准，舆论不可能一致，可参见4·3"唯仁者能好人，能恶人"。15·28"众好之，必察焉；众恶之，必察焉"。

【翻译】 子贡问道："乡人都喜欢他，怎么样？"孔子说："还不能认可。"

子贡又问："乡人都厌恶他，怎么样？"孔子说："还不能认可。不如乡人中的好人喜欢他，乡人中的坏人厌恶他。"

13·25 子曰："君子易事而难说也①。说之不以道，不说也；及其使人也，器之②。小人难事而易说也。说之虽不以道，说也；及其使人也，求备焉。"

【注释】 ① 事：侍奉。由下文"使人"可知"事"的具体意义。《说苑·杂言》："曾子曰：'夫子见人之一善而忘其百非，是夫子之易事也。'"这是"君子易事"的一个实例。说（yuè）：同"悦"。② 器：量才而用。即 18·10 所说"无求备于一人"。

【翻译】 孔子说： "君子容易服事，却难于讨他喜欢。 不用正当的方法讨他喜欢，他是不会喜欢的；等到他使用别人时，总是量才而用。 小人难于服事，却容易讨他喜欢，即使不用正当方法讨他喜欢，他也会喜欢的；等到他使用别人时，总是求全责备。"

13·26 子曰："君子泰而不骄①，小人骄而不泰。"

【注释】 ① 泰：雍容大方。何晏《集解》释本章说："君子自纵泰似骄而不骄，小人拘忌而实自骄矜。"可参考。

【翻译】 孔子说： "君子雍容大方，却不骄傲自大；小人骄傲自大，却不雍容大方。"

13·27 子曰："刚、毅①、木②、讷③，近仁④。"

【注释】 ① 毅:果敢。② 木:质朴。③ 讷:见 4·24 注
①。又可参见 4·22、12·3。④ 近仁:近于仁。参考《论
语》本书有关篇章,孔子是说以上四种品质中的任何一种都
近于仁。

【翻译】 孔子说:"刚强、果敢、朴实、谨言,这四种
品质都近于仁。"

13·28 子路问曰:"何如斯可谓之士矣?"子曰:"切切偲① 偲,怡怡如也②,可谓士矣。朋友切切偲偲,兄弟怡怡。"

【注释】 ① 切切偲(sī)偲:互相督责勉励的样子。② 怡
怡:和顺的样子。《集解》引马融曰:"切切偲偲,相切责之
貌。怡怡,和顺之貌。" 本章主要从朋友、兄弟之间相处关
系的角度谈士的品质和特征,与 13·20 论士的角度不同,
可以互参。

【翻译】 子路问道:"怎样才可以叫做士?" 孔子说:
"互相批评,和睦相处,可以叫做士了。 朋友之间互相批
评,兄弟之间和睦相处。"

13·29 子曰:"善人教民七年①,亦可以即戎矣②。"

【注释】 ① 善人:相当于君子(仁人),参见 7·26 注

③。② 即:就。戎:兵事。即戎:参军作战。　本章强调善人教民,而且为时要七年之久,主要指政治、思想方面的教育,孔子虽然提倡仁爱,主张"胜残去杀"(13·11),但并不笼统地反对战争。他支持正义战争,反对不义战争,这里强调用善人所教之民从戎,正是为了保证战争的正义性。

【翻译】 孔子说:"善人教育人民达七年之久,也就可以让他们参军作战了。"

13·30　子曰:"以不教民战①,是谓弃之。"

【注释】 ① 不教民:未经教育训练的人民。教:既包括政治、思想教育,又包括技术训练。没有思想,只能盲目卖命;不懂技术,只能鲁莽战死。参见上章。

【翻译】 孔子说:"用未经教育训练的人民作战,这等于说抛弃他们。"

宪问第十四

本篇包括四十四章，内容较杂，论德，论政，论学，兼而有之。尤以评论人物的内容为突出，在论及一些著名历史人物如子产、管仲、晋文公、齐桓公、卫灵公等时，表现出孔子的政治、伦理观点。

14·1 宪问耻①。子曰："邦有道，谷②；邦无道，谷，耻也。"

"克、伐、怨、欲不行焉，可以为仁矣？"子曰："可以为难矣，仁则吾不知也。"

【注释】 ① 宪：原思，见6·5注①。宪为名，思为字，本章直称名，有可能是原宪自记。② 谷（gǔ）：俸禄。此处指做官拿俸禄。 孔子这里的话反映了他的处世、用世态度，参见5·2、8·13、15·7。

【翻译】 原宪问什么是羞耻。 孔子说："国家治道清明，可以做官得俸禄；国家治道昏乱，做官得俸禄，就是耻辱。"

原宪又说："好胜、自夸、怨恨、贪欲这四种毛病在实际作为中无所表现，可以算是仁了吧？"孔子说："可以算是难能可贵的了，能否算是仁，那我还不知道呢。"

14·2 子曰："士而怀居^①，不足以为士矣。"

【注释】 ① 而：如。居：家居，乡居。怀居等于说怀土，参见4·11"小人怀土"。 本章告诫士不可贪图乡居安逸，应有四方之志，为实现远大理想而艰苦奋斗。参见 4·9、8·7。

【翻译】 孔子说："士如果怀恋乡居之安，就不足以称为士了。"

14·3 子曰："邦有道，危言危行^①；邦无道，危行言孙^②。"

【注释】 ① 危：正。② 孙：同"逊"。 本章表现了孔子的处世态度，参见5·2、15·7。

【翻译】 孔子说："国家治道清明，正直地说话，正直地做人；国家治道昏乱，正直地做人，说话却要谦谨。"

14·4 子曰："有德者必有言^①，有言者不必有德^②。仁者必有勇，勇者不必有仁^③。"

【注释】　①言：指善言，有价值的言论。②"有言"句：言亦指善言。无德之人而有善言，其言或为巧言，或为空言，虽与实际行动脱节，而言论本身可能是正确的。这句话既告诫人们不可听其言而信其行，又告诫人们不可因人废言，参见15·23。③"勇者"句：是说单纯的勇敢还达不到仁的标准，勇敢必须符合礼义才行，参见8·2、17·23、17·24。

【翻译】　孔子说："有德行之人一定有善言，有善言之人不一定有德行。 有仁德的人一定有勇敢精神，勇敢无畏的人不一定有仁德。"

14·5　南宫适问于孔子曰①："羿善射②，奡荡舟③，俱不得其死然。禹、稷躬稼而有天下④。"夫子不答。

南宫适出，子曰："君子哉若人⑤！尚德哉若人！"

【注释】　①南宫适（kuò，同"括"）：孔子的学生南容，详见5·2注①。②羿（yì）：古代传说中叫羿的人有三个，都是善射之人。这里的羿指夏代有穷国的君主后羿，曾篡夏位，后又被其臣寒浞杀而代之。见《左传·襄公四年》。《集解》引孔安国曰："羿，有穷国之君，篡夏后相之位。其臣寒浞杀之，因其室（妻室）而生奡。"③奡（ào）：或作"浇"字，古代传说中的人物，寒浞的儿子，以力大著称。荡舟：《集解》引孔安国曰："奡多力，能陆地行舟。"刑昺疏："荡，训推也。"又解为翻舟。顾炎武《日知录》卷七"奡荡舟"条："《竹书纪年》：帝相二十七年，‘浇伐斟鄩，大战于潍，覆其舟灭之’。《楚辞·天问》：‘覆舟斟鄩，何道取之？’正谓此也。汉时《竹书》未出，故孔安国注为陆地行舟，而后人因之。"顾说是。④ 禹：夏后氏部落领袖，奉舜之命治理洪水，卓有功绩，舜死后担任部落联盟领袖，建立夏朝。稷：后稷，周祖的始祖，名弃。善于种植，尧、舜时代曾做农官，教民耕种。躬稼：亲自参加耕种。躬稼之事于稷为切，禹治水亦与农事有关。且亦有禹躬稼之传说，见宋叶大庆《考古质疑》卷五引《文选·左思赋》"禹耕会稽，乌为之耘"。⑤ 若：这，这个。若人：指南宫适。 本章表现了孔子尚德不尚力的思想。参 14·33、17·23。

【翻译】 南宫适向孔子问道："后羿善于射箭，奡力大翻舟，结果都不得好死。 大禹和后稷亲自参加农事，却都得到天下。"孔子不回答。

南宫适出去以后，孔子说："这个人真是君子啊！ 这个人真崇尚道德啊！"

14·6 子曰："君子而不仁者有矣夫，未有小人而仁者也①。"

【注释】 ①"君子"二句：这里的君子、小人当分别指有德者和无德者而言。仁是很高的道德标准，有道德的君子也不一定能达到，故孔子不轻易以仁许人。

【翻译】 孔子说："身为君子却不具备仁德的人是有的，但没有身为小人却具备仁德的人。"

14·7 子曰:"爱之,能勿劳乎? 忠焉,能勿诲乎?"

【翻译】 孔子说: "爱他,能不使他操劳吗? 忠于他,能不给他教诲吗? "

14·8 子曰:"为命①,裨谌草创之②,世叔讨论之③,行人子羽修饰之④,东里子产润色之⑤。"

【注释】 ① 命:教令、政令、君命、朝命均可称命。这里指辞令。《左传·襄公三十一年》:"郑国将有诸侯之事,子产乃问四国之为于子羽,且使多为辞令;与裨谌乘以适野,使谋可否;而告冯简子,使断之。事成,乃授子大叔使行之,以应对宾客,是以鲜有败事。"与孔子的话大同小异。② 裨谌(chén):郑国大夫。③ 世叔:即子大叔("大"即"太","世""太"二字通用),姓游,名吉,郑简公、定公时为卿,后继子产执政。讨论:研究议论。④ 行人:执掌出使的官。子羽:公孙挥的字,郑国大夫。⑤ 东里:子产所居之地。子产:郑国大夫,详见5·16注①。

【翻译】 孔子说: "郑国拟定外交辞令,裨谌先起草稿,世叔加以研讨议论,外交官子羽加以修饰,东里子产加以润色。"

14·9 或问子产①。子曰:"惠人也②。"

问子西③。曰:"彼哉! 彼哉④!"

问管仲⑤。曰:"人也。夺伯氏骈邑三百⑥,饭疏食,没齿无怨言⑦。"

【注释】 ① 子产:见5·16注①。② 惠人:仁爱之人。《左传·襄公三十一年》载,郑国有人主张毁乡校,以消除人们议论执政的场所。子产反对,认为防民之口"犹防川","大决(口)所犯,伤人必多,吾不克救也。不如小决使道,不如吾闻而药之也"。孔子听到此话说:"以是观之,人谓子产不仁,吾不信也。"③ 子西:春秋时有三个叫子西的,这里当指郑国的公孙夏,为子产的同宗兄弟,子产继他之后主持郑国国政。故问过子产之后,连及问到他。其他两个,一个是楚国的斗宜申,生当鲁僖公、文公之世,因谋乱被诛。一是楚国的公子申,与孔子同时,而死于其后。④ 彼哉彼哉:表示轻蔑的习惯语。《公羊传·定公八年》载:阳虎谋杀季孙未成,正在郊外休息,望见公敛处父带领追兵赶来,也曾说:"彼哉! 彼哉!"⑤ 管仲:见3·22注①。参见14·16。⑥ 伯氏:齐国大夫。骈邑:伯氏的采邑。"骈"或作"邴",或说今山东临朐东南的邴城即其地。阮元曾得伯爵彝,出土于山东临朐柳山寨。他说柳山寨有古城城基,即春秋骈邑(见《积古斋钟鼎彝器款识》)。三百:邑人户数。刘宝楠《正义》引郑玄注:"骈邑三百家,齐下大夫之制。"⑦ 齿:年。没齿:终其天年。

【翻译】 有人问起子产。 孔子说:"是一个慈惠的人。"

又问起子西。 孔子说:"他呀! 他呀!"

又问起管仲。孔子说："是个人才。他曾剥夺伯氏骈邑三百户的采地，伯氏只能吃粗饭，直到老死而无怨言。"

14·10　子曰："贫而无怨难，富而无骄易①。"

【注释】　①"贫而"二句：参见1·15。

【翻译】　孔子说："贫穷却没有怨恨，难以做到；富有却没有骄气，容易做到。"

14·11　子曰："孟公绰为赵、魏老则优①，不可以为滕、薛大夫②。"

【注释】　①　孟公绰：鲁国大夫，孔子认为他清心寡欲（详下章）。《左传·襄公二十五年》载：齐崔杼帅师伐鲁北边，襄公患之，使告于晋。孟公绰曰："崔子将有大志，不在病我，必速归，何患焉？其来也不寇。使民不严，异于他日。"齐师空归，果如所言。《史记·仲尼弟子列传》说他是孔子所尊敬的人。赵、魏：晋国诸卿赵氏和魏氏。老：大夫的家臣称老，或称室老。优：优裕，有余力。②　滕：当时的小国，故城在今山东滕州西南十五里。薛：当时的小国，故城在今山东滕州西南四十四里。《集解》引孔安国曰："公绰性寡欲，赵魏贪贤，家老无职，故优。滕薛小国，大夫政烦，故不可为。"

【翻译】 孔子说："孟公绰如果做晋国诸卿赵氏、魏氏的家臣，那么能力是绰绰有余的；但是不可能胜任滕、薛之类小国的大夫。"

14·12 子路问成人①。子曰："若臧武仲之知②，公绰之不欲③，卞庄子之勇④，冉求之艺⑤，文之以礼乐⑥，亦可以为成人矣。"曰："今之成人者何必然！见利思义⑦，见危授命⑧，久要不忘平生之言⑨，亦可以为成人矣。"

【注释】 ① 成人：等于说完人。② 臧武仲：鲁国大夫臧孙纥。他的智慧，有一些事例可证：《左传·襄公二十三年》载，他曾设计为季武子废长立少。后不容于鲁国，逃往齐国，又能预见齐庄公将败而设法拒绝庄公授给他田邑。其中还记载了孔子评论他有智而无礼义的话："知之难也。有臧武仲之知，而不容于鲁国，抑有由也，作不顺而施不恕也（指做事不顺无嫡则立长之礼，施加不恕被废者之心）。"③ 公绰：即上章所言之孟公绰。不欲：不贪心。上章孔子所评孟公绰的能力，对此孟公绰当亦有自知之明而自谦，所以这里说他"不欲"。④ 卞庄子：鲁国卞邑大夫，以勇敢著称。《荀子·大略篇》："齐人欲伐鲁，忌卞庄子，不敢过卞。"其他如《韩诗外传》卷十、《新序·义勇》、《史记·陈轸列传》等皆载有他勇敢的故事。⑤ 艺：指多才多艺。6·8称"求也艺"。⑥ 文：文饰。文之以礼乐：用礼乐加以修饰。孔子认为知、不欲、勇、艺虽为可贵的品质和才能，但必须用礼乐加以规范才能臻于完美，参见3·8"绘事后素""礼后乎"，6·18"文质彬彬,然后君子",8·8"立于礼,成于乐"。否则可能走向反面,参见8·2。⑦ 见利思义:16·10和19·1都有"见得思义"的话,与此同义。由此可见孔子并非概不言实利,只是反对见利忘义,参见4·16。⑧ 见危授命:19·1"见危致命",与此同义。⑨ 要:约,困顿。久要:长久的困顿处境。参见4·2"不仁不可以久处约"。 本章孔子对今之成人的标准退而求其次,为折中变通之例。

【翻译】 子路问什么是完人。 孔子说:"像臧武仲那样的睿智,孟公绰那样的不贪心,卞庄子那样的勇敢,冉求那样的多才多艺,再用礼乐加以修饰,也可以称作完人了。"又说:"现今的所谓完人何必一定如此! 见到利益能想到是否合乎义,见到危难肯于献身,久处困顿之境而不忘平生所立誓言,也可以称作完人了。"

14·13 子问公叔文子于公明贾曰①:"信乎? 夫子不言,不笑,不取乎?"公明贾对曰:"以告者过也②。夫子时然后言,人不厌其言;乐然后笑,人不厌其笑;义然后取,人不厌其取。"子曰:"其然。岂其然乎③?"

【注释】 ① 公叔文子:卫国大夫公孙拔(或作发),卫献公之孙,谥贞惠文子。详见《礼记·檀弓》及郑玄注。公明贾:卫国人,姓公明,名贾。② 以:此。③ "其然"二句:说明孔子对公明贾提供的间接说法,在未得到直接实证之前,仍将信将疑,不敢完全肯定。

【翻译】 孔子向公明贾询问公叔文子,说:"当真吗？ 他老先生不讲话，不笑，不索取吗？ "公明贾说：
"这是传话人造成的过错。 他老先生时机恰当然后讲话，
因此别人不厌烦他的话；高兴了然后笑，因此别人不厌烦
他的笑；合乎义然后索取，因此别人不厌烦他的取。 "孔
子说："原来是这样。 难道真是这样吗？ "

14·14 子曰："臧武仲以防求为后于鲁①，虽曰
不要君②，吾不信也。"

【注释】 ① 臧武仲：见 14·12 注②。防：臧武仲的封
邑。为后：立后。臧武仲获罪于季孙，受到攻伐，出奔邾。
自邾到防，派使者向鲁君请求，为立臧氏之后，愿以此为条
件避邑他去，其辞云："非敢私请，苟守先祀，无废二勋（杜预
注：祖文仲、父宣叔之功），敢不辟邑。 "鲁君于是立他的异母
兄臧为，武仲遂交出防而奔齐。 详见《左传·襄公二十三
年》。 ② 要：要挟。

【翻译】 孔子说： "臧武仲用防邑作条件请求鲁君在
鲁国立臧氏后嗣，即使说这不是要挟君主，我是不相
信的。 "

14·15 子曰："晋文公谲而不正①，齐桓公正而
不谲②。 "

【注释】 ① 晋文公：名重耳。 他和齐桓公是春秋五霸

中最有势力的君主。谲(jué)：欺诈，诡变。孔子对晋文公的评价，《论语》中仅此一见，贬而无褒。《左传·僖公二十八年》载温地之会，晋文公召周天子而使诸侯朝见，亦受到孔子的贬斥。其文曰："是会也，晋侯(文公)召王，以诸侯见，且使王狩。仲尼曰：'以臣召君，不可以训。'故书曰：'天王狩于河阳。'言非其地也，且明德也。"这里孔子认为晋文公非礼而无德，亦谲而不正之一例。郑玄引此以注《论语》本句(见《集解》引)，甚当。② 齐桓公：名小白，他任用管仲为相，国力强大，称霸诸侯。对于霸道，孔子不像战国时的孟子那样一概否定。孟子把霸道与王道绝对对立起来，尊王贱霸，认为"以力假仁者霸""以德行仁者王"(《孟子·公孙丑上》)，"五霸者，三王之罪人也"(《孟子·告子下》)，"仲尼之徒无道桓(齐桓)、文(晋文)之事者"(《孟子·梁惠王上》)，其实孔子并不一概反对霸道，他肯定五霸的强大的国力，肯定他们尊王攘夷的做法。在五霸中他尤其褒扬齐桓公，认为齐国有实现王道的基础："齐一变，至于鲁；鲁一变，至于道。"(6·24)肯定齐桓公不念旧恨，任用管仲，"九合诸侯，不以兵车""霸诸侯，一匡天下"(详见以下两章)，这些都可作为"正而不谲"的注脚。

【翻译】 孔子说："晋文公欺诈而不正直，齐桓公正直而不欺诈。"

14·16 子路曰："桓公杀公子纠，召忽死之，管仲不死①。"曰："未仁乎？"子曰："桓公九合诸侯，不以兵车②，管仲之力也③。如其仁④，如其仁。"

【注释】①"桓公"三句：齐桓公和公子纠都是齐襄公（名诸儿）的弟弟。襄公无道，鲍叔牙预见将发生动乱，奉公子小白（桓公）出奔莒。公孙无知杀襄公自立，齐国动乱，管仲、召忽奉公子纠奔鲁。齐人杀无知，鲁国伐齐，接纳公子纠。小白自莒先入齐国，自立为君（桓公），于是伐鲁，逼迫鲁国杀了公子纠，召忽因此自杀，管仲经鲍叔牙推荐，桓公用为相。事见《左传》庄公八年、九年。亦可参见《管子·大匡篇》《史记·齐世家》。② 九合诸侯，不以兵车：是说多次主持诸侯的和平会盟。古时诸侯会盟，有所谓"兵车之会"和"衣裳之会"（亦作衣冠之会）。兵车之会指帅兵车聚合武力进行会盟，衣裳之会指凭借礼义的和平会盟。《穀梁传·庄公二十七年》："衣裳之会十有一，未尝有歃血之盟也，信厚也。兵车之会四，未尝有大战也，爱民也。""九合"或实指，《左传》《国语》有"九合诸侯""七合诸侯""再合诸侯""三合大夫"之语，数词皆为确指。"九合"也可能是虚指。究竟是哪种情况，已无法考定。有人解"九"为"纠"，不当。③ 力：功。④ 如：乃。 本章和下章都是在肯定管仲的大节大信，而忽略他的小节小信。这正是孔子知权的表现。

【翻译】 子路说："齐桓公杀了召忽、管仲的主子公子纠，召忽为他自杀而死，管仲却不死。"接着又说："管仲还未达到仁吧？"孔子说："齐桓公多次会盟诸侯，不动用兵车武力，都是管仲的功劳。 这就是他的仁，这就是他的仁。"

14·17 子贡曰："管仲非仁者与？ 桓公杀公子

纠,不能死,又相之。"子曰:"管仲相桓公,霸诸侯,一匡天下①,民到于今受其赐。微管仲②,吾其被发左衽矣③。岂若匹夫匹妇之为谅也④,自经于沟渎而莫之知也⑤!"

230

【注释】 ① 匡:正。② 微:无。③ 被:同"披"。左衽(rèn):在左边开衣襟。披散头发、左开衣襟皆为夷狄之俗。④ 谅:信,这里指小信。参见13·20、15·37。⑤ 自经:自缢。

【翻译】 子贡说:"管仲不是仁人吧? 齐桓公杀了公子纠,管仲不能为主子而死,反而做了桓公的相。"孔子说:"管仲辅佐桓公,使他称霸诸侯,使天下得到匡正,人民直到今天还受到他的恩赐。 如果没有管仲,我们大概已沦于夷狄,披散着头发,衣襟向左开了。 难道要像普通男女那样拘于小信,自缢于沟渎之中而没有人知道他们吗!"

14·18　公叔文子之臣大夫僎与文子同升诸公①。子闻之,曰:"可以为'文'矣②。"

【注释】 ① 公叔文子:已见14·13。臣:家臣。大夫僎:《汉书·古今人表》作"大夫选",僎、选通用。诸:"之于"的合音兼义词。公:公室。② 文:《逸周书·谥法解》关于"文"的谥号有六义,其六为"锡民爵位",与这里相合。

【翻译】 公叔文子的家臣大夫僎与公叔文子一起升到

卫国公室做官。孔子听到后，说："公叔文子可以称为
'文'了。"

14·19 子言卫灵公之无道也①，康子曰②："夫如
是，奚而不丧③?"孔子曰："仲叔圉治宾客④，祝鮀治宗
庙⑤，王孙贾治军旅⑥。夫如是，奚其丧?"

【注释】 ① 卫灵公:卫献公之孙，名元，在位四十二年。
政治昏乱，夫人南子曾经操权。参见6·28，7·15注①，
15·1。② 康子:季康子，见2·20注①。③ 奚而:俞樾《群
经平议·论语平议》云:"奚而犹奚为也。"奚为即何为，亦即
为何。而:代词，犹"其"。④ 仲叔圉(yǔ):即孔文子，见
5·15注①。⑤ 祝鮀:见6·16注①。⑥ 王孙贾:见3·13
注①。 孔子认为卫国多君子，以上提到的三人皆未入君
子之列，但他们有才，各有专长，受到孔子的重视。

【翻译】 孔子谈论卫灵公的昏乱无道，季康子说:
"既然如此，为什么不败亡? "孔子说: "他有仲叔圉主
管外交，祝鮀主管宗庙祭祀，王孙贾主管军队，既然如
此，那又怎么会败亡呢? "

14·20 子曰:"其言之不怍①，则为之也难。"

【注释】 ① 其:连词，表示假设。怍(zuò):惭愧。 本
章讲言和行的关系。孔子认为说得容易做起来难，反对说

空话、说大话,参见 1·14、4·24、12·3 等。

【翻译】 孔子说: "如果大言不惭,那么做起来一定很难。"

14·21 陈成子弑简公①。孔子沐浴而朝,告于哀公曰②: "陈恒弑其君,请讨之。"公曰: "告夫三子③!"

孔子曰: "以吾从大夫之后④,不敢不告也。君曰'告夫三子'者!"

之三子告,不可。孔子曰: "以吾从大夫之后,不敢不告也。"

【注释】 ① 陈成子:名恒,齐国大臣。齐简公四年(前481),杀死简公,拥立齐平公,任为相国,从此齐国由陈氏专权。② 孔子告哀公:《左传·哀公十四年》亦载其事: "甲午(六月五日),齐陈恒弑其君壬于舒州。孔丘三日齐(斋),而请伐齐三。公曰: '鲁为齐弱久矣,子之伐之,将若之何?'对曰: '陈恒弑其君,民不与者半。以鲁之众加齐之半,可克也。'公曰: '子告季孙。'孔子辞,退而告人曰: '吾以从大夫之后也,故不敢不言。'"③ 三子:指当时鲁国三家专权大夫孟孙、叔孙、季孙。④ "以吾"句:见 11·8 注③。时孔子已经告老还家,但仍以大夫身份关心政事。

【翻译】 齐国大臣陈成子杀了齐简公。 孔子斋戒沐浴以后上朝报告鲁哀公说: "陈恒杀了他的君主,请出兵讨伐他。"哀公说: "那就报告季孙、叔孙、孟孙三人吧!"

孔子退下后说：“因为我忝居大夫之列，不敢不报告这样重大的事啊。君主竟说出‘报告三子’的话！”

于是到了季孙、叔孙、孟孙三人那里报告，结果是不同意。孔子说：“因为我忝居大夫之列，不敢不报告这样重大的事啊！”

14·22　子路问事君。子曰：“勿欺也，而犯之①。”

【注释】　①“勿欺”二句：《集解》引孔安国注：“事君之道，义不可欺，当能犯颜谏争。”此说可取。《礼记·檀弓上》：“事君有犯而无隐。”亦本此义。孔子主张“事君尽礼”（3·18）、“臣事君以忠”（3·19）、“以道事君”（11·22），皆可与此互参。

【翻译】　子路问怎样服事君主。孔子说：“不要欺骗，而应该冒犯谏争。”

14·23　子曰：“君子上达，小人下达①。”

【注释】　①“君子”二句：上达、下达与学有关。《集解》：“本为上，末为下。”皇侃《义疏》：“上达者，达于仁义也。下达谓达于财利，所以与君子反也。”此解与孔子的话“君子喻于义，小人喻于利”（4·16）及《礼记·大学》“德者，本也；财者，末也”相合。此外，孔子认为上达与下达也表现了人的才智的差别，如说：“中人以上，可以语上也；中人以下，不可以语上也"(6・21)，"君子不可小知而可大受也，小人不可大受而可小知也"(15・34)，"唯上知与下愚不移"(17・3)。子贡也说："文武之道……贤者识其大者，不贤者识其小者。"(19・22)

【翻译】 孔子说："君子通晓高深的学问，小人通晓低级的学问。"

234

14・24 子曰："古之学者为己①，今之学者为人②。"

【注释】 ① 为己：为了端正和充实自己。正因为如此，所以才能做到"人不知而不愠"(1・1)。又可参见14・30、14・35。② 为人：为了向别人卖弄。《荀子・劝学篇》对以上两句话解释得很正确，见1・1注⑥所引，可参见。 本章所论古今学风的不同，是就一般情况而言，并不排斥今之学者仍有像古之学者的。

【翻译】 孔子说："古代学者的学习目的是修养和充实自身，当今学者的学习目的是向别人炫耀。"

14・25 蘧伯玉使人于孔子①。孔子与之坐而问焉，曰："夫子何为？"对曰："夫子欲寡其过而未能也②。"使者出。子曰："使乎！使乎！"

【注释】 ① 蘧(qú)伯玉：卫国大夫，名瑗。孔子在卫国时,曾寄居他家。《论语》中还有一处论到他,参见 15·7。
② 寡其过:蘧伯玉是一个善于知非改过的人。《庄子·则阳篇》:"蘧伯玉行年六十而六十化,未尝不始于是之而卒诎之以非也,未知今之所谓是之非五十九非也。"《淮南子·原道训》:"蘧伯玉年五十而知四十九年非。"孔子认为人不能无过,难在能知非改过,参见 5·27"吾未见能见其过而内讼者也",6·3"不贰过",15·30、19·8、19·21。

【翻译】 蘧伯玉派使者拜访孔子。 孔子跟他同坐,并且问道:"你们先生在做什么?"回答说:"我们先生想尽量减少过错却还未能做到。"

使者出去以后。 孔子说:"难得的使者啊! 难得的使者啊!"

14·26 子曰:"不在其位,不谋其政①。"
曾子曰:"君子思不出其位②。"

【注释】 ①"不在"二句:已见 8·14。②"君子"句:又见《周易·艮卦·象辞》:"君子以思不出其位。"

【翻译】 孔子说:"不居某一职位,不考虑那方面的政事。"
曾子说:"君子考虑问题不越出自己的职权范围。"

14·27 子曰:"君子耻其言而过其行①。"

【注释】 ① 而:之。说详杨树达《词诠》。正平本《论语集解》、皇侃《义疏》本"而"径作"之"字。孔子主张言行一致的话很多,参见4·22、4·24、12·3、14·20等。

【翻译】 孔子说: "君子以口里说的超过实际做的为耻。"

14·28 子曰:"君子道者三①,我无能焉:仁者不忧,知者不惑,勇者不惧。"子贡曰:"夫子自道也。"

【注释】 ① 君子道者:君子之道。

【翻译】 孔子说: "君子之道有三,我没有能力做到,这就是:有仁德的人不忧愁,有智慧的人不迷惑,勇敢的人不畏惧。"子贡说: "这正是先生自我称道呢。"

14·29 子贡方人①。子曰:"赐也贤乎哉? 夫我则不暇。"

【注释】 ① 方:有二解:一意为比,方人即品评人的优劣短长。一说通"谤",据《经典释文》郑玄注的《论语》即作"谤"字,注曰:"谓言人之过恶。"两说均可通,此从后说。

【翻译】 子贡经常批评人。 孔子说:"赐啊,你就比别人强吗? 要是我就没有这样的闲工夫。"

14·30 子曰:"不患人之不己知,患其不能也①。"

【注释】 ①"不患"二句:指的是君子治学的态度和目的。参见1·1"人不知而不愠",15·19"君子病无能焉,不病人之不己知也"。

【翻译】 孔子说: "不忧虑别人不了解自己,忧虑自己没有能力。"

14·31 子曰:"不逆诈①,不亿不信②,抑亦先觉者③,是贤乎?"

【注释】 ① 逆:事先揣度。② 亿:同"臆",猜测。以上二句:《大戴礼·曾子立事篇》:"君子不先人以恶,不疑人以不信。"③ 抑:但是,然而。

【翻译】 孔子说: "不预先揣度别人的欺诈,不凭空猜测别人的不诚实,但是又能及早发觉欺诈与不诚实,这样的人该是贤者吧?"

14·32 微生亩谓孔子曰①:"丘何为是栖栖者与②? 无乃为佞乎?"孔子曰:"非敢为佞也,疾固也③。"

【注释】 ① 微生亩:姓微生,名亩。或作尾生亩,有人说即尾生高。已不可详考。从话中直呼孔子之名这一点看,当是一个长者。② 栖(xī)栖:形容不安定。③ 疾:忧患。

本章反映了孔子到处游说的目的在于说服顽固的当政者采纳自己的政治主张。

【翻译】 微生亩对孔子说:"你孔丘为什么要这样遑遑不安到处游说呢? 不会是要卖弄口才吧?"孔子说:"不敢卖弄口才,是忧虑人们顽固不化。"

14·33　子曰:"骥不称其力①,称其德也②。"

【注释】 ① 骥:古代良马名,相传能日行千里,又叫千里马。② 德:指训练有素,驾驭时能协人意。据《集解》及《太平御览》四〇三引郑玄《论语注》:"德者,调良之谓,谓有五驭之威仪。"又《周礼·保氏》"五驭"郑玄注:"五驭,鸣和鸾(和、鸾均为车铃),逐水曲,过君表,舞交衢,逐禽左。"

本章表现了孔子尚德不尚力的思想,参见3·16、14·5、17·23。

【翻译】 孔子说:"对于名马骥,不称赞它的气力,称赞它的美德。"

14·34　或曰:"以德报怨①,何如?"子曰:"何以报德? 以直报怨,以德报德。"

【注释】 ① 以德报怨:此语为流行的观点,如《老子》六十三章:"大小多少,报怨以德。"似乎宽厚,实则不讲原则,有姑息之嫌。

【翻译】 有人说："用恩德来回报怨恨，怎么样？"孔子说："那用什么来回报恩德？ 应该用正直来回报怨恨，用恩德来回报恩德。"

14·35 子曰："莫我知也夫！"子贡曰："何为其莫知子也？"子曰："不怨天，不尤人①，下学而上达②，知我者其天乎？"

【注释】 ① 尤：归咎，责怪。② 上达：上通于天，为天所知。 本章可参见4·14、13·24。

【翻译】 孔子说："没有人了解我啊！"子贡说："为什么没有人了解您呢？"孔子说："不怨恨上天，不责怪别人，身居下位老老实实学习，就会上通于天，了解我的大概是天吧？"

14·36 公伯寮愬子路于季孙①。子服景伯以告②，曰："夫子固有惑志③，于公伯寮吾力犹能肆诸市朝④。"子曰："道之将行也与，命也；道之将废也与，命也。公伯寮其如命何？"

【注释】 ① 公伯寮：姓公伯，名寮。《史记·仲尼弟子列传》作"公伯缭"，云："字子周。"愬：同"诉"，进谗言。② 子服景伯：姓子服，谥景，字伯，名何，鲁国大夫。③ 夫子：指季孙。惑志：疑惑之心。按《集解》及《仲尼弟子列传》均于"志"下出注，可见应于此处断句。朱熹《集注》此处不断，将"于公伯寮"连上，非是。后人多从朱说，不妥。④ 肆：杀人陈其尸。据《周礼·乡士》，周制有陈尸三日之法。市朝：市井、朝廷。按周制大夫陈尸于朝，士陈尸于市。公伯寮为士，当陈尸于市，此处市朝连言，并非兼指（详见《周礼·乡士疏》引《论语注》）。

【翻译】 公伯寮向季孙诬告子路，子服景伯把这件事告诉孔子，并且说："季孙这位先生已经对子路产生了疑心，对于公伯寮，我的力量还足能把他杀了陈尸街头。"孔子说："治道或许将会实行，这是命运；治道或许将会废止，也是命运。公伯寮他能把命运怎么样？"

14·37 子曰："贤者辟世，其次辟地，其次辟色，其次辟言。"子曰："作者七人矣①。"

【注释】 ① 作：为。七人：说法不一，《集解》引包咸注："为之者凡七人，谓长沮、桀溺、丈人、石门、荷蒉、仪封人、楚狂接舆。"这些隐士都见于《论语》。皇侃《义疏》引王弼注说："七人：伯夷、叔齐、虞仲、夷逸、朱张、柳下惠、少连也。"此即 18·8 所举"逸民"七人，亦有据。

【翻译】 孔子说："贤者以避开乱世为上策，其次避开乱地，再次避开傲色，再次避开恶言。"孔子又说："做到这样的已经有七个人了。"

14·38 子路宿于石门①。晨门曰②:"奚自?"子路曰:"自孔氏。"曰:"是知其不可而为之者与?"

【注释】 ① 石门:鲁城外门,见《后汉书·蔡邕传注》及《张皓王龚传论注》引郑玄注。② 晨门:主管城门晨夜启闭的人。

【翻译】 子路在石门过夜。守城门的人说:"从哪里来?"子路说:"从孔氏那里来。"守门人说:"此人就是那个明知行不通却硬要去做的人吗?"

14·39 子击磬于卫①,有荷蒉而过孔氏之门者②,曰:"有心哉。击磬乎!"既而曰:"鄙哉③,硁硁乎④!莫己知也,斯己而已矣⑤。深则厉,浅则揭⑥。"子曰:"果哉!末之难矣⑦。"

【注释】 ① 磬(qìng):石制打击乐器,形状像曲尺。② 蒉(kuì):盛土的竹筐。③ 鄙:偏狭。意同《孟子·万章下》"鄙夫宽"之"鄙"。④ 硁硁:磬声,象征坚确之义。并兼有"硁硁然小人哉"(13·20)中"硁硁"之义,指浅薄固执。⑤ 斯:则。己:守己。朱熹《集注》改为"已",非是。⑥ "深则"二句:出自《诗经·邶风·匏有苦叶》。厉:有二说:一说为穿着衣裳涉水(见《诗经·毛诗》)。一说"厉"《说文》作"砅",云:"履石渡水也。"均可通。揭:提起衣裳。⑦ 以上二句:果:果断。难:辩驳。另有异说,朱熹《集注》解"果"为荷蒉者果断忘世,解"末之难"为处身无所难,可参。

【翻译】 孔子在卫国击磬,有个身背草包路过孔子门前的人,说:"有心啊,这个击磬的人!"过了一会又说:"偏狭啊,硁硁的磬声透着固执! 没有人了解自己,就专己守志算了。 《诗》说得好:河深就穿着衣裳过,河浅就提起衣裳过。"孔子说:"好坚决啊! 没有办法来驳倒他了。"

242

14·40 子张曰①:"《书》云:'高宗谅阴,三年不言②。'何谓也?"子曰:"何必高宗,古之人皆然。君薨③,百官总己以听于冢宰三年④。"

【注释】 ① 子张:见2·18注①。② "高宗"二句:出自《尚书·无逸》。高宗:殷高宗。即武丁,盘庚弟小乙之子,为殷中兴之王。谅阴:《尚书》作"梁闇",屋檐着地而无楹柱的房子,类似现在的窝棚,又称凶庐,守丧所居。③ 薨(hōng):死亡之别称,虽有"天子死曰崩,诸侯曰薨,大夫曰卒,士曰不禄,庶人曰死"(《礼记·曲礼下》)之说,实王侯之死均可称薨,甚至诸侯夫人之死亦可从夫称薨,见《左传·隐公二年》。④ 冢宰:统理政务、总御群官的最高长官。三年:古时居丧的期限。

【翻译】 子张说:"《尚书》说:'殷高宗住在凶庐,三年不讲话。'这是什么意思?"孔子说:"何必高宗居丧不问政事,古时的人都是如此。 君主死了,群官总摄各自的职务来听命于冢宰,满三年为止。"

14·41 子曰："上好礼，则民易使也①。"

【注释】 ①"上好礼"二句：参见 12·19、13·4、17·4。孔子认为统治者如果兴礼乐教化，就容易使老百姓服从。

【翻译】 孔子说："居上位的人喜好礼，那么老百姓就容易役使。"

14·42 子路问君子。子曰："修己以敬①。"
曰："如斯而已乎？"曰："修己以安人②。"
曰："如斯而已乎？"曰："修己以安百姓③。修己以安百姓，尧舜其犹病诸④！"

【注释】 ① 敬：严肃谨慎。以：而。修己以敬，即"克己复礼"，"非礼勿视，非礼勿听，非礼勿言，非礼勿动"（12·1）之义。② 人：别人。修己以安人：即"己欲立而立人，己欲达而达人"（6·30）之义，属于"忠"的内容，"仁"的标准。③ 修己以安百姓：即"博施于民而能济众"（6·30）之义，已达到"圣"的标准。④ 其：副词，大概，或许。病：难。诸：之乎。

【翻译】 子路问什么是君子。 孔子说："修养自己而恭慎从事。"

又问："这样就够了吗？ "孔子说："修养自己而安抚别人。"

又问："这样就够了吗？ "孔子说："修养自己而安定百姓。 修养自己而安定百姓，就连尧、舜或许还要为此犯难呢！"

14·43 原壤夷俟①。子曰："幼而不孙弟②，长而无述焉③，老而不死，是为贼④！"以杖叩其胫⑤。

【注释】 ① 原壤：鲁国人，《礼记·檀弓下》说他是"孔子之故人（老友）"，并记载了一个原壤不拘礼节的故事：他的母亲死了，孔子去帮他料理丧事，他却登上棺材唱了一支逗乐的歌。孔子只好装着没听见，以不予理睬表示对他的批评。夷：箕踞，是一种不正规的放肆坐法。按古时坐如跪状，小腿及足蜷曲于后，臀部着于脚后跟。箕踞则臀着于席，腿足伸直俱置身前，并张开两膝。俟：待，指等待孔子。② 孙：同"逊"。弟：同"悌"，见1·2注②。③ 述：即"述而不作"之述，指传述学问。④ 贼：害。⑤ 胫（jìng）：小腿。

【翻译】 原壤坐无坐相，放肆地接待孔子。 孔子说："幼小时就不谦逊敬长，长大了又无所传述，老朽了还不快死，这简直是祸害！"说着，用手杖敲了敲他的小腿。

14·44 阙党童子将命①。或问之曰："益者与②？"子曰："吾见其居于位也③，见其与先生并行也④；非求益者也，欲速成者也⑤。"

【注释】 ① 阙党：即阙里，孔子旧里。《荀子·儒效篇》："仲尼居于阙党。"童子：未冠者之称。将命：传达宾主

244

之辞命。② 益：长进。③ 居于位：居于席位。按古礼规定童子不可居于成人之尊位，《礼记·檀弓上》："童子隅坐而执烛。"郑玄注："隅坐，不与成人并。"又，定州汉墓竹简《论语》"居"作"君"，"君"训"尊"，用为动词，"君于位"即尊于位的意思，亦即忝居尊位、不谦逊之意。按，"居"作"君"当为原貌，可从，参见2·1注②。译文据此。④ 先生：年长者。并行：并排而行。按古礼规定童子不可与长者并行。《礼记·曲礼上》："五年以长（年长五岁），则肩随之（稍后随之）。"童子与长者行，则更应靠后尾随之。⑤ 速成：孔子反对速成，认为"欲速则不达"（13·17）。

【**翻译**】 阙党的一个少年负责为宾主传言达语。 有人问起他，说："是个有长进的后生吗？"孔子说："我见他忝居成人之位，又见他与年长者并肩而行；可知他不是一个追求进步的人，而是一个贪图速成的人。"

卫灵公第十五

本篇包括四十二章,以论道德修养、为人处世的内容为多,其中专论君子的达十章之多。另外有少数章节论及政治、教育、学术。

15·1 卫灵公问陈于孔子①。孔子对曰:"俎豆之事②,则尝闻之矣;军旅之事,未之学也。"明日遂行。

【注释】 ① 陈:同"阵",作战队伍的阵法。② 俎(zǔ)豆:俎和豆都是古代的礼器,这里用以代表礼仪。俎似几,用以放牲体。豆是高脚盘,用以盛肉酱或带汁的食物。孔子对在卫国推行礼治德政本来抱有很大的希望(见13·7),但卫灵公无道,热心于战伐之事。"道不同,不相为谋",(见15·40)孔子只得离开卫国。孔子实际上并非不重视军事,他把"足兵"列为治国的条件之一,主张必须教民作战(见13·29、13·30)。但又认为军事必须放在礼治、德政的统帅之下,因此"足兵"居"民信"之下,教民作战必须"善人"为之。郑玄解此章,深得孔子本意,他说:"军旅末事,本未立,不可教以末事。"(《集解》引)

【翻译】 卫灵公向孔子问作战的阵法,孔子答道:

"礼仪的事情，我曾经听到过；军队的事情，却未曾学习过。"第二天便起行离开卫国。

15·2 在陈绝粮①，从者病，莫能兴②。子路愠见曰："君子亦有穷乎?"子曰："君子固穷③，小人穷斯滥矣。"

【注释】 ① 在陈绝粮:参见11·2。② 兴:起。③ 固穷:安于穷困。 本章反映了孔子安贫乐道的思想。参见1·15、4·5、14·10、15·32。

247

【翻译】 孔子在陈国断绝了粮食，跟从的人都饿坏了，没有人能爬得起来。 子路带着满腔愤怨来见孔子说："君子也有穷困的时候吗?"孔子说："君子安于穷困，小人遇到穷困，就会胡作非为了。"

15·3 子曰："赐也，女以予为多学而识之者与①?"对曰："然，非与?"曰："非也，予一以贯之②。"

【注释】 ① 识(zhì):记。② 一以贯之:指用道的核心内容加以贯穿，参见4·15。

【翻译】 孔子说："赐! 你以为我是多方面学习并且一一把内容强记下来的吗? "答道："是的，难道不是吗? "孔子说："不是的，我是用一个基本内容把它们贯穿起来的。"

15·4 子曰:"由! 知德者鲜矣①!"

【注释】 ①"知德"句:有德必须首先知德,知德者少,必然有德者少。参见6·29。

【翻译】 孔子说: "由! 晓得道德的人太少了啊!"

15·5 子曰:"无为而治者其舜也与①? 夫何为哉? 恭己正南面而已矣②。"

【注释】 ① 无为而治:无所烦劳就能使天下大治。② 恭己:修养、端正自己。参见5·16"行己也恭"。正南面:南面临朝,居统治之位。此句包含两层意思:一是"为政以德"(见2·1),孔子继承先贤的思想,强调为政必须以修身为本,参见13·6、13·13。从而发展为儒家的一个重要的思想,《礼记·中庸》:"《诗》云:'不显惟德,百辟(诸侯)其刑(效法)之。'是故君子笃恭而天下平。"《大学》讲修身,齐家,治国,平天下。《吕氏春秋·先己篇》也说:"昔者,先圣王成其身而天下成,治其身而天下治。故善响者,不于响,于声;善影者,不于影,于形;为天下者,不于天下,于身。……故反其道而身善矣,行义则人善矣,乐备君道而百官已治矣,万民已利矣。三者之成也,在于无为,无为之道曰胜天。"另一层意思是善于举贤,群臣分职,参见8·18、8·20。又如《大戴礼·主言篇》:"昔者舜左禹而右皋陶,不下席而天下治。"《新序·杂事三》:"故王者劳于求人,佚于得贤。舜举众贤在位,垂衣裳,恭己无为而天下治。" 本章中孔子提出了"无为而治"的思想。它与老子所讲的无为而治，字面相同，而实质不同。老子的无为而治以虚无、清静为本，既反对道德修养，又反对举贤使能，与孔子的思想绝不同调。

【翻译】 孔子说："能够无所烦劳就能使天下大治的人大概就是舜吧？ 他做了什么呢？ 修养好自己，居位听政罢了。"

15·6 子张问行①。子曰："言忠信，行笃敬，虽蛮貊之邦②，行矣。言不忠信，行不笃敬，虽州里，行乎哉？ 立则见其参于前也③，在舆则见其倚于衡也④，夫然后行。"子张书诸绅⑤。

【注释】 ① 行：行得通，通达。② 蛮貊(mò)：蛮族、貊族，蛮在南方，貊在东北方，地处边远，当时被视为文明落后的部族。③ 参：直。见王引之《经义述闻》。④ 舆：车箱。衡：辕前横轭(è)，用以套驾牛马。⑤ 诸："之于"的含音兼义词。绅：束在腰间并能垂下的大带。

【翻译】 子张问怎样才能行得通。 孔子说："说话忠诚信实，行为笃实敬慎，即使在文明落后的蛮貊之国，也能行得通。 说话不忠诚信实，行为不笃实敬慎，即使在州里乡土，能行得通吗？ 站立时仿佛看见'忠信笃敬'四个字树立在前面，坐在车中仿佛看见这四个字背靠在辕前横轭上，能够做到这样，而后才能行得通。"子张随即把这段话写在束身的大带上。

15·7 子曰:"**直哉史鱼**①!**邦有道,如矢;邦无道,如矢。君子哉蘧伯玉**②!**邦有道,则仕;邦无道,则可卷而怀之**③。"

【注释】 ① 史鱼:卫国大夫史鰌(qiū),字子鱼。他耿直敢言,公正无私。《韩诗外传》卷七载:史鱼将死之时,对其子说:"我多次讲蘧伯玉的贤良,终不能让国君用他;多次讲弥子瑕的不肖,终不能让国君把他免官。作为臣下,活着的时候不能进贤而退不肖,死后不应该在正堂治丧,在居室殡敛也就可以了。"卫灵公得知后,终于重用蘧伯玉而免掉弥子瑕。史鱼遂有"生以身谏,死以尸谏"之称。② 蘧伯玉:见14·25 注①、②。他也以正直见称,《韩诗外传》说:"外宽而内直,自设于隐括之中;直己不直人,善废而不悒悒(忧愁),蘧伯玉之行也。" ③ 卷:收。怀:藏。

【翻译】 孔子说:"正直啊史鱼!国家政道清明,像箭一样直;国家政道昏乱,也像箭一样直。 君子啊蘧伯玉! 国家政道清明,就做官;国家政道昏乱,就能退缩而藏身。"

15·8 子曰:"**可与言而不与之言,失人;不可与言而与之言,失言。知者不失人,亦不失言。**"

【翻译】 孔子说:"可以跟他说却不跟他说,就会失掉可靠的人;不可跟他说却跟他说了,就会漏失秘密的话。 聪明人既不会失掉可靠的人,也不会漏失秘密的话。"

15·9 子曰:"志士仁人,无求生以害仁,有杀身以成仁。"

【翻译】 孔子说: "志士仁人,没有因贪生而损害仁道的,却有牺牲自身来成全仁道的。"

15·10 子贡问为仁。子曰:"工欲善其事,必先利其器。居是邦也,事其大夫之贤者,友其士之仁者①。"

【注释】 ①"事其"二句:《集解》引孔安国注:"言工以利器为用,人以贤友为助。"参见12·24"以友辅仁"。

【翻译】 子贡问如何修养仁德。 孔子说: "工匠想要把他的活计做好,一定要先磨快他的工具。 住在一个国家,要侍奉这国大夫中的贤人,交往这国士人中的仁人。"

15·11 颜渊问为邦。子曰:"行夏之时①,乘殷之辂②,服周之冕③,乐则《韶舞》④。放郑声⑤,远佞人⑥。郑声淫,佞人殆。"

【注释】 ① 夏之时:夏代的历法。古代历法有夏正、殷正、周正之分。夏正即现在的农历(又叫阴历),以建寅之月为岁首正月。殷正以建丑之月即农历十二月为正月。周正以建子之月即农历十一月为正月。孔子虽然崇尚周礼,但主张用夏历,这是因为周历虽然合乎天象观测(接近阳历,如周历以冬至为元日,阳历约在冬至后十日改岁),而夏历更合乎时令节气,方便农事。这一主张是孔子重民事的表现。② 辂:又作"路",天子所乘的车叫路。据《周礼·春官·巾车》,王之五路为玉路、金路、象路、革路、木路。木路最为质朴,又叫素车。据《礼记·明堂位》,殷路叫大路。大路即木路,《左传·桓公二年》:"大路、越席(草编的席),昭其俭也。"服虔注:"大路,木路。"(见孔颖达等《正义》引)车为器物中最贵重的东西,孔子主张乘殷之辂,说明他在车制上尚质,主张俭朴。③ 周之冕:周代的礼帽。周冕华美而又自然,说明孔子在礼服上尚文,参见禹"恶衣服而致美乎黻冕"(8·21)。④ 韶舞:即韶,舜时的音乐,孔子称赞其"尽美""尽善",参见3·25。⑤ 放:逐。郑声:郑国的乐曲。《礼记·乐记》:"郑音好滥淫志。"⑥ 佞人:用花言巧语谄媚人的小人。

【翻译】 颜渊问怎样治国。 孔子说:"用夏代的历法,乘殷代的车子,戴周代的礼帽,音乐则用舜时的《韶舞》。排斥郑国的乐曲,远离巧嘴的小人。 郑国的乐曲淫荡,巧嘴的小人危险。"

15·12 子曰:"人无远虑,必有近忧①。"

【注释】 ①"人无"二句:告诫人们要重视预谋、预防。

参见7·11。又《荀子·大略篇》及《仲尼篇》对此有很好的阐述和发挥，可参看。

【翻译】 孔子说："一个人如果没有长远的考虑，一定会有眼前的忧患。"

15·13 子曰："已矣乎！吾未见好德如好色者也①。"

【注释】 ①"吾未"句：已见9·18。

【翻译】 孔子说："完蛋无望了吧！我未见过喜好实际道德像喜好装模作样一样的人。"

15·14 子曰："臧文仲其窃位者与①？知柳下惠之贤而不与立也②。"

【注释】 ① 臧文仲：见5·18注①。窃位：用不正当的手段占据官位。《集解》引孔安国注："知贤而不举，是为窃位。" ② 柳下惠：鲁国的贤者，本名展获，字禽，又称展季，曾为士师（典狱官）。柳下是他的食邑，因以为号。"惠"是由其给的私谥，刘向《古列女传·贤明传·柳下惠妻》："柳下惠处鲁，三黜而不去，忧民救乱。妻曰：'无乃渎乎！……今当乱世，三黜而不去，亦近耻也。'……柳下既死，门人将诔之，妻曰：'将诔夫子之德耶？则二三子不知，妾知之也。'乃诔曰：'……屈柔从俗，不强察兮。蒙耻救民，德弥大兮。虽遇三黜，终不蔽兮。恺悌君子，永能厉兮。嗟呼异哉，乃下世兮。……夫子之谥，宜为惠兮。'门人从之以为谥，莫能窜一字。"与立：并立于官。参见 14·18。俞樾《群经平议·论语平议》认为"立"同"位"，则"与"应释为"给"，亦通。　本章说明孔子把举贤当作考察政绩的重要标准，参见 8·18、8·20、13·2。

【翻译】　孔子说："臧文仲大概是个嫉贤妒能窃居官位的人吧？ 明知柳下惠有贤德却不推举他跟自己并立于朝一起做官。"

15·15　子曰："躬自厚而薄责于人①，则远怨矣。"

【注释】　① 躬自：自己对自己，等于说自我。这种结构又见《诗经·卫风·氓》："静言思之，躬自悼矣。"厚：指厚责，因下文"薄责"而省略"责"字。

【翻译】　孔子说："自己对自己厚加责备而轻轻责备别人，就会远离怨恨。"

15·16　子曰："不曰'如之何，如之何'者①，吾末如之何也已矣！"

【注释】　① 如之何：怎么办。连言"如之何"，是反复考虑怎么办，忧思深长之意。《荀子·大略篇》："天子即位，上卿进曰'如之何',忧之长也。"又可参见12·3"为之难,言之得无讱乎"。

【翻译】 孔子说:"不念叨'怎么办,怎么办'的人,我不知拿他怎么办了啊!"

15·17 子曰:"群居终日,言不及义,好行小慧,难矣哉①!"

【注释】 ① 难矣哉:《集解》引郑玄注:"言终无成。"孔子及其门人认为士人相聚应互相责善,切磋学问,有益于进德修业(参见1·1、12·24、13·28),而这里批评的情况却恰恰相反。

【翻译】 孔子说:"士人整日相聚在一起,谈话丝毫不涉及道义,只喜欢卖弄小聪明,难以有所成啊!"

15·18 子曰:"君子义以为质,礼以行之,孙以出之,信以成之①。君子哉!"

【注释】 ①"君子"四句:《集解》引郑玄注:"义以为质谓操行,孙以出之谓言语。"参见4·16"君子喻于义",17·23"君子义以为上",8·4曾子论"君子所贵乎道者三"。义以:以义。下"礼以""孙以""信以"同。

【翻译】 孔子说:"君子按照义来修养自己的品质,

按照礼来行事，用谦逊的态度讲话，靠信实取得成功。 这才是君子啊！ ”

15·19 子曰：“君子病无能焉，不病人之不己知也^①。”

【注释】 ①“君子”二句：参见1·16、14·30。

【翻译】 孔子说： “君子担忧自己没有本事，不担忧别人不了解自己。”

15·20 子曰：“君子疾没世而名不称焉^①。”

【注释】 ① 疾：恨。没世：死后。名不称焉：名不见称于世。孔子不图扬名（参见上章），但恨学说、事业不能传世。《史记·孔子世家》：“子曰：‘弗乎弗乎！ 君子病没世而名不称焉。吾道不行矣，吾何以自见（现）于后世哉？’”可参考。

【翻译】 孔子说： “君子嫉恨自己死后名声不流传后世。”

15·21 子曰：“君子求诸己^①，小人求诸人。”

【注释】 ① 求诸：求之于。“求”有两层意思：既包括对己所无有、己所不能的要求或追求，又包括对自己失败原因的探求。第一层意思容易理解。第二层意思可参见《礼记·中庸》："子曰：'射有似乎君子，失诸正鹄（箭靶），反求诸其身。'"

【翻译】 孔子说："君子求之于自己，小人求之于别人。"

15·22 子曰："君子矜而不争，群而不党。"

【翻译】 孔子说："君子庄重自尊却不与人争，合群团结却不结党营私。"

15·23 子曰："君子不以言举人，不以人废言①。"

【注释】 ①"君子"二句：因为言与行可能是不统一的，所以才这样说，参见 14·4"有言者不必有德"。

【翻译】 孔子说："君子不根据言辞来选拔人，也不因为一个人不好而废弃他有价值的话。"

15·24 子贡问曰："有一言而可以终身行之者乎①？"子曰："其恕乎②？ 己所不欲，勿施于人。"

【注释】 ① 一言：此处指一字。② 其：副词，表推测。

大概，或许。恕：是从消极方面（有所禁止）表述的宽厚待人之道，即下二句所言。《左传·昭公二十年》：臧文仲曰："以欲从人则可，以人从欲鲜济。"也是这个意思。从积极方面表述，就是"忠"，即"己欲立而立人，己欲达而达人"。忠、恕均属于仁道，参见4·15、6·30、12·2。

【翻译】 子贡问道："有一个字可以终生遵照它去做吗？"孔子说："大概是'恕'吧？ 意思是自己不愿意的事情，不要强加给别人。"

15·25 子曰："吾之于人也，谁毁谁誉？ 如有所誉者，其有所试矣①。斯民也②，三代之所以直道而行也③。"

【注释】 ① 试：检验。② 斯民：即指前面所讲称誉必有所试的人。③ 三代：指夏、商、周三代盛世。

【翻译】 孔子说："我对于别人，诋毁过谁？ 称赞过谁？ 如果有称赞别人的情况，那一定是经过验证了的。这样不被虚誉的人民，正是盛世夏、商、周三代推行正直之道的依靠。"

15·26 子曰："吾犹及史之阙文也①，有马者借人乘之②。今亡矣夫③！"

【注释】 ① 阙文：有疑而空缺的文字。②"有马"句：是说有马的不能驯服人可以凭借别人驾驭,不必强不能以为能。此句与前句有关,以喻不必强不知以为知,独断妄加订补。③ 亡:无。　关于本章大意,《集解》所引包咸注说得较好,其云:"古之良史,于书字有疑则阙之,以待知者;有马不能调良,则借人乘习之。孔子自谓及见其人如此,至今无有矣。言此者,以俗多穿凿也。"

【翻译】　孔子说:"我还遇到过史书中有疑而就空缺文字的情况,就像有马不能驾驭,期待凭借别人乘用驯服一样。如今则没有这种摒弃穿凿、审慎严谨的学风了!"

15·27　子曰:"巧言乱德①。小不忍则乱大谋。"

【注释】　① 巧言乱德:参见1·3、5·25。

【翻译】　孔子说:"花言巧语能惑乱道德。小事不忍耐就会打乱大的计谋。"

15·28　子曰:"众恶之,必察焉;众好之,必察焉①。"

【注释】　①"众恶"四句:是说对舆论必须分析考察,坚持是非标准,而不可盲目从众。参见4·3、13·24。

【翻译】　孔子说:"众人都厌恶他,一定对他加以考察;众人都喜欢他,也一定对他加以考察。"

15·29 子曰："人能弘道,非道弘人①。"

【注释】 ①"人能"二句:强调修养仁道决定于人的主观努力,大意说人只要努力便能学到道的博大内容,如果不努力,博大的道也不能使人伟大起来。《集注》引王肃注:"才大者道随大,才小者道随小,故不能弘人。"其说近是。参见12·1"为仁由己,而由人乎哉"。4·6"有能一日用其力于仁矣乎? 我未见力不足者"。7·30"我欲仁,斯仁至矣"。19·22子贡曰:"文、武之道,未坠于地,在人。贤者识其大者,不贤者识其小者。"又《礼记·中庸》:"大哉圣人之道! 洋洋乎发育万物,峻极于天。优优大哉! 礼仪三百,威仪三千,待其人而后行。故曰:苟不至德,至道不凝。" 本章强调人在学道、行道方面的主观能动性。

【翻译】 孔子说:"人能发扬光大道,不是道能使人被动地弘伟起来。"

15·30 子曰:"过而不改①,是谓过矣。"

【注释】 ① 过而不改:孔子认为这不是仁人君子对待过错的态度,参见 4·7、19·21。

【翻译】 孔子说:"犯了过错而不改正,这才叫做过错呢。"

15·31 子曰:"吾尝终日不食,终夜不寝,以思,无益，不如学也①。"

【注释】 ①"吾尝"五句：讲了学与思的关系。孔子主张学与思的辩证结合，如果偏执一端，就要产生流弊，参见 2·15。

【翻译】 孔子说："我曾经整日不吃饭，整夜不睡觉，用来思考，结果没有获益，还不如学习为好呢。"

15·32 子曰："君子谋道不谋食。耕也，馁在其中矣①；学也②，禄在其中矣。君子忧道不忧贫。"

【注释】 ①馁：饿。②学：学习的内容主要指道义。本章针对劳心者君子而言，可与13·4、19·7互参。

【翻译】 孔子说："君子图谋道义而不图谋饭食。 亲自耕田，从中得到的是饥饿；努力学习，从中得到的是俸禄。 君子担忧道义荒废，而不担忧贫穷。"

15·33 子曰："知及之①，仁不能守之②，虽得之，必失之。知及之，仁能守之，不庄以莅之，则民不敬③。知及之，仁能守之，庄以莅之，动之不以礼④，未善也。"

【注释】 ①之：本章所有的"之"字都指代民，而政权是用来治民的，所以又与政有密切关系。②"知及"二句：关于知与仁的区别，可参见6·23。又12·22孔子认为"知"就是"知人","仁"就是"爱人"。③"不庄"二句：庄：庄重，威严。莅(lì)：临视，监督。参见1·8"君子不重则不威"，2·20"临之以庄则敬"，7·38、20·2"威而不猛"。④"动之"句：动：劳作，指役使。参见14·41"上好礼，则民易使"，19·10"君子信而后劳其民"。

【翻译】 孔子说："智慧足以得到它，仁德不能守住它，即使得到了它，必定会失掉它。智慧足以得到它，仁德能够守住它，却不用端庄的仪态来监临它，那么老百姓就不尊敬你。智慧足以得到它，仁德能够守住它，用端庄的仪态来监临它，却不按礼来役使它，那还没有达到尽善的地步。"

15·34 子曰："君子不可小知而可大受也①，小人不可大受而可小知也。"

【注释】 ① 小知：晓之以小技小道。大受：接受大道。本章可参见8·7、9·6、14·23、19·4、19·22。

【翻译】 孔子说："君子不可晓之以小道而可以接受大道，小人不可以接受大道而可晓之以小道。"

15·35 子曰："民之于仁也，甚于水火①。水火吾见蹈而死者矣，未见蹈仁而死者也。"

【注释】 ①"民之"二句：是说老百姓对于仁德的畏惧

比对于水火的畏惧还厉害。皇侃《义疏》引王弼注:"民之远于仁,甚于远水火也。见有蹈水火死者,未尝蹈仁死者也。"这一说法甚符孔子劝人为仁的本意。参见4·6。

【翻译】 孔子说: "老百姓对于仁的畏惧,超过对水火的畏惧。 我见到过掉进水火而死的人,从没有见到过因实践仁德而死的人。"

15·36 子曰:"当仁不让于师①。"

【注释】 ① 当:面对。《集解》引孔安国曰:"当行仁之事,不复让于师,行仁急也。" 本章可参见15·9。

【翻译】 孔子说: "面临实践仁道的时机,连老师也不谦让。"

15·37 子曰:"君子贞而不谅①。"

【注释】 ① 贞:信。贾谊《新书·道术》:"言行抱一谓之贞。"谅:信,这里指小信,参见13·20、14·17、17·8。

【翻译】 孔子说: "君子诚信,但不拘于小信。"

15·38 子曰:"事君,敬其事而后其食①。"

【注释】 ①"敬其"句:事指职事,食指俸禄。《集解》引孔安国注："先尽力而后食禄。"又《礼记·表记》载孔子的话："事君,军旅不辟(避)难,朝廷不辞贱,处其位而不履其事,则乱也。"《礼记·儒行》："先劳而后禄。"可与此互参。

【翻译】 孔子说："侍奉君主,应该认真地对待自己的职事,而把俸禄放到后面。"

264

15·39 子曰:"有教无类①。"

【注释】 ① 类:种类,类别。 本章可参见7·7。孔子主张有教无类,仅指对接受教育对象一视同仁,无所差别,但是具体的教育内容和教育方法还是要因人而异的,因此孔子又有因材施教的重要思想,可参见6·21、14·23、15·34、16·9、17·3等。

【翻译】 孔子说："对任何人都可以有所教诲,没有种类的限制。"

15·40 子曰:"道不同,不相为谋①。"

【注释】 ① 本章告诫人们寻求合作共谋者,必须考虑双方是否志同道合。15·1即为孔子亲自实践本章之言的范例。

【翻译】 孔子说："思想主张不同,决不共相谋事。"

15·41 子曰:"辞达而已矣①。"

【注释】 ①"辞达"句:表现了孔子主张言辞以达意为要,反对雕琢浮夸的所谓"巧言",参见1·3、5·25、15·27、17·18。

【翻译】 孔子说:"言辞不过求其通达罢了。"

15·42 师冕见①,及阶,子曰:"阶也。"及席,子曰:"席也。"皆坐,子告之曰:"某在斯,某在斯。"

师冕出。子张问曰:"与师言之道与?"子曰:"然,固相师之道也。"

【注释】 ①师冕:师,乐师。冕,人名。古代的乐师一般由盲人充当。

【翻译】 师冕来见孔子,走到台阶前,孔子便说:"这是台阶。"走到铺席前,孔子便说:"这是席子。"都坐定之后,孔子便告诉他说:"某人在这里,某人在这里。"

师冕告辞出去。子张问道:"这是同盲乐师讲话的礼道吗?"孔子说:"是的,这本来就是协助盲乐师的礼道。"

季氏第十六

本篇包括十四章,除第十二章、第
十四章非记言形式外,其他一律称"孔
子曰",可见本篇内容非孔子弟子所
记。尽管如此,本篇的史料价值仍很
高,内容涉及孔子的政治思想、教育思
想、天命思想、道德修养思想等。

16·1 季氏将伐颛臾①。冉有、季路见于孔子,
曰:"季氏将有事于颛臾。"

孔子曰:"求!无乃尔是过与②?夫颛臾,昔者先王
以为东蒙主③,且在邦域之中矣,是社稷之臣也④,何以
伐为⑤?"

冉有曰:"夫子欲之,吾二臣者皆不欲也。"

孔子曰:"求!周任有言曰⑥:'陈力就列⑦,不能者
止。'危而不持,颠而不扶,则将焉用彼相矣⑧?且尔言
过矣,虎兕出于柙⑨,龟玉毁于椟中⑩,是谁之过与?"

冉有曰:"今夫颛臾,固而近于费⑪。今不取,后世
必为子孙忧。"

孔子曰:"求!君子疾夫舍曰欲之而必为之辞。丘
也闻有国有家者,不患寡而患不均,不患贫而患不安⑫。

盖均无贫，和无寡，安无倾。夫如是，故远人不服，则修文德以来之⑬。既来之，则安之。今由与求也，相夫子，远人不服，而不能来也；邦分崩离析，而不能守也；而谋动干戈于邦内。吾恐季孙之忧，不在颛臾，而在萧墙之内也⑭。"

【注释】 ① 季氏：指季康子，详见 2·20 注①。颛（zhuān）臾：春秋时鲁国的一个附庸国，在今山东费县西北。② 无乃：副词，莫非，难道不，表示推测或反问。尔是过：责备你（们）。"是"起着将宾语提前的作用。③ 东蒙：即蒙山，因在鲁国东边，故称东蒙。在今山东蒙阴南。东蒙主：主持东蒙的祭祀。④ 社稷：指鲁国公室。颛臾为鲁国的附庸，故称社稷之臣。⑤ 何以：为什么。为：助词，用在句末，常与"何""岂"等相配合，表示疑问或反诘。⑥ 周任：古代的一个史官，有良史之称。见《集解》引包融注。⑦ 陈力：贡献力量。就列：就任职位。此句可与 8·14、14·26"不在其位，不谋其政"互参，意思相反。⑧ 相：辅佐。时冉有、子路皆做季氏家宰，故云。⑨ 兕（sì）：一种类似野牛的独角怪兽。《本草纲目》卷五一认为就是雌犀。柙（xiá）：关野兽的笼子。⑩ 椟（dú）：匣子。⑪ 费（bì）：鲁国季氏的采邑，在今山东费县西南。⑫ "不患"二句：当作"不患贫而患不均，不患寡而患不安"，"贫""均"就财富而言，"寡""安"就人民而言，下文"均无贫""和无寡"可证，说详俞樾《群经平议·论语平议》。⑬ 文德：礼乐仁义的政治教化。来：招徕。⑭ 萧墙：门屏，古代宫室用以掩蔽内外的当门屏障。《集解》引郑玄注："萧之言肃也。墙谓屏也。君臣相见之礼，致屏而加肃敬焉，是以谓之萧墙。"按照礼的规定，天子设外屏，诸侯设内屏，这里

"萧墙之内",指鲁君,亦指公室朝政。全句是说,季氏的忧患不在颛臾,而在鲁国朝政的混乱。按,鲁国季氏等三家,虽然操纵国政,与鲁君有矛盾,但是如果朝政发生危机,他们也就会产生"皮之不存,毛将焉附"的问题,以至无权可操。另一说"萧墙之内"指鲁君,即鲁哀公。则本句是说,季氏的心病不在颛臾,实在哀公。如清人方观旭《论语偶记》认为:当时哀公想除掉操纵国政的三家,季氏实存隐忧,又恐颛臾世代为鲁臣而助鲁君谋己,故采取伐颛臾之举。季氏的盘算有两点:如果取胜,就去掉了异己,增强了本身的力量。如果不胜,也会使鲁国军事力量得到消耗和削弱,限制鲁哀公谋己。此说亦可参,但有些迂曲。 本章反映了孔子主张平均贫富,安定内部,用德政招徕远人的政治思想。

【翻译】 季氏将去讨伐颛臾。 冉有、子路进见孔子,说:"季氏就要对颛臾发动战争。"

孔子说:"冉求! 这难道不应该责备你们吗? 颛臾嘛,从前先代的君王已封它做东蒙山的主祭者,并且在鲁国封疆之内,是公室的臣下,为什么要讨伐它呢?"

冉有说:"季氏他老先生要这么做,我们两个臣下都不想这么做。"

孔子说:"冉求! 良史周任曾经说过这样的话:'能够效力尽责,才任官就职,如果不能,只好作罢。'主子遇到危险却不护持,即将跌倒却不搀扶,那么要那些辅佐之臣做何用呢? 并且你的话也是错误的,老虎兕牛从笼子里跑了出来,龟甲美玉在匣子中存放坏了,这是谁的过错呢?"

冉有说："现在那颛臾，国势强固并且离费邑很近。现在不获取它，后世一定会成为子孙的忧患。"

孔子说："冉求！君子最疾恨那种不直说想要做什么却一定编些托辞的做法。我听说不论有国的诸侯，还是有家的大夫，不忧虑国家贫穷而忧虑财富不均，不忧虑人口稀少而忧虑动乱不安。如果能平均就无所谓贫穷，如果能和睦就无所谓人少，如果能安定就不会倾覆。正因为这样，所以如果远国之人不归服，就整顿礼乐教化、凭借仁德来招引他们。把他们招来之后，就要好好安顿他们。现在你子路和冉有，辅佐季氏老先生，远国之人不归服，却不能招引他们；国家分崩离析，却不能守护，反而进一步策划在国内大动干戈。我恐怕季孙的忧患不在颛臾，而在朝内国政的混乱。"

16·2　孔子曰："天下有道，则礼乐征伐自天子出①**；天下无道，则礼乐征伐自诸侯出**②**。自诸侯出，盖十世希不失矣**③**；自大夫出**④**，五世希不失矣；陪臣执国命**⑤**，三世希不失矣。天下有道，则政不在大夫。天下有道，则庶人不议**⑥**。"**

【注释】　① 礼乐征伐：指制礼作乐及发令征伐的权力。自天子出：在天子、诸侯、大夫、士的贵族等级制度下，礼乐征伐这种最高权力，为天子所专有。《礼记·中庸》说："非天子不议礼，不制度……虽有其德，苟无其位，亦不敢作礼乐焉。"《孟子·尽心下》说："征者，上伐下也。敌国（地位相等的国家）不相征也。"《白虎通·诛伐篇》说："诸侯之义，非天子之命,不得动众起兵诛不义者,所以强干弱枝,尊天子卑诸侯。"孔子所向往的西周时代,就是礼乐征伐自天子出的时期。② 礼乐征伐自诸侯出:反映了天子权力的削弱,诸侯权力的膨胀。大国称霸的春秋时代就是这种情况。③ 希:同"稀"。④ 自大夫出:反映了诸侯权力的削弱,大夫专权公室。春秋末期就是这种情况,鲁国仲孙、叔孙、季孙三卿操权是典型的例子。又如《春秋》及三传记载亦多,且不限于鲁国。如《公羊传·襄公十六年》经文:"三月,公会晋侯、宋公、卫侯、郑伯、曹伯、莒子、邾娄子、薛伯、杞伯、小邾娄子于溴梁。戊寅,大夫盟。"传文:"传诸侯皆在是,其言大夫盟何? 信在大夫也。何言乎信在大夫? 遍刺天下之大夫也。曷为遍刺天下之大夫? 君若赘旒然(何休注:旒,旗旒。赘,系属之辞。)。"《左传·昭公三年》:"叔向曰:'然,虽吾公室,今亦季世也。戎马不驾,卿无军行,公乘无人,卒列无长。庶民罢敝,而宫室滋侈。道殣相望,而女富溢尤(杜注:女,嬖宠之家)。民闻公命,如逃寇雠。栾、郤、胥、原、狐、续、庆、伯,降在皂隶(杜注:八姓,晋旧臣之族也),政在家门,民无所依。君日不悛,以乐慆忧。公室之卑,其何日之有?"《左传·昭公五年》:"五年春,王正月,舍中军,卑公室也。毁中军于施氏,成诸臧氏。初作中军,三分公室,而各有其一。季氏尽征之,叔孙氏臣其子弟,孟氏取其半焉。及其舍之也,四分公室,季氏择二,二子各一,皆尽征之,而贡于公。"《左传·昭公十六年》:"公至自晋,子服昭伯语季平子曰:'晋之公室,其将遂卑矣。君幼弱,六卿强而奢傲,将因是以习,习实为常,能无卑乎?"《穀梁传·昭公三十二年》:"冬,仲孙何忌会晋韩不信、齐高张、宋仲几、卫大叔申、郑国参、曹人、莒人、邾人、薛人、杞人、小邾人城成周。天子微,诸侯不享觐。天子之在者,惟祭与号。故诸侯之大夫,相帅以城之,此变之正也。"《左传·昭公二十五年》:"乐祁曰:'政在季氏三世矣(杜预注:文子、武子、平子),鲁君丧政四公矣(杜注:宣、成、襄、昭)。'"《公羊传·昭公二十五年》:"昭公将弑季氏,告子家驹曰:'季氏为无道,僭于公室久矣,吾欲弑之,何如?'子家驹曰:'诸侯僭于天子,大夫僭于诸侯,久矣。'昭公曰:'吾何僭矣哉?'子家驹曰:'设两观,乘大路,朱干、玉戚以舞《大夏》,八佾以舞《大武》,此皆天子之礼也。且夫牛马维娄,委己者也,而柔焉。季氏得民众久矣,君无多辱焉。'昭公不从其言,终弑而败焉,走之齐。"⑤ 陪臣:大夫的家臣。"陪臣执国命",就是家臣操纵诸侯国的政权,诸家臣如鲁国之阳货(17·1,亦即《春秋》及三传中之阳虎)、公山弗扰(17·5,亦即公山不狃,见《左传》之定公五年、十二年,哀公八年)、佛肸(17·7)、公敛处父(《左传·定公十二年》)、南蒯(《左传·昭公二十四年》),以及见于《春秋》及三传中的宋大夫乐祁之陈寅,郑大夫罕达之许瑕,齐大夫陈恒之陈豹,卫大夫孔悝之浑良夫,晋大夫赵鞅之董安于,等等。"陪臣执国命",在时间段上往往与"自大夫出"相交叉,一般经历两个阶段:第一,先是倚重于所依附的大夫,通过怂恿或操纵所依附的大夫达到"执国命"的目的;第二,当家臣个人势力膨胀到一定程度,就会背叛所依附的大夫而自立,又往往打着"张公室"的旗号达到"执国命"的目的。⑥ 不议:不加非议。指政治清明,无可非议。 本章反映了孔子对周天子失权,礼崩乐坏,下层贵族逐级僭越、专权的历史进程的不满。

271

【**翻译**】 孔子说："天下清明，那么制礼作乐和发令征伐的权力都出自天子；天下昏乱，那么制礼作乐和发令征伐的权力都出自诸侯。 出自诸侯，大约传至十代很少有不失掉的；出自大夫，传至五代很少有不失掉的；如果是家臣操纵了国家政令，传至三代很少有不失掉的。 天下清明，那么政令不会出自大夫。 天下清明，那么老百姓就不非议政治了。"

272

16·3　孔子曰："禄之去公室五世矣①，政逮于大夫四世矣②，故夫三桓之子孙微矣③。"

【**注释**】 ① 禄：爵禄，这里指授官颁爵，用以代表政权。五世：指鲁宣公、成公、襄公、昭公、定公五代。《集解》引郑玄注："言此之时，鲁定公之初也。鲁自江门襄仲杀文公之子赤而立宣公，于是政在大夫，爵禄不从君出，至定公为五世矣。"② 四世：指季孙氏文子、武子、平子、桓子四代。③ 三桓：鲁国的三卿仲孙（任司空）、叔孙（任司马）、季孙（任司徒）同出于鲁桓公，故称三桓。仲孙氏后改其氏称孟氏。微：衰微。鲁国三卿至鲁定公时权势已衰，孔子"自大夫出，五世希不失矣"（16·2）的话正是针对这种情况说的。

【**翻译**】 孔子说："鲁国的权力从鲁君手中失掉已经五代了，政权落到大夫手里已经四代了，因此鲁国三家的子孙已经衰微了。"

16·4 孔子曰:"益者三友,损者三友。友直,友谅①,友多闻,益矣。友便辟②,友善柔③,友便佞④,损矣。"

【注释】 ① 谅:信。"谅"有时指小信,见14·17、15·37,这里与"信"意义无别。② 便辟:举止矫揉造作,即所谓"足恭"(5·25),属于体柔。③ 善柔:假装和善。《集解》引马融注:"面柔也。"即所谓"令色"(5·25)。④ 便佞:巧言善辩,属于口柔。《集解》引郑玄注:"便,辩也,谓佞而辩。"

【翻译】 孔子说: "有益的交友情况有三种,有损的交友情况有三种。 跟正直的人交朋友,跟诚信的人交朋友,跟博学多闻的人交朋友,便有益处。 跟假装斯文的人交朋友,跟态度伪善的人交朋友,跟花言巧语的人交朋友,便有损害。"

16·5 孔子曰:"益者三乐①,损者三乐。乐节礼乐②,乐道人之善③,乐多贤友,益矣。乐骄乐,乐佚游,乐晏乐,损矣。"

【注释】 ① 乐:喜好。② 节:制约。节礼乐:以礼乐来规范自己的言谈举止。参见12·1、12·15。《礼记·玉藻》及《大戴礼·保傅》等均有关于言语行动与一定的乐律、乐曲谐和的记载。③ 道人善:孔子主张对人扬善隐恶,参见12·16。

【翻译】 孔子说：“有益的喜好有三种，有损的喜好有三种。 喜好言谈举止中礼合乐，喜好讲别人的好处，喜好多交贤朋良友，便有益处。 喜好骄纵作乐，喜好放诞游玩，喜好沉溺于饮宴，便有损害。”

16·6 孔子曰：“侍于君子有三愆①：言未及之而言谓之躁，言及之而不言谓之隐，未见颜色而言谓之瞽。”

【注释】 侍：侍奉，陪从。此处当特指进言，旁证如《史记·赵世家》：“牛畜侍烈侯以仁义，约以王道，烈侯逌（yóu 舒适自得貌）然。明日，荀欣侍以选练举贤，任官使能。明日，徐越侍以节财俭用，察度功德。”

【翻译】 孔子说：“侍奉位尊君子往往有三种过失：话未到该说的时候却说了，叫作急躁；话到了该说的时候却不说，叫作隐瞒；未观察脸色却贸然开口，叫作瞎眼。”

16·7 孔子曰：“君子有三戒：少之时，血气未定，戒之在色；及其壮也①，血气方刚，戒之在斗；及其老也，血气既衰，戒之在得②。”

【注释】 ① 壮：壮年。《礼记·曲礼》：“三十曰壮。” ② 得：贪求。

【翻译】 孔子说：“君子有三种戒忌：年少的时候，

血气还未发育定，应该戒忌的在于女色；到了壮年之时，血气正旺盛刚烈，应该戒忌的在于争斗；到了老年之时，血气已经衰退，应该戒忌的在于贪得无厌。"

16·8 孔子曰："君子有三畏：畏天命，畏大人①，畏圣人之言。小人不知天命而不畏也，狎大人②，侮圣人之言③。"

【注释】① 大人：指道德高尚、身居高位、以礼治国平天下的人，如《礼记·礼运》所举"大人世及以为礼"的"禹、汤、文、武、成王、周公"等。② 狎（xiá）：轻慢。③ 圣人：指道德比仁人还高，"博施于民而能济众"（6·30）或"天下为公""是谓大同"（《礼记·礼运》）时代的尧舜。

【翻译】 孔子说："君子有三种敬畏：敬畏天命，敬畏高居上位、道德高尚的大人，敬畏圣人的话。 小人不知天命不可违抗而不敬畏，轻慢高居上位、道德高尚的大人，轻侮圣人的话。"

16·9 孔子曰："生而知之者，上也；学而知之者，次也；困而学之，又其次也；困而不学，民斯为下矣①。"

【注释】① 斯：则。本章中孔子按智力、知识把人分为四等，前两等属于人性的差别，孔子认为有"生而知之者"，无疑是先天的天才论观点。后两等则属于学习态度的差别。可见孔子关于才智分等的思想,既包含先天的因素,又包含后天的因素。参见6·21、17·3。

【翻译】 孔子说:"生下来就知道的是上等;经过学习才知道的是次一等;遇到困惑才学习的,又次一等;遇到困惑仍不学习,这样的人就是下等了。"

16·10 孔子曰:"君子有九思:视思明,听思聪,色思温,貌思恭,言思忠①,事思敬②,疑思问,忿思难③,见得思义④。"

【注释】 ①"视思"五句:参见《尚书·洪范》:"貌曰恭,言曰从,视曰明,听曰聪。"② 事思敬:参见1·5"敬事而信"。③ 忿(fèn):愤怒,怨恨。难:指患难,祸患。④ 见得思义:参见4·16、7·16、14·12、14·13。

【翻译】 孔子说:"君子有九种用心的地方:看视注意明察,听闻注意灵敏,容色注意温和,举止注意恭敬,讲话注意忠诚,办事注意敬慎,产生疑惑留意问询,发火动怒留意祸患,见到利益想着道义。"

16·11 孔子曰:"见善如不及①,见不善如探汤②;吾见其人矣,吾闻其语矣。隐居以求其志,行义以达其道③;吾闻其语矣,未见其人也。"

【注释】 ① 如不及:好像赶不上似的。此句比喻急切追求善。参见8·17"学如不及,犹恐失之。"② 探:试探。汤:滚烫的热水。此句比喻急遽躲避不善。以上二句,参见4·17"见贤思齐焉,见不贤而内自省也"。两相对照,可见孔子的处世态度与本章"见不善如探汤"不同,孔子对"不善"(相当于"不贤")不会急遽躲避,而是参照自省,这是孔子的更高境界。不仅如此,孔子甚至不离弃不善之人,把改变他们与改变乱世的理想联系在一起,参见下注。③"隐居"二句:前句谓隐居以保持独善其身的志向,后句谓行义达到以实现兼善天下的理想,但此二者是不可能同时做到的,因为隐居就是避世,不可能在救世上有所作为,所以下文云"吾闻其语矣,未见其人也",即世上空留这样的话,从未见过这样的人。至于孔子本人,不主张遭遇乱世为洁身自好而一味逃避,因此他只肯定隐士居乱世而不同流合污,不认可隐士的与世无争。孔子身逢乱世,始终坚持"行义以达其道",奋力改变社会现状,执着进取,参见18·6桀溺对子路说:"滔滔者,天下皆是也,而谁以易之?且而与其从辟人之士也,岂若从辟世之士哉?"孔子听到子路转告后说:"鸟兽不可与同群,吾非斯人之徒与而谁与? 天下有道,丘不与易也。"孔子如此做,即使被讽为"知其不可而为之者"(14·38)亦不悔。另可参见14·39、18·5、18·7等。

277

【翻译】 孔子说: "见到善如同赶不及似的急切追求,见到不善如同用手试沸水一样急忙躲开;我见到过这样的人,也听到过这样的话。 避世隐居以保持自己的志向,按义行事以实现自己的政治理想;我听到过这样的话,但没有看到过这样的人。"

16·12 齐景公有马千驷①，死之日，民无德而称焉②。伯夷、叔齐饿于首阳之下③，民到于今称之。其斯之谓与？

【注释】 ① 齐景公：见12·11注①。驷(sì)：同驾一辆车的四匹马。千驷：同千乘。有马千驷，指有千乘之国。《左传·哀公八年》："鲍牧谓群公子曰：'使女有马千乘乎？'"诱劝群公子夺君位。② 无德而称：同"无得而称"，参见8·1注④。皇侃《义疏》本"德"正作"得"。③ 伯夷、叔齐：见5·23注①。首阳：山名，在今何地，前人说法不一，《集解》引马融注："首阳山在河东蒲坂县(今山西省永济市西蒲州镇)。"《太平寰宇记》引郑玄注同。此说较可信。

本章文字似有脱漏，当脱"孔子曰"和其他文字。朱熹《集注》于本章末句下引胡氏曰："程子以第十二篇错简'诚不以富，亦祇以异'(见12·10)当在此章之首。今详文势，似当在此句之上，言人之称不在于富，而在于异也。"然后说："愚谓此说近是。而章首当有'孔子曰'字，盖阙文耳。"

【翻译】 齐景公纵然有马四千匹，死的时候，老百姓也无法来称赞他。 伯夷、叔齐饿死在首阳山下，老百姓直到如今还对他们称赞不已。 （此处当有脱文："诚不以富，亦祇以异"）大概就是说的这个吧？

16·13 陈亢问于伯鱼曰①："子亦有异闻乎②？"对曰："未也。尝独立③，鲤趋而过庭④。曰：'学《诗》乎？'对曰：'未也。''不学《诗》，无以言⑤。'鲤退而学

《诗》。他日，又独立，鲤趋而过庭。曰：'学礼乎？'对曰：'未也。''不学礼，无以立⑥。'鲤退而学礼。闻斯二者。"

陈亢退而喜曰："问一得三，闻《诗》，闻礼，又闻君子之远其子也⑦。"

【注释】 ① 陈亢：字子禽，见 1·10 注①。陈亢素来对孔子存在疑问，参见 1·10、19·25。伯鱼：孔子之子孔鲤的字，参见 11·8 注②。② 亦：尚，犹。异闻：特异的听闻。这里陈亢怀疑孔子对孔鲤偏私，比门弟子多有所教。参见 7·24。③ 独立：指孔子独自站在庭中。④ 趋：快走。按照礼的规定，臣经过君的面前，子经过父亲的面前，皆当趋进以示谨敬。⑤"不学《诗》"二句：当时贵族在交际场合多赋《诗》言志，故云。⑥"不学礼"二句：参见 8·8、20·3。⑦ 远其子：指与自己的儿子保持距离，以免偏私、溺爱。

【翻译】 陈亢向伯鱼问道："您从孔子那里还听到与众不同的讲述吧？"伯鱼回答说："没有。 他曾独自立在庭中，我恭敬地快走而过。 忽然问我说：'学《诗》了吗？'我答道：'没有。'他便说：'不学《诗》，无法讲话。'我退下后便学起《诗》来。 一天，他又独自立在庭中，我恭敬地快走而过。 忽然又问：'学礼了吗？'我答道：'没有。'他便说：'不学礼，无法立身。'我退下后便学起礼来。 我就听到这两点。"

陈亢退下后很高兴地说："问一件事得知三件事，得知《诗》，得知礼，还得知君子疏远自己的儿子而不偏私。"

16·14　邦君之妻,君称之曰夫人,夫人自称曰小童,邦人称之曰君夫人,称诸异邦曰寡小君①,异邦人称之亦曰君夫人。

【注释】　① 诸:"之于"的合音兼义词。　本章为国君之妻的各种称呼正名。

【翻译】　国君的妻子,国君称她为"夫人",夫人自称为"小童",本国人称她为"君夫人",对外国人称她为"寡小君",外国人称她也叫"君夫人"。

阳货第十七

　　本篇包括二十六章(此从汉石经，朱熹《集注》同。何晏《集解》把第二、第三章以及第九、第十章各并为一章，凡二十四章)，也是杂称"子曰"和"孔子曰"，而以称"子曰"者居多。内容比较重要，涉及政治、礼乐、诗教、道德、人性、天命等。家臣操权、叛乱的内容皆集中于本篇，共有三章，这是本篇的一个突出特点。

17·1　阳货欲见孔子①，孔子不见，归孔子豚②。孔子时其亡也，而往拜之③。遇诸涂④。谓孔子曰："来! 予与尔言。"曰⑤:"怀其宝而迷其邦⑥，可谓仁乎?"曰:"不可。好从事而亟失时⑦，可谓知乎?"曰:"不可。日月逝矣，岁不我与。"孔子曰:"诺，吾将仕矣⑧。"

【注释】　① 阳货:又叫阳虎("货""虎"音近)，季氏的家臣。季氏连续几代把持鲁国朝政，后季氏的权柄又落到阳货之手，事见《左传》定公五年至九年。阳货企图削除三桓，遭到讨伐，奔齐，最后逃往晋国，见《左传·定公九年》。阳虎是一个惯于耍弄权术谋取势位的人物，《左传·定公九年》说他"亲富不亲仁"。《孟子·滕文公上》引阳虎语曰:"为富,不仁矣;为仁,不富矣。"《韩非子·外储说左下》载:"阳虎议曰:'主贤明,则悉心以事之;不肖,则饰奸而试(同弒)之。'逐于鲁,疑于齐,走而之赵。赵简主迎而相之。……遂执术而御之。阳虎不敢为非,以善事简主,兴主之强,几至于霸也。"阳货知孔子反对三桓僭越,故欲争取孔子,岂知孔子反对"政在大夫",更反对"陪臣执国命",与阳货政见根本不同,《左传·定公九年》载:阳虎逃往晋国之后,仲尼曰:"赵氏其世有乱乎!" ② 归:同"馈",赠。豚(tún):小猪。③ "孔子"二句:时:伺。亡:外出,出门。往拜之:这是礼节的规定。按,以上五句,《孟子·滕文公下》亦载此事,云:"阳货欲见孔子而恶无礼。大夫有赐于士,不得受于其家,则往拜其门。阳货瞰(kàn,窥视)孔子之亡也,而馈孔子蒸豚。孔子亦瞰其亡也,而往拜之。" ④ 诸:"之于"的合音兼义词。涂:同"途",道路。⑤ 曰:此下几个"曰"字后面的话均为阳货质问孔子,并自代其作否定回答之辞。⑥ 怀:藏。宝:指治国宝计。迷:惑乱。《集解》引马融曰:"言孔子不仕,是怀宝也;知国不治而不为政,是迷邦也。" ⑦ 亟(qì):屡次。⑧ "吾将"句:《集解》引孔安国注:"以顺辞免。"此说是。这是孔子顺应敷衍的话,并非真要出仕与其合作。按,因为孔子反对"政在大夫"(16·2),故常受到大夫叛主家臣的拉拢,参见17·5、17·7。孔子对公山弗扰、佛肸之召,皆欲前往,实欲绩助谋反家臣,维护诸侯公室,改变"政在大夫"的局面,并非为"陪臣执国命"推波助澜。 本章孔子拒绝阳货的拉拢,因为他深知阳货的为人和用心。

【翻译】 阳货想见孔子,孔子不见他,于是便赠送孔子一只小猪。 孔子等他不在家的时候,前往拜谢以还礼。

不巧在路上遇见阳货。阳货对孔子说："过来！我跟你讲话。"于是说："把自己的本领藏起来，任凭自己的国家混乱不已，能够说是仁吗？"接着又说："不能说是仁。自己喜欢从政却又屡次错失时机，能够说是智吗？"接着又说："不能说是智。日月流逝，年岁不等我们啊。"孔子言不由衷地搪塞说："好吧，我就要做官了。"

283

17·2　子曰："性相近也，习相远也①。"

【注释】　①"性相"二句：性，本性。习：习惯。这两句是说人们的本性相同，品行、智力的不同是由于后天染习不同所造成的。这种观点与"生而知之者上也"（16·9）的说法不同，说明孔子的人性观点是矛盾的。

【翻译】　孔子说："人们的本性是相近的，人们的习尚是相差很远的。"

17·3　子曰："唯上知与下愚不移①。"

【注释】　①"唯上"句：据17·2的观点，此"上知"与"下愚"的不同，是后天学习情况不同所造成的；据16·9的观点，此"上知"与"下愚"的不同，既有先天本性的因素，又有后天学习的因素。孔子这里的话究竟持哪种观点已不得确知，也说明他的人性论观点是矛盾的。

【翻译】　孔子说："只有上等的智者与下等的愚人是

不会改移的。"

17·4 子之武城①，闻弦歌之声②。夫子莞尔而笑③，曰："割鸡焉用牛刀④？"子游对曰："昔者偃也闻诸夫子曰⑤：'君子学道则爱人，小人学道则易使也⑥。'"子曰："二三子！偃之言是也。前言戏之耳。"

【注释】 ① 之：到。武城：见6·14注①。② 弦：指琴瑟。弦歌之声：兴礼乐之教的表现。③ 莞尔：微笑的样子。④ "割鸡"句：是说大器小用，治邑用不上礼乐。⑤ 偃：子游之名，详见2·7注①。诸："之于"的合音兼义词。⑥ "君子"二句：说明礼乐与治民的关系，参见12·19"君子之德风，小人之德草。草上之风，必偃"，13·4"上好礼，则民莫敢不敬；上好义，则民莫敢不服；上好信，则民莫敢不用情"，14·41"上好礼，则民易使"。

【翻译】 孔子到了武城，听到琴瑟歌诵的声音。 孔子微微一笑，说："杀鸡何必用牛刀呢？"邑宰子游答道："以前我听先生说过：'君子学礼乐之道就会爱人，小人学礼乐之道就容易使唤。'"孔子说："弟子们！偃的话是对的。 我刚才的话不过跟他开玩笑罢了。"

17·5 公山弗扰以费畔①，召，子欲往。子路不说，曰："末之也已②，何必公山氏之之也③？"子曰："夫召我者，而岂徒哉？ 如有用我者，吾其为东周乎④？"

【注释】 ① 公山弗扰：即公山不狃（"弗扰"与"不狃"古音相同），季氏家臣。费：见6·9注①。畔：同"叛"，指叛季氏。《左传·定公十二年》载公山不狃叛鲁，未有召孔子一事，反被当时做司寇的孔子派人打败。因此后人对本章的真实性发生争议。赵翼《陔余丛考》、崔述《洙泗考信录》均以为本章不可信。也有人认为不当据《左传》而疑《论语》，如刘宝楠《论语正义》即持此说，认为《左传》所记，"而非此之以费畔也。《史记·孔子世家》载'以费畔，召孔子'，在定公九年，可补左氏之遗，赵氏翼《陔余丛考》信《左传》而反议《史记》，并疑《论语》，则过矣"。其实赵、崔之说根据不足。《论语》所记为其事之始，在《左传》所记堕三都之前，当时孔子企图利用公山弗扰打击季氏，恢复公室的权力，本章中孔子的话可证。《左传》所记为孔子的实际行动：当孔子看到公山弗扰的反叛危及鲁公室时，便派人打败了他。② 末：无。之：往。也已：语气词连用，表示肯定。参见2·16"斯害也已"及注。此句尤与9·11"末由也已"结构全同。③ "何必"句：第一个"之"起将宾语提前的作用。第二个"之"字是往的意思。④ 东周：《集解》云："兴周道于东方，故曰东周。"后人多从。此解与全句语气不合。东周指幽王东迁之后，国势已衰的周朝。孔子立志恢复文王、武王、周公之道，不以东周为奋斗目标，所以才说了"吾其为东周乎"的话。参见6·24，其中"至于鲁"相当于复兴东周，"至于道"即恢复西周。

【翻译】 公山弗扰在费邑反叛季氏，召孔子，孔子想去。 子路很不高兴，说："果真没有去处了，又何必到公山弗扰那里呢？"孔子说："那个召我去的人，难道就平白无故吗？ 如果有人用我，我难道仅仅复兴一个东周的世道吗？"

17·6 子张问仁于孔子。孔子曰："能行五者于天下为仁矣。""请问之。"曰："恭，宽，信，敏，惠。恭则不侮，宽则得众，信则人任焉①，敏则有功，惠则足以使人②。"

【注释】 ①"信则"句：参见 19·10"君子信而后劳其民"；20·2"（君子）劳而不怨"，"择可劳而劳之，又谁怨"。②"惠则"句：参见 20·2"君子惠而不费"，"因民之利而利之，斯不亦惠而不费乎"。

【翻译】 子张向孔子问什么是仁。 孔子说："能把五方面在天下实行就可以说是仁了。"子张说："请问哪五方面？"孔子说："恭，宽，信，敏，惠。 恭敬就不会受到侮辱，宽厚就能争取大众，信实就会使别人为你效力，勤敏就能有成就，慈惠就足以役使别人。"

17·7 佛肸召①，子欲往。子路曰："昔者由也闻诸夫子曰②：亲于其身为不善者，君子不入也③。'佛肸以中牟畔④，子之往也，如之何？"子曰："然，有是言也。不曰坚乎磨而不磷⑤，不曰白乎涅而不缁⑥。吾岂匏瓜也哉⑦？ 焉能系而不食？"

【注释】 ① 佛肸(bì xī)：晋国大夫范氏的家臣。《史记·孔子世家》载，佛肸为中牟宰，赵简子攻范中行，伐中牟，佛肸据中牟叛范氏。据《左传·哀公五年》，赵简子围中牟在哀公五年(公元前 490 年)。当时孔子正在周游列国。② 诸："之于"的合音兼义词。③ "亲于"二句：参见 8·13"危邦不入，乱邦不居"，16·11"见不善如探汤。"④ 中牟：春秋晋邑，故址在今河北邢台、邯郸之间。⑤ 乎：表示句中停顿的助词。磷：薄。⑥ 涅(niè)：染黑。缁：黑色。⑦ 匏(páo)瓜：有两种：一种是蔬类，即瓠(hù)瓜，也称葫子、瓠子，果实圆长，首尾粗细略同，可食。一种是葫芦，嫩时可食，主要用途是待其成熟风干后制作盛器(如瓢类容器)或漂浮器等。据下句此处当指后者。　本章可与 17·5 互参。从末六句可以看出，孔子欲应叛乱者佛肸之召，是急于用世，以便实现自己的政治抱负：借家臣的叛乱，反对大夫专权，抑私门以张公室，恢复"礼乐征伐自诸侯出"，进而达到"礼乐征伐自天子出"，并不是想跟叛乱者同流合污。

【翻译】 佛肸召孔子，孔子想去。子路说："以前我听先生说过这样的话：'亲自为非作歹的人那里，君子是不去的。'佛肸据中牟叛乱，您却要去，那又如何解释呢？"孔子说："是，有过这样的话。但是，不是说坚硬的东西磨是磨不薄的吗，不是说洁白的东西染是染不黑的吗？我难道是葫芦吗？怎能悬挂在那里不食用呢？"

17·8 子曰："由也！女闻六言六蔽矣乎①？"对曰："未也。""居②！吾语女。好仁不好学③，其蔽也愚；

好知不好学,其蔽也荡;好信不好学,其蔽也贼④;好直不好学,其蔽也绞⑤;好勇不好学,其蔽也乱⑥;好刚不好学,其蔽也狂⑦。"

【注释】 ① 言:或指一字,或指一句,这里指一句,与"一言以蔽之"(2·2)的"言"同义。蔽:通"弊"。② 居:坐。因子路恭敬地起立对话,故本句让他还坐。③ 学:主要指学礼。参见8·2及16·13"不学礼,无以立"。孔子认为好的品质如果不用礼加以节制和规范,就会走向反面,变成弊病。④ 贼:败坏。好信不好学就会流于小信,小信易坏事。参见13·20、14·17、15·37。⑤ "好直"二句:参见8·2"直而无礼则绞"。⑥ "好勇"二句:参见8·2"勇而无礼则乱"。⑦ "好刚"二句:参见13·21。

【翻译】 孔子说:"仲由!你听到过六句话所说的六种弊病吗?"子路答道:"没有。"孔子说:"坐下! 我告诉你。 喜好仁却不喜好学习,它的流弊是憨傻易欺;喜好聪明却不喜好学习,它的流弊是放荡无守;喜好信实却不喜好学习,它的流弊是拘守小信而败坏事体;喜好直率却不喜好学习,它的流弊是尖刻伤人;喜好勇敢却不喜好学习,它的流弊是犯上作乱;喜好刚强却不喜好学习,它的流弊是狂妄自大。"

17·9 子曰:"小子何莫学夫《诗》①?《诗》可以兴②,可以观③,可以群④,可以怨⑤。迩之事父,远之事君⑥,多识于鸟兽草木之名。"

【注释】 ① 小子:《集解》引包咸曰:"小子,门人也。"何莫:何不。② 兴:本是《诗》的创作手法之一,即托事于物的意思。这里就学《诗》角度而言,指感发。③ 观:指观察社会。因诗多反映世情民俗,政治得失,故云。《汉书·艺文志》:"《书》曰:'诗言志,歌咏言。'……故古有采诗之官,王者所以观风俗,知得失,自考正也。" ④ 群:与人交际、交往。当时贵族交往多赋《诗》言志,以为辞令。⑤ 怨:怨刺。《毛诗大序》说:"乱世之音怨以怒,其政乖。"孔子奉行"中庸",主张感情必须适度,怨亦不能无节。并认为《诗》抒情最为适中,如说"《关雎》乐而不淫,哀而不伤"(3·20)。这里提倡借《诗》来怨刺,正是为了避免怨刺得过分。《史记·屈原列传》:"《小雅》怨诽而不乱。"正说明《诗》怨得适度。⑥ 迩(ěr):近。

【翻译】 孔子说: "弟子们为什么不学《诗》呢?《诗》可以用来感发人的思想感情,可以凭借观察社会政治得失,可以用来合群交友,可以用来怨刺不平的事情。近则可以用来侍奉父亲,远则可以用来侍奉君上,并且可以从中多了解一些鸟兽草木名称之类的广博知识。"

17·10 子谓伯鱼曰:"女为《周南》《召南》矣乎①? 人而不为《周南》《召南》②,其犹正墙面而立也与③?"

【注释】 ① 周南、召南:《诗经·国风》的两部分。周南是用周代南国乐调写的诗歌,南国泛指洛阳以南直至江汉一带地区。召南为岐山之南召地（周初召公奭的采邑）的乐调歌谣。儒家旧说认为《周南》《召南》二十五篇诗歌反映了文王、周公王业风化之基本，是《国风》中最为纯正的部分，如《毛诗大序》说："《周南》《召南》，正始之道，王化之基。"② 而：如果。③ 其：副词，表推测、估计。正墙面：正面对着墙。比喻没有见识，没有前途。朱熹《集注》说："言即其至近之地，而一物无所见，一步不可行。"深得其意。

【翻译】 孔子对孔鲤说："你学习《周南》《召南》了吗？ 人如果不学《周南》《召南》，大概就像面对着墙壁站在那里吧？"

17·11 子曰："礼云礼云，玉帛云乎哉①？ 乐云乐云，钟鼓云乎哉？"

【注释】 ① 玉：指圭璋之类贵重的玉制礼器。帛：指束帛。以帛五匹为一束，古代用作聘问、馈赠的礼物。本章说明孔子重视礼乐的内容，他的话是针对当时礼崩乐坏，礼乐徒具形式的情况而发的。参见 3·3、3·4。

【翻译】 孔子说："总是说礼呀礼呀，难道仅仅是指玉帛之类的礼器、礼物而言的吗？ 总是说乐呀乐呀，难道仅仅是指钟鼓之类的乐器而言的吗？"

17·12 子曰："色厉而内荏①，譬诸小人②，其犹

穿窬之盗也与③？"

【注释】 ① 荏(rěn)：软弱。② 诸："之于"的合音兼义词。③ 窬(yú)：同"逾"，越过。

【翻译】 孔子说："态度严厉而内心怯弱，若用小人作比喻，大概就像是穿壁、翻墙行窃的小偷吧？"

17·13 子曰："乡原①，德之贼也②。"

【注释】 ① 乡原：同"乡愿"，指阿谀媚世，同流合污，却又装着忠信廉洁以骗取声望的伪善行为。②"德之"句：意谓对道德的败坏。之：助词，起宾语前置的作用。贼：败坏。按，"之"或解为用在定语后面的"的"，则"贼"应解为祸害。然此句句型与下章"德之弃也"相同，"之"若解作定语后面的"的"，"德之弃也"就有费解之嫌。故两句中的"之"字，均应作起宾语前置作用的助词解。参见《孟子·尽心下》引"孔子曰：'恶乡原，恐其乱德也。'"

【翻译】 孔子说："阿谀媚世，同流合污，却又装着忠信廉洁以骗取声望的乡愿行为，是败坏道德。"

17·14 子曰："道听而涂说①，德之弃也。"

【注释】 ① 涂：同"途"。路上。 本章说明孔子主张切实的道德修养，反对道听途说，漫不经心，表面卖弄。

【翻译】 孔子说："从道路上听闻又在道路上传播的行为，是背弃道德。"

17·15 子曰："鄙夫可与事君也与哉①？其未得之也，患得之②；既得之，患失之。苟患失之，无所不至矣。"

【注释】 ① 鄙夫：见9·8注①。② 患得之：当作"患不得之"。《荀子·子道篇》："孔子曰：'……小人者，其未得也，则忧不得；既已得之，又恐失之。'"（《说苑·杂言篇》同）王符《潜夫论·爱日篇》："孔子病夫未之得也，患不得之，既得之，患失之者。"可见《论语》古本"得"上当有"不"字。后人对脱误之本已有校正，宋人沈作哲《寓简》说："东坡解云：'患得之'当作'患不得之'。"金人王若虚《滹南遗老集》卷七《论语辨惑》也同意苏轼的校改意见。

【翻译】 孔子说："偏狭浅陋的人可以跟他一起侍奉君主吗？ 当他未得利的时候，总是忧虑不能得到；得到以后，又总是忧虑再失掉。 如果总是忧虑失掉什么，那就没有什么非分的事做不到的了。"

17·16 子曰："古者民有三疾①，今也或是之亡也。古之狂也肆，今之狂也荡；古之矜也廉②，今之矜也忿戾；古之愚也直，今之愚也诈而已矣。"

【注释】 ① 疾:指毛病。② 廉:棱角。这里形容人的行为方正有威严。 孔子感叹世风败坏,今不如昔,本章中他甚至认为同样是缺点今人也不如古人。参见4·7。

【翻译】 孔子说:"古时候的人们有三种毛病,现在或许连这样的毛病也没有了。 古人的狂妄还能肆意敢言,今人的狂妄却是放荡不羁;古人的矜持还能方正威严,今人的矜持却是忿怒乖戾;古人的愚笨还能表现出直率,今人的愚笨却是伴着欺诈,如此罢了。"

17·17 子曰:"巧言令色,鲜矣仁。"

【注释】 本章重出,已见1·3。正平本《论语集解》《论语义疏》本、刘宝楠《论语正义》本均无此章。

17·18 子曰:"恶紫之夺朱也①,恶郑声之乱雅乐也②,恶利口之覆邦家者③。"

【注释】 ① 恶(wù):憎恶。紫:间色。朱:正色。红色紫色虽皆尊贵,如10·5"红紫不以为亵服",但是红紫相较又以红为正。紫之夺朱:紫色侵夺了朱色的正色地位。按周礼衰落之后,诸侯服饰以紫色为上,《礼记》《左传》《管子》均有例证,参见江永《乡党图考》卷六《红紫考》。② 郑声:参见15·11"放郑声""郑声淫"及注⑤。雅乐:用于郊庙朝会的正乐。③ 邦家:诸侯之邦与大夫之家。 本章可参见

15・11及《孟子・尽心下》引"孔子曰:'恶似而非者。恶莠,恐其乱苗也;恶佞,恐其乱义也;恶利口,恐其乱信也;恶郑声,恐其乱乐也;恶紫,恐其乱朱也;恶乡原,恐其乱德也。'"

【翻译】 孔子说: "憎恶紫色侵夺了红色的正位,憎恶郑国靡靡之音扰乱了堂堂正正的雅乐,憎恶用巧嘴利舌颠覆邦国采邑的人。"

17・19 子曰:"予欲无言①。"子贡曰:"子如不言,则小子何述焉?"子曰:"天何言哉? 四时行焉,百物生焉②,天何言哉?"

【注释】 ① 无言:孔子主张"敏于事而慎于言"(1・14)。在教育方面重身教,故"欲无言"。不仅教育如此,政治上也重力行,如"为政以德"(2・1),"修己以安人"(14・42),"无为而治""恭己正南面"(15・5)等。② "天何言"三句:以天为喻,是说天无需发言,就能主宰一切。参见《诗经・大雅・文王》:"上天之载(事),无声无臭。"《礼记・哀公问》:"孔子云:'无为而物成,天之道也。'"《春秋繁露・深察名号》:"天不言,使人发其意;弗为,使人行其中。"由此可见,孔子所谓的天不是纯粹自然的天,而是兼有人格神的性质,参见3・13。

【翻译】 孔子说: "我想不讲话了。"子贡说: "老师如果不讲话,那么弟子们又传述什么呢? "孔子说: "上天又讲了什么呢? 春夏秋冬四时照样运行,天下百物照样生长,天又讲了什么呢?"

17·20 孺悲欲见孔子①，孔子辞以疾。将命者出户②，取瑟而歌，使之闻之。

【注释】 ① 孺悲：鲁国人。《礼记·杂记》："恤由之丧，哀公使孺悲之孔子学士丧礼，士丧礼于是乎书。"此为以后的事，本章记初见之时。② 将命者：传命者，指为孺悲传口信的人。

【翻译】 孺悲想见孔子，孔子托辞有病加以拒绝。 传命的人刚出门，孔子就拿过瑟弹着唱歌，故意让传命的人听到。

17·21 宰我问："三年之丧，期已久矣。君子三年不为礼，礼必坏；三年不为乐，乐必崩。旧谷既没，新谷既升，钻燧改火①，期可已矣②。"子曰："食夫稻，衣夫锦，于女安乎？"曰："安。""女安，则为之！夫君子之居丧，食旨不甘，闻乐不乐，居处不安，故不为也。今女安，则为之！"宰我出。子曰："予之不仁也！子生三年，然后免于父母之怀。夫三年之丧，天下之通丧也，予也有三年之爱于其父母乎？"

【注释】 ① 钻燧改火：古时钻木取火或敲燧石取火。改火仅与钻木取火有关，燧系连带提及。《集解》引马融注："《周书·月令》(已佚)有更火之文，春取榆柳之火，夏取枣杏之火，秋取柞楢(zuò yóu)之火，冬取槐檀之火。一年之中，钻火各异木，故曰改火。"② 期(jī)：时间周而复始。分别指一周年、一个月或一整天。此指一年。 本章孔子维护对父母尽三年之丧的厚礼,反对宰我欲改为一年之丧的薄礼,其出发点是强调对父母养育之恩的感念与报答,维护人间重要的亲情之爱,参见1·9及注。

【翻译】 宰我问道: "为父母守丧三年,为期太久了。 君子三年不习礼,礼一定会败坏;三年不作乐,乐一定会毁掉。 陈谷已经吃完,新谷已经登场,钻火改木周而复始,满一年也就可以了。"孔子说: "那么吃白米饭,穿花缎衣,对于你来说能心安吗?"宰我说: "心安。"孔子说: "你只要心安,就那样做吧。 至于君子有丧在身,吃美味不觉得甘美,听音乐不觉得愉快,闲居也不觉得安适,因此不那样做。 现在你心安,就那样做吧!"宰我出去了。 孔子说: "宰予不仁啊! 子女生下三年,然后才脱离父母的怀抱。 三年的守丧期,为天下通行的丧礼,宰予不也是在他父母的怀抱里得到三年特别的爱抚吗?"

17·22 子曰:"饱食终日,无所用心,难矣哉①! 不有博奕者乎②? 为之犹贤乎已③。"

【注释】 ① 难矣哉:见15·17注①。② 博:即六博,古代的一种棋局游戏,近似后代的双陆。双方各六棋,以黑白为别。先掷采(骰子),视采以走棋。奕:围棋。古奕用二百八十九道,今用三百六十一道。③ 为之:指玩博奕。贤乎:强于。已:指示代词,此,如此。指"饱食终日,无所用心"。

【翻译】 孔子说: "整天吃得饱饱的,漫不经心无所事事，难以有所成啊！不是有六博和围棋的玩意儿吗？天天玩这个也比闲着没事强。"

17·23 子路曰："君子尚勇乎^①?"子曰："君子义以为上。君子有勇而无义为乱，小人有勇而无义为盗。"

【注释】 ① 尚勇：以勇敢为上。孔子反对尚勇，主张尚德，用礼义来规范自发的勇敢。参见8·2、14·5、14·33、17·24。

【翻译】 子路问道："君子崇尚勇敢吗？"孔子说："君子以义为上。君子只有勇敢而无德义就会作乱，小人只有勇敢而无德义就会做盗贼。"

17·24 子贡曰："君子亦有恶乎^①?"子曰："有恶。恶称人之恶者，恶居下流而讪上者^②，恶勇而无礼者，恶果敢而窒者。"曰："赐也亦有恶乎？""恶徼以为知者^③，恶不孙以为勇者，恶讦以为直者^④。"

【注释】 ① 恶（wù）：憎恶。下文除"称人之恶"的"恶"（è）字外，均同此。② 流：此字增衍，当删。或涉19·20"恶居下流"而误。按，汉石经无"流"字，据皇疏、邢疏的解释文字亦不当有"流"字。讪（shàn）：毁谤。③ 徼（jiǎo）：抄袭。④ 讦（jié）：揭发别人的隐私或过错。孔门主张对好人扬善隐恶，参见12·16、16·5。尤其强调为亲者隐，参见13·18。

【翻译】 子贡问道:"君子也有憎恶吗?"孔子说:"有憎恶。憎恶宣扬别人坏处的人,憎恶身居下位却毁谤长上的人,憎恶勇敢却没有礼义的人,憎恶果敢却顽固不化的人。"孔子又说:"赐,你也有憎恶吗?"子贡答道:"憎恶把抄袭当作有学问的人,憎恶把高傲不逊当作勇敢的人,憎恶把揭发别人当作直率的人。"

17·25 子曰:"唯女子与小人为难养也①,近之则不孙,远之则怨②。"

【注释】 ① 女子:古文献中有三种解释,其一泛指女人,其二指处女,其三指女儿。《论语》古注对本章"女子"一词,或阙而不注,如《论语集解》《论语义疏》,盖泛指女性。然泛指女性,则孔子的话有嫌疑,于是加以限制,指一般女性,把杰出或特殊女性排斥在外,如邢昺《论语注疏》曰:"此言女子,举其大率耳。若其禀性贤明,若文母之类,则非所论也。"朱熹亦牵连"小人"以"女子"专指臣妾,如《集注》曰:"此小人,亦谓仆隶下人也。君子之于臣妾,庄以涖之,慈以蓄之,则无二者之患矣。"邢朱二说有道理。综观《论语》,除本章可疑外,孔子对妇女并无轻视之言,如8·20孔子评论武王"予有乱臣十人"之言,谓"有妇人焉,九人而已",妇人即邢昺疏所指"文母"(文王妃大姒),是很值得尊敬的。如果"女子"泛指女人,则孔子之母等长者、尊者女性亦难除外,则孔子必不会用不敬之辞"难养"称之。故此处"女子"当指女儿。按,古代儿子、女儿通称曰"子",《论语》亦如此,如5·1"以其子妻之",5·2"以其兄之子妻之",以上"子"指女儿;而16·13"又闻君子之远其子也",此处"子"指孔子儿子孔鲤。本章特称"女子",当解为"女性之子",即女儿。"女子"作"女儿"解,《左传》亦有其例,如《左传·襄公二十六年》:"宋芮司徒生女子,赤而毛,弃诸堤下。"又,众所周知,通常"女儿"与"儿子"禀性不同,女儿往往容易撒娇,过细计较,而儿子则往往大大咧咧,满不在乎。故只有女儿极易产生"近之则不孙,远之则怨"的情况。小人:此处当以身份而论,指地位低下而又关系亲密的近侍奴仆。养:蓄养。②"近之"二句:远、近指与女儿、近侍相处保持的距离。按,孔子对其子女一向保持距离,以免过于亲昵,形成溺爱,见16·13"又闻君子之远其子也"。

【翻译】 孔子说:"只有女儿和小人最难养用,稍有亲近就放肆无礼,稍有疏远就产生怨气。"

17·26 子曰:"年四十而见恶焉①,其终也已!"

【注释】 ① 年四十:四十岁为"不惑"之年(2·4),亦当为成名之年(9·23)。四十岁无所成就反被人憎恶,前途也就渺茫了。

【翻译】 孔子说:"活到四十岁还被人憎恶,他这一辈子也就算完了啊!"

微子第十八

本篇包括十一章，多非孔子弟子所记。内容以反映孔子的处世态度为主，而且多是通过与隐士的思想对立来表现的。

18·1 微子去之①，箕子为之奴②，比干谏而死③。孔子曰："殷有三仁焉。"

【注释】 ① 微子：名启（一作开），微是封国名，子是爵名，商纣王的同母兄。微子生时其母尚为帝乙之妾，生纣时已立为妻，故纣在帝乙死后嗣立。纣王无道，微子离开他出走。② 箕子：名胥余，箕是封国名，子是爵名，商纣王的叔父。纣王无道，他进谏不听，就披散头发，假装癫狂，沦为奴隶。③ 比干：名干，比是封国名。比干也是纣王的叔父，他强谏纣，纣大怒，说："我听说圣人之心有七窍。"便把比干杀死，把他的心剖开观看。以上三注，事详《尚书·微子》《史记·殷本纪》及《宋微子世家》。

【翻译】 微子离开出走，箕子做了奴隶，比干强谏身遭惨死。 孔子说："殷商有三个仁人。"

18·2 柳下惠为士师①，三黜②。人曰："子未可以去乎？"曰："直道而事人，焉往而不三黜？枉道而事人，何必去父母之邦？"

【注释】 ① 柳下惠：见 15·14 注②。士师：典狱官。② 黜：罢免。 本章可参见 15·7。

【翻译】 柳下惠做典狱官，三次被罢免。 有人对他说："您不可以离开另谋出路吗？"他说："若用正直之道侍奉人，到哪里能不再三被罢免？ 若用邪曲之道侍奉人，又何必要离开父母之邦呢？"

18·3 齐景公待孔子①，曰："若季氏，则吾不能；以季、孟之间待之②。"曰："吾老矣③，不能用也④。"孔子行。

【注释】 ① 齐景公：见 12·11 注①。② 季孟之间：鲁国三卿，季氏为上卿，孟氏为下卿。季孟之间即上卿下卿之间。③ 吾老矣：孔子不满齐景公给他的待遇，托辞年老而不接受。④ 用：出力，效命。

【翻译】 齐景公准备留用孔子，说："像季氏那样的地位，我不能给；将用季氏孟氏之间的待遇来安置他。"孔子说："我已经老了，不效力了。"孔子于是离开齐国。

18·4 齐人归女乐①，季桓子受之②，三日不朝，孔子行。

【注释】 ① 归（kuì）：同"馈"。女乐（yuè）：歌舞伎。② 季桓子：季孙斯，鲁国自定公五年至哀公三年时的执政上卿。季桓子与鲁定公接受齐国女乐事，《史记·孔子世家》记于鲁定公十四年，又见于《韩非子·内储说下》（记于鲁哀公时，不确），可参看。

【翻译】 齐国送给鲁君一批歌舞伎，季桓子接受了，三天不举行朝礼以治政事，孔子于是离开鲁国出走。

18·5 楚狂接舆歌而过孔子①，曰："凤兮凤兮！何德之衰②！往者不可谏③，来者犹可追④。已而！已而！今之从政者殆而！"孔子下⑤，欲与之言。趋而辟之，不得与之言。

【注释】 ①"楚狂"句：《论语集解》引孔安国曰："接舆，楚人，佯狂而来歌，欲以感切孔子。"楚狂：楚国的狂人，实为假装疯狂而隐的贤者。接舆：有三说，其一，为隐士陆通之字。皇甫谧《高士传》卷上："陆通，字接舆，楚人也。好养性，躬耕以为食。楚昭王时，通见楚政无常，乃佯狂不仕，故时人谓之楚狂。"皇侃《论语义疏》、邢昺《论语注疏》均从之。其二，非名非字，因"接孔子之舆"而得称。曹之升《四书摭余说》云："《论语》所记隐士皆以其事名之。门者谓之'晨门'，杖者谓之'丈人'，津者谓之'沮''溺'，接孔子之舆者谓之'接舆'，非名亦非字也。"此说颇有见地。其三，"其未隐时所传之姓字"。刘宝楠《论语正义》通过详细考证，乃谓"接舆乃其未隐时所传之姓字"，如云："接舆，楚人，故称楚狂。《庄子·逍遥游》：'肩吾问于连叔曰："吾闻言于接舆。"'《应帝王篇》：'肩吾见狂接舆。楚狂接舆曰云云。'又'接舆曰'云云。此外若《荀子·尧问》《秦策》《楚辞》《史记》多称接舆，故冯氏景《解春集》谓接是姓，舆是名，引齐稷下辩士接子作证。皇甫谧《高士传》：'陆通，字接舆。'妄撰姓名，殊不足据。《韩诗外传》称'楚狂接舆躬耕以食，楚王使使者赍金百镒，愿请治河南。接舆笑而不应，乃与其妻偕隐。变易姓字，莫知所之。'观此，则接舆乃其未隐时所传之姓字。后人因'孔子下'解为下车，遂谓楚狂与夫子之舆相接而歌，误也。《秦策》：'范雎曰："箕子、接舆，漆身而为厉，被发而阳狂，无益于殷楚。"'《史记·邹阳传》：'上书曰："箕子佯狂，接舆避世。"'《楚辞·涉江》云：'接舆髡首。'髡首如仲雍之断发。漆身髡首，皆佯狂之行，故此注言'接舆佯狂'也。"按，刘宝楠此说亦可参。②"凤兮"二句：以凤比孔子。凤鸟待圣君治世则现，世无道则隐。孔子有背于此，乱世中到处游说以求进用，因此说"德衰"。③"往者"句：参见3·21"遂事不谏"及注。④ 追：及。这是来得及计议、醒悟的意思。⑤ 下：指下车。

【翻译】 楚国的狂人接舆，唱着歌从孔子车旁经过，他唱道："凤呀！ 凤呀！ 为什么你的德行竟如此衰败！以往的错事已不可制止，未来的前途还来得及深谋于怀。算了吧！ 算了吧！ 当今的从政者很危险啊！"孔子下车，想跟他讲话。 他急行避开，孔子终不能跟他讲话。

18·6　长沮、桀溺耦而耕①，孔子过之，使子路问津焉②。长沮曰：“夫执舆者为谁③？”子路曰：“为孔丘。”曰：“是鲁孔丘与？”曰：“是也。”曰：“是知津矣。”问于桀溺。桀溺曰：“子为谁？”曰：“为仲由。”曰：“是鲁孔丘之徒与？”对曰：“然。”曰：“滔滔者④，天下皆是也，而谁以易之⑤？且而与其从辟人之士也⑥，岂若从辟世之士哉⑦？”耰而不辍⑧。子路行以告。夫子怃然曰⑨：“鸟兽不可与同群⑩，吾非斯人之徒与而谁与？天下有道，丘不与易也。”

【注释】　①　长沮、桀溺：两个隐者，失其真名，因在水边耕作，因而称“沮”（沮洳），称“溺”（淖溺）。参见前章注①引曹之升《四书摭余说》。耦而耕：耦耕是古代的一种耕田方法，其法两人并头用耜（单头，类似铲）翻土。《周礼·考工记·匠人》：“匠人为沟洫，耜广五寸，二耜为耦。一耦之伐，广尺深尺谓之𤰞（quǎn，同‘畎’）。”郑玄注：“古者耜一金（单头），两人并发之。其垄中曰𤰞，𤰞上曰伐。伐之言发也，𤰞，畎也。今之耜歧头两金，象古之耦也。”《正义》：“云‘二耜为耦’者，二人各执一耜，若长沮、桀溺耦而耕。此两人耕为耦，共一尺。一尺深者谓之畎，畎上高土为之伐。伐，发也。以发土于上，故名伐也。”后人多从《考工记》及郑注、孔疏之说。②　津：渡口。③　执舆：执辔驾车。按此时孔子正代子路执舆。④　滔滔：《经典释文》说郑玄注本作“悠悠”，《史记·孔子世家》也作“悠悠”。“滔滔”“悠悠”古音相近，意为周流的样子。这里形容动乱。⑤　以：与。“谁以”即“谁与”，疑问句中代词宾语倒置，“谁与”即“与谁”，跟谁的意思。⑥　辟人之士：指避开动乱无道之人以求天下大治的志士。

⑦ 辟世之士：指对政治无望避开乱世的隐士。参见14·37"贤者辟世"。⑧ 耰(yōu)：用土覆盖播下的种子，并把土耙平。⑨ 怃(wǔ)然：怅惘失意的样子。⑩ "鸟兽"句：意谓鸟兽与人不同类，人不可与鸟兽同群共谋。旧说隐于山林便是与鸟兽同群(见《集解》引孔安国注)，非是。

【翻译】 长沮、桀溺二人并排耕作，孔子经过他们那里，派子路向他们打听渡口。 长沮问道："那个执辔驾车的人是谁？"子路说："是孔丘。"又问："此人是鲁国的孔丘吗？"答道："正是此人。"长沮便说："他该是知道渡口的。"又问桀溺，桀溺说："你是谁？"答道："是仲由。"又说："你是鲁国孔丘的门徒吗？"答道："是。"又说："动乱不安，天下到处都是这个样子，到底跟谁一起来改变现状呢？ 并且与其跟随避开恶人的志士，难道比得上跟随避开人世的隐士吗？"说完后照样平土覆盖种子，干个不停。 子路走回，把话告诉了孔子。 孔子怅然叹道："鸟兽不可跟它们同群，我不跟世上人群打交道又跟谁呢？ 如果天下清明，我就不跟他们打交道来改变现状了。"

18·7 子路从而后，遇丈人，以杖荷蓧①。 子路问曰："子见夫子乎？"丈人曰："四体不勤②，五谷不分，孰为夫子？"植其杖而芸③。 子路拱而立。 止子路宿④，杀鸡为黍而食之⑤，见其二子焉⑥。 明日，子路行以告。子曰："隐者也。"使子路反见之。 至，则行矣。 子路曰："不仕无义。 长幼之节，不可废也；君臣之义，如之何其废之？欲洁其身，而乱大伦。君子之仕也，行其义也。道之不行，已知之矣⑦。"

【注释】　① 蓧（diào）：古代除草用的竹器。② 四体：四肢。勤：劳。③ 植：有二说，《集解》引孔安国注："植，倚也。"则是挂着的意思。另一说为插立的意思，均可通，以后说为优。芸：同"耘"，除草。④ 止：留。⑤ 黍：黄米，即黏的小米。为黍：做黄米饭。⑥ 见：接见。此处为使动用法，使见。⑦ "君子"四句：参见16·11"行义以达其道"，14·38"是知其不可而为之者与"。

【翻译】　子路跟随孔子周游，有一次落在后面，碰到一位老人，用拐杖扛着除草农具。 子路问道："您见到我的老师了吗？"老人说："你们这些人四肢不勤劳，五谷分不清，谁是老师？"于是就把拐杖插在地上除起草来。 子路一直拱着手恭敬地站在那里。 老人便留子路住宿，忙着杀鸡做饭给他食用，还让子路见了自己的两个儿子。 第二天，子路起行赶上了孔子，把自己的经历告诉了孔子。 孔子说："这是一位隐士。"让子路返回去见他。 子路到了他家，他已出走了。 子路说："不做官不合乎义。 长幼之间的关系，都不可废弃；君臣之间的大义，又怎么能废弃呢？ 想避开乱世洁身自保，却搞乱了最重要的伦理关系。 君子做官，是为了推行大义。 至于理想的政道实际行不通，则早已知道。"

18·8 逸民①：伯夷、叔齐、虞仲、夷逸、朱张、柳下惠、少连②。子曰："不降其志，不辱其身，伯夷、叔齐与？"谓："柳下惠、少连，降志辱身矣；言中伦③，行中虑④，其斯而已矣。"谓："虞仲、夷逸，隐居放言，身中清，废中权⑤。我则异于是，无可无不可⑥。"

【注释】 ① 逸民：遗落于世而无官位的贤人。② 伯夷、叔齐：见5·23注①。虞仲、夷逸、朱张：事迹无考。前人或有附会之说，不可据。柳下惠：见 15·14 注②。少连：见《礼记·杂记下》，东夷之子，孔子称其善居丧。③ 中（zhòng）：合乎。下文"中"字同。伦：条理、法则。④ 虑：谋虑。⑤ 废：废弃不用。权：权变，参见 9·30 "未可与权"。⑥ "无可"二句：说明孔子以积极用世为前提的灵活态度，但并不是不讲原则，他的"可"与"不可"皆以义为据，参见4·10。只要符合义，"知其不可而为之"，参见 14·38。

【翻译】 遗落民间的贤者：伯夷、叔齐、虞仲、夷逸、朱张、柳下惠、少连。孔子说："不降低自己的志向，不玷辱自己的人格，这样的人是伯夷、叔齐吧？"又说："柳下惠、少连这两个人，降低了做官的志向，玷辱了人格；但是讲话合乎法度，行为切合谋虑，他们不过如此罢了。"又说："虞仲、夷逸这两个人，避世隐居，放肆敢言，修身合乎清廉，弃官合乎权宜。我则跟这些人不同，没有什么可以的，也没有什么不可以的。"

18·9 大师挚适齐①，亚饭干适楚②，三饭缭适蔡，四饭缺适秦，鼓方叔入于河，播鼗武入于汉③，少师

阳、击磬襄入于海。

【注释】 ① 大师挚:鲁国的乐师之长挚。当即 8·15 的"师挚"。适:去,往。② 亚饭:二饭,第二顿饭。古代天子、诸侯用饭时都奏乐相伴,一日几餐,各有不同的乐师。天子一日四餐,鲁国得用周天子礼乐,故有"二饭""三饭""四饭"之称。《白虎通德论·礼乐篇》说:"天子食时举乐,王者所以日四食者何?明有四方之物,食四时之功也。……王平居中央,制御四方,平旦食,少阳之始也;昼食,太阳之始也;晡食,少阴之始也;暮食,太阴之始也。"下引《论语》本章"二饭""三饭""四饭"云云,并补充说明:"诸侯三饭,卿大夫再饭,尊卑之差也。"③ 播:摇。鼗(táo):拨浪鼓。 本章是"乐崩"的表现。

【翻译】 鲁国的太师名叫挚的到了齐国,二饭乐师名叫干的到了楚国,三饭乐师名叫缭的到了蔡国,四饭乐师名叫缺的到了秦国,鼓手名叫方叔的入居黄河之滨,摇小鼓的名叫武的入居汉水之滨,少师名叫阳的以及磬师名叫襄的入居海边。

18·10 周公谓鲁公曰①:"君子不施其亲②,不使大臣怨乎不以。故旧无大故,则不弃也③。无求备于一人④。"

【注释】 ① 周公:周公旦。鲁公:周公之子伯禽,封于鲁,故称鲁公。② 施:通"弛"。 本句参见 1·13"因不失其亲"，8・2"君子笃于亲"。③ "故旧"二句：参见 8・2"故旧不遗"。④ 求备：参见 13・25"及其使人也，求备也"。

【翻译】 周公对鲁公说："君子不疏远他的亲族，不使大臣怨恨不听用自己。 故旧没有重大过错，就不遗弃。对一个人不要求全责备。"

18・11　周有八士：伯达、伯适、仲突、仲忽、叔夜、叔夏、季随、季骒①。

【注释】 ① 骒（guā）：人名。以上八人的名字皆由排行字伯、仲、叔、季加单名组成，事迹无考。《集解》引包咸注："周时四乳生八子，皆为显仕，故记之尔。"为传说之辞。也有人据此八人两人一组，按伯、仲、叔、季排列，并且每组名字押韵，于是认为是四对孪生子。

【翻译】 周朝有八个知名之士：伯达、伯适、仲突、仲忽、叔夜、叔夏、季随、季骒。

子张第十九

本篇包括二十五章，全记孔子弟子之言，包括子张、子夏、子游、曾子、子贡五人。内容论及学习、道德及人物，从中可以看出弟子们对孔子学说的忠诚和传述，对孔子圣人形象的维护。

19·1 子张曰①："士见危致命②，见得思义③，祭思敬④，丧思哀⑤，其可已矣。"

【注释】 ① 子张：见 2·18 注①及 19·15 注①。② 见危致命：参见 14·12"见危授命"。③ 见得思义：参见 14·12"见利思义"，又见 16·10。④ 祭思敬：参见 3·12、12·2"使民如承大祭"。⑤ 丧思哀：参见 3·26、19·14。又丧、祭属于大事，参见 20·1。

【翻译】 子张说："士见到危难肯于献身，见到所得能想到是否合乎义，祭祀的时候能诚心诚意地致敬，临丧的时候能诚心诚意地致哀，那也就可以了。"

19·2　子张曰：“执德不弘，信道不笃①，焉能为有？焉能为亡②？”

【注释】　①“执德”二句：参见15·29。②“焉能”二句：可有可无之义。亡：无。

【翻译】　子张说：“执守道德不能发扬光大，信仰道义不能诚心实意，这种人怎么能算他存在？又怎么能算他不存在？”

19·3　子夏之门人问交于子张①。子张曰：“子夏云何？”对曰：“子夏曰：‘可者与之，其不可者拒之②。’”子张曰：“异乎吾所闻：君子尊贤而容众，嘉善而矜不能③。我之大贤与④，于人何所不容？我之不贤与，人将拒我，如之何其拒人也？”

【注释】　①子夏：见1·7注①。子夏门人：子夏门人颇众，前人多有考证，如潘维城《论语古注集笺》卷十云：“《史记·儒林传》云：‘子夏居西河，子贡终于齐。如田子方、段干木、吴起、禽滑厘之属，皆受业于子夏之伦，为王者师。’又《汉书·艺文志》云：‘《诗》有毛公之学，自谓子夏所传。’《经典释文·序录》引：‘徐整云：子夏授高行子。’‘一云：子夏传曾申。’《春秋》有公羊，名高，齐人，子夏弟子，受经于子夏。穀梁名赤，鲁人，《七录》云：‘名淑，字符始。’《风俗通》云：‘子夏门人。’又《史记·仲尼弟子传》：‘子夏居西河教授，为魏文侯师。’则文侯斯亦其门人也。”②“可者”二句：与孔子的交友之道近似，参见1·8、9·25、15·10、16·4、16·5。③"嘉善"句：参见2·20"举善而教不善"，与孔子的思想一致。④ 之：助词，用在主语和谓语之间，取消句子的独立性。与(yú)：助词，此处用在表示假设的分句后面，引起下文。

【翻译】 子夏的弟子向子张问怎样与人交往。 子张说："子夏是怎样说的？"答道："子夏说：'人品可以的就跟他交往，人品不可以的就加以拒绝。'"子张说："不同于我所听到的：君子尊重贤人，同时接纳广大的普通人；表彰好人，同时怜惜无能的人。 如果我自己很好，对于别人有什么容不下的？ 如果我自己不好，人家将拒绝跟我相交，又怎么能拒绝别人呢？"

19·4 子夏曰："虽小道①，必有可观者焉；致远恐泥②，是以君子不为也。"

【注释】 ① 小道：指各种具体的知识和技能。子夏实际上是擅长小道的，因此孔子告诫他"女为君子儒，无为小人儒"(6·13)。孔子也并非忽视小道，而是擅长小道的，参见9·2、9·6。但是他反对拘泥于小道，如果拘泥于小道，就是小人了，参见15·34。② 泥：阻滞，滞留。

【翻译】 子夏说："即使是普通的知识与技艺，也一定有值得观摩的地方；只是要实现远大理想，惟恐陷进去受其滞碍，因此君子才不钻研它。"

19·5 子夏曰："日知其所亡①，月无忘其所能，可谓好学也已矣②。"

【注释】 ① 亡：无。② 好学：应当包括进德与修业两方面的标准。子夏所谓的好学只据修业方面而言，是片面的，故孔子对他有"女为君子儒，无为小人儒"（6·13）之戒。而孔子的好学标准，是把进德放在首位的，因此他认为弟子中颜回最为好学，参见6·3、11·7。

【翻译】 子夏说："每日都能学到自己所没有的知识，每月都不忘掉自己所已学会的东西，这就可以说是好学了啊。"

19·6 子夏曰："博学而笃志①，切问而近思②，仁在其中矣。"

【注释】 ① 志：志向、意志，指学习愿望而言。② 切：旧注或解为恳切，或解为急切，虽亦通而不精确。这里的切是近的意思，切问即近于问、好问的意思。参见16·10"疑思问"。近思：好思。参见2·15"学而不思则殆"。 本章关于仁的内容亦就修业方面而言，与孔子就进德方面而言不同。

【翻译】 子夏说："广泛地学习，不断坚定自己的意志，好问，并且好思，仁也就在那里面了。"

19·7 子夏曰："百工居肆以成其事①，君子学以致其道。"

【注释】 ① 肆：店铺。手工业厂店合一，故说"百工居肆。"

【翻译】 子夏说："各种工匠在厂店里劳作来完成他们的活计，君子用学习来获得道。"

19·8 子夏曰："小人之过也必文①。"

【注释】 ① 文：文饰，掩盖。子夏认为小人文过饰非，君子则否，参见19·21。

【翻译】 子夏说："小人犯了过错，一定加以文饰。"

19·9 子夏曰："君子有三变：望之俨然，即之也温，听其言也厉。"

【翻译】 子夏说："君子给人的印象有三变：远远望去，严肃可敬；跟他接近，温和可亲；听他的话，严厉可法。"

19·10 子夏曰："君子信而后劳其民①，未信则以为厉己也。信而后谏，未信则以为谤己也。"

【注释】 ①"君子"句:参见17·6"信则人任焉"。

【翻译】 子夏说: "君子取得信任,然后才能役使人民,如未取得信任,就会以为是在虐待自己。 君子取得信任,然后才能对别人进忠言,如未取得信任,就会以为是在诽谤自己。"

19·11 子夏曰:"大德不逾闲①,小德出入可也。"

【注释】 ① 大德:德行中的大节。闲:用于遮拦阻隔的栅栏,引申为法度。 本章子夏之言,当为传闻之常语。《晏子春秋·内篇杂上》:晏子使鲁,曾就礼回答仲尼曰:"且吾闻之,大者不踰闲,小者出入可也。"据此则知为传闻之辞。又《韩诗外传》卷二:"孔子遭齐程本子于郯之间,倾盖而语,终日有间。顾子路曰:'由,束帛十匹以赠先生。'子路不对。有间,又顾曰:'束帛十匹以赠先生。'子路率尔而对曰:'昔者由也闻之于夫子,士不中道相见、女无媒而嫁者,君子不行也。'孔子曰:'夫《诗》不云乎:"野有蔓草,零露溥兮。有美一人,清扬婉兮。邂逅相遇,适我愿兮。"且夫齐程本子天下之贤士也,吾于是而不赠,终身不之见也。大德不踰闲,小德出入可也。'"据此又为孔子传述之言。《荀子·王制篇》亦引孔子类似之言:"孔子曰:'大节是也,小节是也,上君也。大节是也,小节一出焉,一入焉,中君也。大节非也,小节虽是也,吾无观其余矣。'"

【翻译】 子夏说: "大节不得越出界限,小节有所出人是可以的。"

19·12 子游曰:"子夏之门人小子,当洒扫、应对、进退则可矣①,抑末也②;本之则无,如之何?"子夏闻之,曰:"噫!言游过矣!君子之道,孰先传焉,孰后倦焉③,譬诸草木④,区以别矣。君子之道,焉可诬也?有始有卒者,其惟圣人乎⑤?"

【注释】 ① 洒扫:洒水扫地。为少年替长者所做之事,有仪节规定,详见《礼记·曲礼》《管子·弟子职》。应对:回应对答。应对亦有其礼,参见11·24"子路率而对"为非礼及其注⑤。进退:起居动作之一。《周礼·夏官·大司马》:"以教坐作、进退、疾徐、疏数之节。"《庄子·达生》:"进退中绳,左右旋中规。"② 末:指礼仪之末。③ 倦:劳累,竭力。④ 诸:"之于"的合音兼义词。⑤ 其:副词,表推测,大概、或许之义。 本章子游对子夏学术的批评,观点很像孔子,参见6·13。

【翻译】 子游说:"子夏的弟子们,担当洒扫、应对、进退的节仪那是可以的,但不过是末节而已;论根本则没有,怎么办?"子夏听到后,说:"唉!言游说错了!君子的学问,哪一个先传授,哪一个后竭力,就好像草木一样,区别得一清二楚。 君子的学问,怎可诽谤呢? 有始有终,循序渐进,大概只有圣人才这样吧?"

19·13 子夏曰："仕而优则学①，学而优则仕。"

【注释】 ① 优：饶，余。此处指有余力。

【翻译】 子夏说："做官如有余力就去学习，学习如有余力就去做官。"

19·14 子游曰："丧致乎哀而止。"

【注释】 本章强调居丧要致哀，但悲哀必须适度。可参见 3·20、3·26、19·1。

【翻译】 子游说："居丧能尽到悲哀之情也就够了。"

19·15 子游曰："吾友张也为难能也①，然而未仁。"

【注释】 ① 张：子张。前一"也"字：语气助词，用在句中，表停顿。难能：难以做到。子张在孔子的弟子中是比较全面、比较突出的一个人，他既重进德，又重修业（参见 12·10）；既重视理论修养，又重视具体实践（参见 15·6）。他把仁作为自己追求的目标（参见 17·6）。他的缺点是过头和偏激（参见 11·16、11·18），虽不符中庸之道，但也属于孔子降格以求的肯于进取的"狂"者之列（参见 13·21）。 本章可与 14·1"可以为难矣，仁则吾不知也"互参。子游像孔子一样,也不轻易以仁许人。

【翻译】 子游说: "我的朋友子张已是难能可贵的了,但是还没有达到仁。"

19·16 曾子曰①:"堂堂乎张也②,难与并为仁矣。"

【注释】 ① 曾子:曾参,见 1·4 注①。② 堂堂:《广雅·释训》:"堂堂,容也。"《集解》引郑玄注:"言子张容仪盛。"然"堂堂"又可形容气质、德行之恢弘,如《论语义疏》引江熙曰:"堂堂,德宇广也。"《汉书·萧望之传赞》:"望之堂堂,折而不桡"。此章之"堂堂",实主要指气质,参见 11·18 "师也辟"及注③。又本章可与上章参读。

【翻译】 曾子说: "子张仪表堂堂,但是难以跟他一起修养仁德。"

19·17 曾子曰:"吾闻诸夫子①:人未有自致者也②,必也亲丧乎!"

【注释】 ① 诸:"之于"的合音兼义词。② 致:尽。自致:自己极尽心意。 本章可与《孟子·滕文公上》"亲丧固所自尽也"互参。

【翻译】 曾子说: "我从老师那里听说过:人没有自

尽其情意的情况，如果有一定是为双亲居丧的时候。"

19·18 曾子曰："吾闻诸夫子：孟庄子之孝也①，其他可能也；其不改父之臣与父之政②，是难能也。"

【注释】 ① 孟庄子：鲁国大夫仲孙速。其父孟献子仲孙蔑死于鲁襄公十九年，他本人死于鲁襄公二十三年。② "其不改"句：参见1·11。又潘维城《论语古注集笺》卷十云："《春秋》襄公十九年八月丙辰，仲孙蔑卒。二十三年八月己卯，仲孙速卒。蔑即庄子之父献子也。其卒之相去不过四年。《学而篇》称'三年无改于父之道，可谓孝矣。'庄子袭贤父世卿之位，历四年之久。《左氏传》于盟向伐邾外，无所叙述，是其用人行政悉仍父旧，未尝改易，可知三年无改为孝，庄子不止三年，尤所难能，是以夫子独指而称之。"

【翻译】 曾子说："我从老师那里听说过：孟庄子的孝，其他方面别人都可能做得到；他不改变父亲所用的人和所行的政，这才是很难做到的。"

19·19 孟氏使阳肤为士师①，问于曾子。曾子曰："上失其道，民散久矣②。如得其情③，则哀矜而勿喜！"

【注释】 ① 孟氏：鲁国三大夫之一，原称仲孙氏，后改为孟氏，参见16·3注③。阳肤：《集解》引包咸注："阳肤，曾子弟子。士师，典狱官。"② 民散：指民心叛离。与 20·1 "天下之民归心"相反。《集解》引马融注："民之离散，为轻漂犯法，乃上之所为，非民之过。当哀矜之，勿自喜能得其情也。"③ 情：实情。

【翻译】 孟氏使阳肤做典狱官，阳肤向曾子请教。 曾子说："在位者治民失去道义，老百姓对上离心离德已经很久了。 如果掌握了老百姓犯法的实情，就要哀痛怜悯，而不要沾沾自喜。"

19·20 子贡曰："纣之不善①，不如是之甚也。是以君子恶居下流②，天下之恶皆归焉。"

【注释】 ① 纣：商代末代君主的恶谥。纣或称受，亦称帝率，以暴虐见称。周武王伐商，纣在牧野（今河南淇县西南）之战中兵败自焚。事见《尚书·光政》《逸周书·克殷解》《史记·殷本纪》。② 下流：地形低下众水流灌之处，以喻情势低下易招非议的处境。

【翻译】 子贡说："纣的不好，不像传说的那么严重。 因此君子厌恶身居低下的处境，致使天下的坏处都归到自己身上。"

19·21 子贡曰："君子之过也，如日月之食焉①：过也，人皆见之；更也，人皆仰之。"

【注释】 ① 日月之食:日蚀、月蚀。 本章赞扬君子不文过饰非。参见15·30、19·8。

【翻译】 子贡说:"君子的过错好像日蚀月蚀:犯了过错,人人都能见到;改了过错,人人都能仰望到。"

19·22 卫公孙朝问于子贡曰①:"仲尼焉学?"子贡曰:"文武之道②,未坠于地,在人。贤者识其大者,不贤者识其小者。莫不有文武之道焉,夫子焉不学?而亦何常师之有③?"

【注释】 ① 公孙朝:卫国大夫。翟灏《四书考异》说:"春秋时鲁有成大夫公孙朝,见昭二十六年传;楚有武城尹公孙朝,见哀十七年传;郑子产有弟曰公孙朝,见《列子》。记者故系'卫'以别之。"② 文武之道:周文王、周武王圣人之道。孔子自诩为文王之道的承担者,参见9·5。③ 而亦:连词,表示承接。

【翻译】 卫国公孙朝向子贡问道:"仲尼是从哪里学成的?"子贡说:"文王武王之道,没有坠失在地上,掌握在人们那里。贤人了解了它大的方面,不贤的人了解了它小的方面。没有地方没有文武之道存在,我的老师何处不能学?并且为什么要有一个固定不变的老师?"

19·23 叔孙武叔语大夫于朝曰①:"子贡贤于仲

尼。"子服景伯以告子贡②。子贡曰："譬之宫墙③，赐之墙也及肩，窥见室家之好。夫子之墙数仞④，不得其门而入，不见宗庙之美，百官之富⑤。得其门者或寡矣⑥，夫子之云⑦，不亦宜乎？"

【注释】　①叔孙武叔：鲁国大夫，名州仇，谥号武。见《集解》引马融注。②子服景伯：见14·36注②。③宫墙：宫室的围墙。④仞：七尺曰仞。一说八尺，一说五尺六寸。⑤"不见"二句：以天子、诸侯才有的朝廷、宗庙比喻孔子学问的广博和高深。百官：众多房舍。"官"为"宫"之古文。⑥或：又。⑦夫子：此指叔孙武叔。

【翻译】　叔孙武叔在朝廷对诸大夫说："子贡强于仲尼。"子服景伯把这话告诉了子贡。子贡说："好比宫室的围墙，我的墙跟肩膀头一样高，可以从墙外面窥见家室房舍之美。我的老师的墙有数仞之高，如果找不到他的门进去，就见不到宗庙的华美，众多房舍的富盛。但是能够找到他的门的人又极少。武叔先生那样说，不也是合乎情理的吗？"

19·24　叔孙武叔毁仲尼。子贡曰："无以为也①！仲尼不可毁也。他人之贤者，丘陵也，犹可逾也。仲尼，日月也，无得而逾焉。人虽欲自绝，其何伤于日月乎？多见其不知量也②。"

【注释】　①以：此。"以"作"此"解有旁证，如《礼记·

射义》引诗："凡以庶士。" ② "人虽"三句：《集解》曰："言人虽自绝弃于明，其何能伤之乎？适足见其不知量也。"不知量：不知高低、深浅、轻重。 本章子贡称孔子为仲尼，语气不合，当如上章和下章称孔子为"夫子"。据此，则本章或非孔门弟子所记，或子贡的语气经后人改动。

【翻译】 叔孙武叔毁谤仲尼。 子贡说："不要做这样的事嘛！ 仲尼是不可毁谤的。 别人的贤能，好比丘陵，还可以越过去。 仲尼呢，好比太阳月亮，不可能逾越。 人纵使想自绝弃于太阳月亮，那对太阳月亮又会有什么损害呢？ 足见他自不量力。"

19·25 陈子禽谓子贡曰^①："子为恭也^②，仲尼岂贤于子乎？"子贡曰："君子一言以为知，一言以为不知，言不可不慎也。夫子之不可及也，犹天之不可阶而升也。夫子之得邦家者，所谓立之斯立，道之斯行，绥之斯来，动之斯和^③。其生也荣，其死也哀，如之何其可及也？"

【注释】 ① 陈子禽：见 1·10 注①。子禽素对孔子有疑，参见1·10、16·13。② 恭：指对孔子恭敬。③ "所谓"四句：讲实行礼治、德政的效果。

【翻译】 陈子禽对子贡说："您是在有意谦恭吧，仲尼难道真强于您吗？"子贡说："君子能由一句话表现出睿知，也能由一句话表现出无知，讲话不可不谨慎啊。 我老师的不可攀及，就好像天不可凭借台阶登上去的情况一样。 我的老师如果得到诸侯之国、大夫之家的政事，就能做到所谓有所树立就能立得住，有所引导就能使人民跟着走，有所安抚就能使远人来归，有所行动就能得到响应。他生时荣耀天下，他死时哀恸万民，怎么能赶得上他呢？"

尧曰第二十

本篇包括三章。第一章为尧禅帝位时命舜之辞、商汤伐桀告天之辞、周武王封诸侯之辞等。编《论语》者置于此，或明孔子"祖述尧舜，宪章文武"之意。文字前后不连贯，当有脱落。第二章为孔子答子张问从政。第三章所记孔子语与前多有重复。可见这《论语》的最后一篇是勉强补缀而成的。《汉书·艺文志》著录《论语》古（文）二十一篇，班固自注："出孔子壁中，两《子张》。"汉人如淳注曰："分《尧曰》篇后子张问'何如可以从政'已下为篇，名曰《从政》。"据此，古文《论语》把此篇分两篇，则更为支离。

20·1　尧曰："咨①！尔舜！天之历数在尔躬②，允执其中③。四海困穷，天禄永终④。"舜亦以命禹。

曰："予小子履⑤，敢用玄牡⑥，敢昭告于皇皇后帝⑦：有罪不敢赦。帝臣不蔽⑧，简在帝心⑨。朕躬有罪，无以万方⑩；万方有罪，罪在朕躬。"

周有大赉⑪，善人是富。"虽有周亲，不如仁人。百姓有过,在予一人⑫。"

谨权量⑬,审法度⑭,修废官⑮,四方之政行焉。兴灭国,继绝世,举逸民,天下之民归心焉。

所重:民,食,丧,祭。

宽则得众,信则民任焉⑯,敏则有功,公则说。

【注释】 ① 咨:嗟叹声。② 历数:列次。这里指帝王相继的次第。③ 允:信,诚。④ "四海"二句:四海:古代以为中国四境有海环绕,四海指四海之内,犹云天下。困穷:穷极,遍及。此处"困""穷"均用其"穷尽"之义,而非困难贫苦之义,如《国语·越语下》:"日困而还,月盈而匡。"韦昭注:"困,穷也。"《楚辞·九歌·云中君》:"览冀州兮有余,横四海兮焉穷?"《广雅》卷一"极也"条被释字中,既包含"困"字,又包含"穷"字,其共同意义为"极"。四海困穷:指使德政四海穷极(遍及)。永:长久。终:即有终,指善始善终。如《周易·谦》:"谦,亨。君子有终。"《诗经·大雅·荡》:"靡不有初,鲜克有终。"晋左思《魏都赋》:"筭祀有纪,天禄有终。""永终"亦为一成词,并无恶义,如《尚书·金縢》'惟永终是图',《周易·归妹·象词》'君子以永终知敝'。《论语集解》引包咸解"允执"三句曰:"困,极也。永,长也。言为政信执其中,则能穷极四海,天禄所以长终。"此解"困穷"为"穷极",解"永终"为"长终",并与上句"允执其中"相关联,构成因果关系,其说甚当。朱熹《集注》则解为:"四海之人困穷,则君禄亦永绝矣。"似文从字顺,但不符本义。故受到阎若璩(见《尚书古文疏证》第一〇三条)、毛奇龄(见《论语稽求篇》卷七"允执其中四海困穷天禄永终"条)等有理有据地辩驳。今人多从朱熹《集注》说,如程树德《论语集释》、杨伯峻

《论语译注》等，则非。笔者在《论语注译》原版及《论语本解》初版中亦曾袭朱熹误说，已在《论语本解》修订本及《论语新注》中予以订正。今趁此《论语注译》新修订之机亦予以订正，可以无憾矣。⑤ 履：商汤之名。此下十句，据《墨子·兼爱下》，乃汤祷旱祈雨之词。⑥ 敢：谦词，犹冒昧。玄牡：黑色的公牛。殷尚白色，此用黑色，当时还未改变夏礼。⑦ 后帝：天帝。⑧ 帝臣：天帝之臣，汤自称。⑨ 简：选择。⑩ 以：及，连及。⑪ 赉（lài）：赏赐。⑫ "虽有"四句：据《墨子·兼爱中》，周武王有辞云："虽有周亲，不若仁人。万方有罪，维予一人。"与此四句类似，则此四句亦当为武王之语。⑬ 权：秤，重量量具。量：容量量具，如斗、斛。⑭ 法度：长度。《史记·秦始皇本纪》及秦权、秦量的刻辞中都有"法度"一词，指长度单位分、寸、尺、丈、引而言。一说法度与权量相对为文，法指音乐的十二律，度指长度的五度。《尚书·尧典》有"同律度量衡"的话，马融注："律，法也。"⑮ 废官：废缺的职官。⑯ "信则"句：《汉石经》无此句，皇侃本、足利本、正平本亦无。翟灏《四书考异》、阮元《十三经校勘记》均疑涉《阳货》子张问仁章"信则人任焉"句而衍。故译文略去此句。

【翻译】 尧说："哦！舜呀！依次登位的天命已经降在你身上了，一定要执掌中庸之道。 实现天下四海一统，天赐的禄位就会永久善终。"舜也用这话命禹登位。

商汤说："我这个后辈小子履，谨敢用黑色公牛祭享，谨敢明告伟大的天帝：有罪之人我从不敢擅自赦免。天帝的臣下也不加掩蔽，选择录用全由天帝心意。 我自身有罪，不要因此连累天下万方；天下万方有罪，罪过全在我一人身上。"

周朝有大的赏赐,使善人都富有起来。"即使有至亲,也不如有仁人。老百姓如果有罪过,责任在我一人身上。"

严格权量,周密法度,整治废缺的职官,全国四方的政事也就行得通了。复兴灭亡的国家,接续断绝的世系,举用隐逸的贤人,天下的老百姓就会真心实意归服你了。

应该重视的事情是:人民,食粮,丧事,祭祀。

宽厚就能得到大众,勤敏就会有功绩,公平就会使人人高兴。

20·2 子张问于孔子曰:"何如斯可以从政矣?"子曰:"尊五美,屏四恶①,斯可以从政矣。"子张曰:"何谓五美?"子曰:"君子惠而不费②,劳而不怨③,欲而不贪,泰而不骄④,威而不猛⑤。"子张曰:"何谓惠而不费?"子曰:"因民之所利而利之,斯不亦惠而不费乎?择可劳而劳之,又谁怨?欲仁而得仁,又焉贪?君子无众寡,无小大,无敢慢,斯不亦泰而不骄乎?君子正其衣冠,尊其瞻视,俨然人望而畏之,斯不亦威而不猛乎?"子张曰:"何谓四恶?"子曰:"不教而杀谓之虐;不戒视成谓之暴;慢令致期谓之贼⑥;犹之与人也,出纳之吝谓之有司⑦。"

【注释】 ① 屏(bǐng):除去。② 惠:参见4·11"小人怀惠",5·16"其养民也惠",17·6"恭、宽、信、敏、惠","惠则足以使人"。③ 劳而不怨:参见1·5"使民以时",4·18"劳而不怨",14・7"爱之能勿劳乎",19・10"君子信而后劳其民"。④ 泰而不骄:参见13・26。⑤ 威而不猛:参见7・38。⑥ 慢令:命令松懈。致期:限期紧迫。⑦ 出纳:偏义复词,只有出义。有司:管事者的代称。有司代人管事,职卑无权,自当拘谨,往往表现为小气。

【翻译】 子张向孔子问道:"怎样就可以从政了呢?"孔子说:"尊尚五美,屏除四恶,就可以从政了。"子张问道:"什么是五美?"孔子说:"君子给人以恩惠却又不须破费,役使人民却又使人民没有怨恨,有欲望却不贪心,雍容大方却不骄傲自大,威严却不凶猛。"子张又问道:"什么叫给人以恩惠却又不须破费?"孔子说:"借着人民能够得利的事情使他们得利,这不就是给人以恩惠却又不须破费吗? 选择可以役使人民的事情和时机来役使人民,这不就是役使人民又能使人民没有怨恨吗? 想得到仁便得到仁,又有什么可贪心的? 君子无论人多人少,事大事小,从不敢怠慢,这不就是雍容大方却不骄傲自大吗? 君子把衣冠穿得整整齐齐,把供人瞻视的仪表修饰得十分高贵,严肃可敬,让人望而生畏,这不就是威严却不凶猛吗?"子张问道:"什么是四恶?"孔子说:"不进行教诲,犯了罪就把人杀死,叫做残虐;不加申诫,只是督查成绩,叫做凶暴;政令松懈,限期紧迫,叫做害人贼;用给予人东西作比,出手吝啬叫做小手小脚的有司。"

20・3 孔子曰:"不知命,无以为君子也①;不知礼，无以立也^②。不知言，无以知人也^③。"

【注释】 ①"不知命"二句：参见2·4"五十而知天命"，16·8君子"畏天命"，"小人不知天命而不畏也"。②"不知礼"二句：参见8·8"立于礼"，16·13"不学礼，无以立"。③"不知言"二句：参见1·3"巧言令色"，5·10"始吾于人也，听其言而信其行；今吾于人也，听其言而观其行"，12·20"察言而观色"。

【翻译】 孔子说："不知晓命运，便没有条件成为君子；不懂得礼，便没有依据立身；不辨知言语，便无法了解人。"

怎样读《论语》

  《论语》是记录孔子及其主要弟子言行的一部书，为儒家的原始文献，是反映我国传统文化的重要经典之一，具有思想价值、语言价值、文学价值和史料价值，在海内外产生深远的历史影响，并存在积极的现实意义。因此阅读《论语》，特别是真正读懂《论语》，非常重要。

  《论语》作为经书的一种，阅读它必须遵循阅读经书的一般规律和方法。在这方面，清代考据家兼思想家戴震给了我们很好的启示，他在《与是仲明论学书》的信中说："仆自少时家贫，不获亲师，闻圣人之中有孔子者，定六经示后之人，求其一经，启而读之，茫茫然无觉。寻思之久，计于心曰：经之至者道也，所以明道者其词也，所以成词者字也。由字以通其词，由词以通其道，必有渐。"经以载道，这里说明语言文字（即传统所谓小学）与道（思想）的关系，强调读经必须从语言文字入手。他所谓的"词"，指的是语言；所谓的"字"，指的是"文字"。至于"道"，属于思维范畴，表现为概念、定义、推理等，是思想对客观事物的反映。于是形成了这样的链条："道"反映事物，"词"表"道"，"字"是记录词语的符号。经书（乃至一切文献）是由文字记载的书面文本，上面戴震的话，比较准确地反映了读经的科学理路。只是其中"所以成词者字也"一句，确切性尚须推敲，实际上"字"不是构成"词"的成分，而是记录语词的符号。接着上面的话，戴震又谈了他是怎样解决读经时的"字""词"问题的，如说："求所谓字，考诸篆书，得许氏（指许慎）《说文解字》，三年知其节目，渐睹古圣人（指仓颉）制作（指造字）本始。又疑许氏于故训（即训诂，指字义）未能尽（指《说文解字》只限于解释文字本义），从友人假《十三经注疏》读之，则知一字之义，当贯群经，本六书（六书指事、象形、形声、会意、转注、假借，是《说文解字》用以分析汉字形体结构及借用规律的理论），然后为定。"可知他借助的方法有三方面，一是字典工具书，二是《十三经》文本及旧注，三是"六书"理论。所谓"贯群经"，有两层意思：第一，群经相当于活字典，一字的所有意义，贯穿群经之中有全面表现，并且各经注疏旧注中多有解释；第二，一字往往多义，在群经中贯通上下文，其具体意义总是确定的。前一点突破了字书释义的局限，后一点为根据上下文"随文释训"以确定字义的方法。这里所概括的语文方面的解读方法，既科学，又全面，至今仍在沿用。

戴震这封信中，在谈到语文解读方面之后，接着又谈到经书的名物、典制、天文、地理、算术、乐律等具体内容考实方面。他说："经之难明，尚有若干事：诵《尧典》数行，至'乃命羲和'，不知恒星七政所以运行，则掩卷不能卒业（以上讲不知天文历法，难以读通《尚书·尧典》）。诵《周南》《召南》，自《关雎》而往，不知古音，徒强以协（同叶）韵，则龃龉失读（以上讲不懂先秦古音，则读不出《诗经》的押韵。按，此属于语文问题，不属于内容考实）。诵古《礼经》（即《仪礼》），先《士冠礼》，不知古者宫室、衣服等制，则迷于其方，莫辨其用（以上讲不懂宫室的方位及衣服的用场，则难以读懂富有典章制度规定的《仪礼》）。不知古今地名沿革,则《禹贡》(《尚书》地理专篇)、《职方》(《周礼》地理专篇《职方氏》)失其处所。不知少广(开方之法)旁要(勾股定理),则《考工》(《周礼·考工记》)之器不能因文而推其制。不知鸟兽、虫鱼、草木之状类名号,则比兴之意乖。……中土测天用勾股,今西人易名三角八线(三角函数的统称),其三角即勾股,八线即缀术(古天文学测算法),然而三角之法穷,必以勾股御之,用知勾股者,法之尽备,名之至当也。《管》(《管子》)、《吕》(《吕氏春秋》)言五声(音调)十二律(乐律),宫位乎中,黄钟之宫,四寸五分,为起律之本,学者蔽于钟律失传之后,不追溯未失传之先,宜乎说之多凿也。凡经之难明,右若干事,儒者不宜忽置不讲。仆欲究其本始,为之又十年,渐于经有所会通,然后知圣人之道,如县(悬)绳(测垂直)树(立)槷(立于地上测日影的标杆),毫厘不可有差。"这里戴震认为经书所载之道,除了靠语言文字表达之外,还依附于经书中名物、典制等具体内容而存在,如果不进行内容考实,对经书也难以通其道。

总之,戴震在此信中完整提出了语文解读、内容考实,以及以此为基础进行义理辨析而达到通其道的科学读经路径。这是读经的通例,读《论语》也概莫能外。

但是《论语》作为一部语录体的思想著作,又有其特殊性,看似语言平实,实际含义深奥,各条语录叙述简括,且具体语境又多不明确,因此除了准确理解语言文字,了解人物、史实、典制、名物等具体内容之外,尚须多方取证,据以分析思想内容,力求做到训诂、考证和义理辨析相结合,尤其注意运用材料互证,特别是以《论语》前后互证的方法,以求准确阐明孔子话语和思想的本意。对于分歧的前人异说,应审慎对待,首先,力求辨明是非以存其是;其次,对于于义两通而尚难遽定孰符原意的异说，则不强行取舍，并存以供进一步思考。空说无据，难免抽象，下面试通过具体例证说明之。

例1

1·1孔子曰："学而时习之，不亦说乎？有朋自远方来，不亦乐乎？人不知而不愠，不亦君子乎？"

本章的三句反问语，乍一看似无逻辑关联，其实有一个中心，均针对学习和修养而言。

第一句讲学与习的关系，古人不仅重学，而且重视复习，《国语·鲁语下》："士朝而受业，昼而讲贯，夕而习复。"学新习旧，人们往往追求新鲜感，重视学新，不重视复习，甚或厌倦复习，所以这里孔子特别强调"习"的重要和乐趣。其实"习"不仅可以巩固所学，如曾子所说"传不习乎"（1·4），子夏所说"日知其所亡，月无亡其所能"（19·5），而且"习"不是简单的重复，往往能悟出新意，不断有所发现，如孔子所说"温故而知新"（2·11）。

第二句不仅指一般朋友相会之快乐，还有更深一层含义，也与学习有关，孔子认为，会友既有益于切磋学问，又有益于观摩道德，有助于学养，因此说快悦。参见12·24曾子曰："君子以文会友，以友辅仁。"又《周易·兑卦》；"象曰：君子以朋友讲习。"《礼记·学记》："独学而无友，则孤陋而寡闻。"

第三句也与学有关，讲的是学习目的。孔子认为，君子学习是为了充实自己（"为己"），小人学习是为了向别人炫耀（"为人"），因此只有君子才能做到"人不知而不愠"，而小人总是斤斤计较于虚名，惟恐别人不看重自己。可以参见孔子以下的话："不患人之不己知，患不知人也"

(1·16)，"古之学者为己，今之学者为人"(14·24)，"不患人之不己知，患其不能也"(14·30)，"君子病无能焉，不病人之不己知也"(15·19)。又《荀子·劝学》："古之学者为己，今之学者为人。君子之学也以美其身，小人学也以为禽犊(指给人的馈赠之物)。"亦可参。

例2

1·4 曾子曰："吾日三省吾身：为人谋而不忠乎？与朋友交而不信乎？传不习乎？"

本章中的"三省(xǐng)"，一般解释为多次反省。古人固然惯于用"三""九"等数字泛指多数(参见汪中《述学·释三九》)，但不是普遍规律，尚须针对具体语例作具体分析。其实这里"三省"的"三"字，具体指下文提到的三件事，是说在以下三方面反省自己。按，《论语》中"三""四""五""六""九"等数字，多为实指，而非泛指，可以通观上下文可以确定为实指的如：1·11及4·20"三年无改于父之道"(指三年丧期)，7·8"举一隅不以三隅反"，7·25"子以四教"，8·4"君子所贵乎道者三"，9·4"子绝四"，14·28"君子之道者三"，14·40"三年不言""听于冢宰三年"，16·4"三友"，16·5"三乐"，16·6"三愆"16·7"三戒"，16·8"三畏"，16·10"九思"，16·13"问一得三"，17·6"能行五者于天下为仁矣"，17·8"六言""六蔽"，17·16"三疾"，17·21"三年之丧"，18·1"三仁"，19·9"三变"，20·2"尊五美，屏四恶"，等等。但《论语》中数字亦偶有泛指者，如8·12"三年学，不至于谷"。有些例子究竟是实指还是泛指，则颇费斟酌，比较复杂，如5·20"季文子三思而后行，子闻之，曰：'再，斯可矣。'"这里的"三思"，似乎可以理解为泛指多次思考，但相对于孔子所说的"再"(二)，则

335

又应该是以实对实，具体指"三"。又如 11·24："由也为之，比及三年，可使有勇，……求也为之，比及三年，可使足民"，13·10"子曰：'苟有用我者，期月而已可也，三年有成。'"以上二例中的"三年"，似乎应该作泛指理解，但前一例"三年"之前有"比及"（等到）一词的具体限定，则又当为实指；后一例中的"三年"，与"期（jī）月"（周年）相对而言，亦当为实指。

例 3

2·16"子曰：'攻乎异端，斯害也已！'"

本章中的"攻"字有两种解释，一是治，一是攻击；"异端"也有两种解释，一是异端邪说，一是事物的两端（指两面性）；"已"字也有两种解释，一是实词"止"，终了之意，一是语气虚词。由于几个字词的不同解释，相互搭配，又使整句可以有几种不同的含义：一是"攻治异端邪说，这是祸害啊"，一是"攻击异端邪说，则祸害就会终止"，一是"攻治认为事物有两端的学说，则祸害就会终止"，一是"攻击认为事物有两端的学说，这是祸害啊"。

以上几种解释，都符合孔子的思想，究竟哪一种符合孔子这句话的本意？关键在于对"已"字意义的确定。通观《论语》，凡"也已"二字连称，均为语气词连用，如 1·14"君子食无求饱，居无求安，……可谓好学也已"，6·30"能近取譬，可谓仁之方也已"，8·1"泰伯，其可谓至德也已矣"，8·11"如有周公之才之美，使骄且吝，其余不足观也已"，8·20"周之德，其可谓至德也已矣"，9·11"虽欲从之，末由也已"，9·24"说而不绎，从而不改，吾末如之何也已矣"，12·6"可谓明也已矣""可谓远也已矣"，17·26"年四十而见恶焉，其终也已"，19·5"日知其所亡，月无忘其

所能,可谓好学也已矣"。只有一处似乎为例外,17·5"公
山弗扰以费叛,召,子欲往。子路不说,曰:'末之也已,何
必公山氏之之也?'"这里"末之也已",似乎是说"没有地方
去就算了","已"解释为"止";但是"已"字作语气词解则为
穷途末路之叹,亦通。且此处"末之也已",与前引9·21
"末由也已"句,结构、意义均同,可以互作语气词连用的内
证。如此看来,对上面的四种解释,只有第一、第四两种可
以成立,而在这两种中,又以第一种为优,因为通观孔子的
思想,他对是否承认事物有两端的学说,还没有放到像不
同道势不两立那样的地位(如15·40"道不同,不相为谋",
11·17"非吾徒也,小子鸣鼓而攻之可也"),故不至于说出
第四种那样严厉的话。至于"异端",杨伯峻《论语译注》
说:"孔子之时,自然还没有诸子百家,因之很难译为'不同
的学说',但和孔子相异的主张、言论未必没有,所以译为
'不正确的议论'。"此说实难成立,所谓"道不同",显然包
括学说的不同。又,春秋时代,异端邪说不是没有,而是相
当严重,曾引起孔子的极端忧愤,并不断有所贬斥,《论语》
《左传》中不乏其例,事实确如孟子所说:"世衰道微,邪说
暴行有作,臣弑其君者有之,子弑其父者有之。孔子惧,作
《春秋》。《春秋》,天子之事也,是故孔子曰:'知我者其惟
《春秋》乎!罪我者其惟《春秋》乎!……孔子成《春秋》,而
乱臣贼子惧。"(《孟子·滕文公下》)

例4

6·29子曰:"中庸之为德也,其至矣乎!民鲜久矣。"

关于孔子的中庸思想,有两则重要材料,一是本章,一
是《礼记·中庸》:"仲尼曰:'君子,中庸;小人,反中庸。君
子之中庸也,君子而时中。小人之反中庸也,小人而无忌

惮也。'"这里不仅提到"中庸",而且讲到行中庸的方法"时中","时中"意谓随时折中,即"权"。什麼是中庸,前人有不同解释。关于"中",多解为两端的当中,无大差异。关于"庸",或解为"用",或解为"常",以解为"用"为长。《说文解字》:"庸,用也。"《礼记·庸》孔颖达正义引郑《目录》云:"中庸者,以其记中和之为用也。庸,用也。"均把"庸"解为"用",甚是。孔子所谓的"中庸",用《论语》本书来解释,就是20·1引尧的话"允执其中"的意思。另外,13·21"不得中行而与之","中行"是说以"中"为行,或者说以"中"为行为准则,亦即"中庸"的意思。《论语》和其他有关文献,虽然直接提到"中庸"的情况极少,但"中庸"作为方法论贯穿于各个方面,因此反映孔子中庸思想的文献材料很多,并且总是与权变相伴,通过多种多样形式表现出来。兹以《论语》为主,兼顾其他,归纳举例如下:

其一,照顾两端的全面观点。如"无可无不可"(18·8),"叩其两端而竭焉"(9·8)。但照顾两端是为了避免偏颇,并不是模棱两可,没有原则,如:"君子之于天下也,无适也,无莫也,义之与比"(4·10),"无适也,无莫也",就是"无可无不可"之意,但必须"义之与比",即以"义"为依据。孔子反对任何一种偏颇,激进与落后相比,按习惯判断似乎激进要强一些,但"过(过头)犹不及"(11·16),作为偏颇,激进与落后一样,同不可取。

其二,两端相济,追求适中。如"礼乐不兴,则刑罚不中;刑罚不中(适中),则民无所措手足"(13·3),"质胜文则野,文胜质则史,文质彬彬,然后君子"(6·18)。但是权衡求中,又须有必要的倾斜。如"礼乐"与"刑罚",以"礼乐"为主。德治与法治,以德治为主:"道之以政,齐之以邢,民免而无耻;道之以德,齐之以礼,有耻且格"(2·3)。又如:"君子之行也,度于礼,施取其厚,事(指徭役)举其中,敛从其薄"(《左传·哀公十一年》)。孔门主张"敛从其薄",《论语》中还有一个生动的实例,如12·9:"哀公问于有若曰:'年饥,用不足,如之何?'有若对曰:'盍彻(什一之税)乎?'曰:'二(什二之税),吾犹不足,如之何其彻也?'对曰:'百姓足,君孰与不足? 百姓不足,君孰与足?'"可见"敛薄"是为了"百姓足","施厚"亦然。而君取之于民,"百姓足"又是"君足"所赖。又如对于"贫""富",以济贫为主,反对无端增富以扩大差别:"君子周急不继富"(6·4),"季氏富于周公,而求也为之聚敛而附益之。子曰:'非吾徒也,小子鸣鼓而攻之可也!'"(11·7)

其三,随时调整,两端相济,保持动态的和谐。如孔子针对郑国多盗的治安情况,同意子产宽猛相济的说法:"政宽则民慢,慢则纠之以猛。猛则民残,残则施之以宽。宽以济猛,猛以济宽,政是以和。"(《左传·昭公二十年》)

其四,保持适度,防止过分。如"乐而不淫,哀而不伤"(3·20)。

其五,中和两端,融恰得体。如"温而厉,威而不猛,恭而安"(7·38),"惠而不费,劳而不怨,欲而不贪,泰而不骄,威而不猛"(20·2),"学而不思则罔,思而不学则殆"(2·15,要求"学"与"思"恰当结合),"仕而优则学,学而优则仕"(19·13,要求学用相长,学以致用)。

其六,如果难得中庸,退而求其次,而又善于在"其次"中发现积极因素,借以补救"其次"的不足。如:"不得中行而与之,必也狂狷乎! 狂者进取,狷者有所不为也。"(13·21)就"中庸"而言,"狂者"为过,"狷者"不及,均为缺陷,但"狂者"有勇往直前、积极进取的可贵一面,"狷者"有不越雷池、遵守规矩的可贵一面,各取其长以补其短,则于"中"便趋近一步。

其七,面对不合中庸的两憾,抉择时正视现实,根据实质,权衡优劣,以取其长。如:"礼,与其奢也,宁俭;丧,与其易(弛,铺张)也,宁戚(过度哀伤)。"(3·4)"奢则不孙,俭则固。与其不孙,宁固。"(7·36)

其八,事物三分,志乎"上",用乎"中",绝乎"下"。如关于世道,孔子向往"大道之行也,天下为公"的"大同",寄望于"大道既隐,天下为家""礼义以为纪""刑仁讲让"的小康,鄙弃礼坏乐崩的乱世(《礼记·礼运》)。又"齐一变,至于鲁,鲁一变,至于道"(6·24),也与世道三分有关。又如关于修养标准,孔子认为"博施民而能济众"是高于"仁"的"圣","尧舜其犹病诸",而"能近取譬",推己及人,"己欲立而立人,己欲达而达人"的"仁",则是可行的(6·30)。又如"修己以敬""修己以安人""修己以安百姓。修己以安百姓,尧舜其犹病诸"(14·42),与此同。但又认为"仁"是高尚的道德,远超出一般的做人标准,故不轻以"仁"许人,如14·1"克伐怨欲不行焉,可以为仁矣?"子曰:"可以为难矣,仁则吾不知也。"5·8:孟武伯分别问子路、冉求、公西赤"仁乎"? 孔子均肯定他们的具体才能,但一律回答曰:"不知其仁也。"有时事分为三,以"上"为过,以"中"为适,以"下"为不及。如季文子三思而后行,孔子曰:"再,斯可矣。"(5·20)再,义为两次,居"三"之下,居"一"之上,恰好适中。这里反映了孔子关于"思"与"行"关系方面"过犹不及"的中庸思想。人之才智亦分为三,法乎"上",教乎"中",戒乎"下"。如"中人以上,可以语上也;中人以下,不可以语上也。"(6·21)这里只提"中人以上""中人以下",其实算上"中人",恰为三等,而且"中人"可上可下,正是值得重视的可教育、可争取的大多数。又,"君子上达,小人下达"(14·23),"唯上知下愚不移"(17·3),虽不言"中人",而实包括其中。至若"生而知之者,上也;学而知之者,次也;困而学之,又其次也;困而不学,民斯为下矣"(16·9),虽分为四等,实际二、三等可以合并(同言"学",只是态度有别),实际仍为三等。关于如何报怨,也有三种情况。有人提出"以德报怨",孔子反问:"何以报德?"他主张"以直报怨,以德报德"(14·34)。此外,还有一种情况,即"以怨报怨"。在三种情况中,孔子既然主张"以德报德,以直报怨",可知必然反对"以怨报怨"。"以德报怨",不讲原则;"以怨报怨",怨怨相报,怨恨有加,愈演愈烈。只有"以直报怨"合乎中庸,以利于消怨息恨。如孔子所说"伯夷叔齐,不念旧恶,怨是用希"(5·23),就是"以直报怨"的范例之一。

其九,因材施教,因时施教,相机折中。因材施教的例子,如11·20公西华曰:"由也问:'闻斯行诸?'子曰:'有父兄在。'求也问:'闻斯行诸?'子曰:'闻斯行之。'赤也惑,敢问。"子曰:"求也退,故进之;由也兼人,故退之。"对于同一个问题,竟然作出不同的回答,正是相机权衡,因人而异。因时施教的例子,如9·27"子曰:'衣敝缊袍,与衣狐貉者立,而不耻者其由也与? 不忮不求,何用不臧?'子路终身诵之。子曰:'是道也,何足以臧?'"本章写孔子引用两句《诗经》赞扬子路居贫不耻,子路便把那两句诗诵不绝口。孔子见他得意忘形,又加以贬抑,让他清醒。还有一例,5·7"子曰:'道不行,乘桴浮于海,从我者,其由与?'子路闻之喜。子曰：'由也好勇过，我无所取材。'"本章孔子先表扬子路勇敢可恃，当子路听到后沾沾自喜时，孔子怕他忘乎所以，又立刻泼冷水，批评他好勇过头，无所取用之处。以上的例子生动说明，孔子以"中"为准绳，相机权衡，因人、因时而异，采取富有个性的方式方法，对人进行有效的教育。（此例引自笔者在 2009 年北京论坛发表的论文《孔子的睿智——"中庸"与"和"》）

例 5

9·1"子罕言利与命与仁"

一般把两个"与"字解作连词，意思是说孔子很少谈利、命和仁（见杨伯峻《论语译注》，并为此说作详细辩解）。而孔子很少谈利是事实，很少谈命则既不符合孔子的天命思想，又不符《论语》"命"字出词率的实际情况，很少谈仁更是如此。孔子的思想核心是仁，《论语》讲仁的地方随处可见。所以从义理上判断，这里的"与"字不应该是连词。这里的"与"字不是连词，还可以从句法上得到内证，因为《论语》中连词在几个并列成分之间的用法，跟现代汉语一样，没有在几个成分之间重复连用的情况，总是用一个连词放在最后两个成分之间，如《子罕》"子见齐衰者、冕衣裳者与瞽者"，《为政》"使民敬、忠以（连词，同'与'）劝"，均可证。实际上"与命与仁"的"与"字是一个实词，义为赞同，则整句应标点成："子罕言利，与命，与仁。""与"字作"赞同"解，《论语》亦有内证，如《述而》"与其进也，不与其退也"；"人洁己以进，与其洁也，不保其往也"；《先进》"吾与点也"等等，皆是。由此例可见，不仅字词互证非常重要，而且文献的字词解释与义理辨析往往是彼此制约、相互为用的。一方面义理辨析离不开字词解释，必须以其为基础;另一方面有时字词的确解,又须参据义理的恰切诠释来判定。

例子尚多,限于篇幅,不再列举。下面根据本书出处提示数端,以供查阅:如关于孔子思想核心仁学内涵的分析,见前言第二部分;关于对1·7"贤贤易色"与9·18"吾未见好德如好色"两处"色"字本义的考释,见此二章注1;关于2·1"北辰居其所"与14·44"吾见其居于位"两处"居"字当作"君"字的考释,见2·1注2、14·44注3;关于4·7"观过,斯知仁矣","仁"或作"人",究竟孰为原貌的考释,见该章注2;关于父子相隐为人文关怀的辨析,见13·18注释;关于17·25"唯女子与小人为难养"的考释,见该章注1;关于20·1"四海困穷,天禄永终"的考释,见该章注1,等等。